**Die Reihe «entwürfe» ist eine Werkstatt, in der Skizzen
entworfen, Denkanstöße gegeben, Fragen gestellt, Versuche
gewagt und Debatten angeregt werden, rasch und beweg-
lich, direkt und aktuell.**

JENS LOEWE

DAS WASSER-SYNDIKAT

Über die Verknappung und Kommerzialisierung
einer lebensnotwendigen Ressource

entwürfe (10) **PFORTE**

2., aktualisierte und erweiterte Auflage 2007

© 2007 Pforte Verlag, Dornach | © 2007 Jens Loewe
www.pforteverlag.com

Buchgestaltung: Finken & Bumiller, Stuttgart
Satz: Verlag
Druck und Bindung: Druckhaus Nomos, Sinzheim

Printed in Germany
ISBN 978-3-85636-190-7

INHALT

Mit diesem Buch will und kann ich kein vollständiges Kompendium zum Thema Wasser vorlegen. Es ist vielmehr die Niederschrift meiner Erfahrungen und meiner persönlichen Betroffenheit, meiner Sorge darüber, dass das Wasser von einem Lebensgut für alle zu einer Profitmaschine für wenige Konzerne umdefiniert wird. Es ist mir ein Anliegen, möglichst viele Menschen zu erreichen und darüber zu informieren, wo und auf welche Weise das Wasser verseucht, verschwendet oder der demokratischen Kontrolle entzogen wird und vor allem welche Alternativen und Möglichkeiten bestehen, um sich dieser Entwicklung entgegenzustellen.

Aus diesem Grunde habe ich einige Vorgänge im Detail analysiert – zum Beispiel den Fall Stuttgart, weil der schwäbische Totalverkauf der Gas-, Strom- und Wasserversorgung seinesgleichen sucht und mahnendes Beispiel sein kann. Aber auch in anderen Städten erhöht sich der Privatisierungsdruck. Anlagefonds und Konzerne versuchen auf allen möglichen Wegen, die Energieversorgung der Städte in ihre Verfügungsgewalt zu bringen, weil sie durch das privatisierte Monopol enorme Renditen erwirtschaften und letztlich erzwingen können.

Mit einem Blick auf das Cross-Border-Leasing möchte ich deutlich machen, wie weitreichend die Folgen der mittlerweile verbotenen Scheingeschäfte für die Bürger und für zukünftige Generationen sind und wie leichtsinnig sich die politischen Entscheider von kommerziellen Beratern «über den Tisch ziehen» lassen.

Den hier betrachteten Privatisierungsfällen in allen Teilen der Welt ist eines gemeinsam: Während die Politik längst nicht mehr Herr der Lage ist, formiert sich der Widerstand der Betroffenen und zeigt in beeindruckender Weise, welche Macht von zivilgesellschaftlichem Engagement im Kampf um demokratische Mitbestimmung und Bürgerrechte ausgehen kann. Erstaunlicherweise sind es gerade Beispiele aus «weniger entwickelten» Ländern wie Bolivien, die uns als Lehrstücke für erfolgreiche Kampagnen gegen die Wasserprivatisierung dienen können und die unsere Unterstützung verdienen.

Mit den staatlichen Hilfen für die Dritte Welt ist es eine andere Sache. Es steht zu befürchten, dass auch mit der internationalen Mega-Kampagne «Millenniumsziele 2015» Privatisierungs- und Profitinteressen durchgesetzt werden sollen, die – als «Armutsbekämpfung» verklärt – dem Privatsektor den Weg ebnen sollen. Ein Zynismus mit Tradition, aber modern und scheinbar verbraucherfreundlich serviert. Der gegenwärtige vorherrschende Geist des neokolonialen Ausverkaufs öffentlicher Infrastruktur und der Plünderung der Ressourcen unter dem Vorwand von Hilfe lässt Respekt und die grundsätzliche Anerkennung der Selbstbestimmung eines Volkes vermissen.

Viele der geschilderten Vorgänge sind hochaktuell. So versuchen derzeit engagierte Umweltgruppen den Bau des Ilisu-Großstaudamms in der Osttürkei zu verhindern, weil dieser jahrtausendealte Kulturstätten überfluten, über 50 000 Familien entsiedeln und den nachfolgenden Staaten am Tigris, Syrien und Irak, förmlich das Wasser abgraben würde. Ebenso gegenwärtig ist die Verseuchung des Trinkwassers durch radioaktive Substanzen oder Abfälle aus Kernkraftwerken. Kaum beachtet von der Öffentlichkeit soll derzeit das ehemalige Salzbergwerk Asse 2 bei Wolfenbüttel, in dem 125 000 rostende Fässer mit schwach- und mittelaktivem Atommüll lagern, von einem Forschungsprojekt zu einem atomaren Endlager umdefiniert werden. Jeden Tag dringen derzeit circa 12 000 Liter Wasser in das Bergwerk ein, nachdem lange Zeit beteuert wurde, es gäbe keinerlei Sicherheitsbedenken. Es muss zwingend davon ausgegangen werden, dass früher oder später die radioaktiven Substanzen in das Grundwasser gelangen.

Dieser Vorgang löst bei mir Sprachlosigkeit und Zorn aus, aber auch den Willen, in die Vorgänge einzugreifen. Für mich entsteht der Eindruck, dass die Verantwortlichen das Ausmaß dieser Situation weder ausreichend wahrnehmen noch sinnvoll beantworten können. Aus diesem Grunde ist es mir wichtig, Lösungsansätze aufzuzeigen und besonders auch Fragen der demokratischen Mitbestimmung und der Bürgerrechte aufzuwerfen, etwa über die Einführung eines Volksentscheides auf Bundesebene, mit dem den Bürgern die Möglichkeit eröffnet würde, aktiv am politischen Geschehen teilzunehmen und einem solchen Wahnwitz den Riegel vorzuschieben.

Ich kann mir gut vorstellen, dass an so mancher Stelle im Buch düstere Wolken dem Leser das Gemüt verfinstern und sich ein Gefühl von Ohnmacht einstellt. Mir geht es aber nicht darum, Probleme im Stil eines Katastrophen- und Enthüllungsjournalismus darzustellen. Vielmehr möchte ich durch eine gründliche Analyse zu einem umfassenden Verständnis beitragen, Alternativen aufzeigen und zum konkreten Handeln ermutigen.

Dass solche Alternativen auch Wirklichkeit werden können, zeigen viele Beispiele. In den Niederlanden und in Uruguay wurde inzwischen ein Verbot für Wasserprivatisierungen beschlossen; in Städten wie Potsdam und Grenoble oder auch in Cochabamba (Bolivien), bekannt geworden durch die sogenannten «Wasserkriege», konnte die Wasserversorgung rekommunalisiert werden.

Viele weitere Erfolge, die Mut machen, ließen sich nennen. Wasser bedeutet Leben – und das Wasser ist in dieser Zeit seiner Gefährdung ebenso auf unseren Mut angewiesen wie wir auf das Wasser.

Wir Bürger der westlichen, der «zivilisierten» Welt haben ein ungetrübtes Verhältnis zum Wasser, weil es uns ungetrübt, in hoher Qualität und jederzeit zur Verfügung steht. Wir leiden keinen Durst – noch nicht! Doch die Zukunft lässt nichts Gutes erwarten. Trinkwasser-Ressourcen werden knapp, wegen des steigenden Verbrauchs in der Landwirtschaft, in der Industrie und in den Haushalten, aber auch wegen der zunehmenden Verschmutzung des Grundwassers und der Oberflächengewässer.

Hinzu kommt eine politische Dimension. Eine rabiate elitär-wirtschaftlich ausgerichtete Globalisierung schickt sich an, den gesamten Planeten zu plündern. Dabei geht es nicht mehr nur um den Handel mit Rohstoffen, die traditionell für die Herstellung von Konsumgütern verwendet werden, sondern zunehmend um die wirtschaftliche Ausbeutung unverzichtbarer Ressourcen, die unsere Lebensgrundlage bilden.

Auf der Einkaufsliste multinationaler Konzerne stehen die Energieversorgung mit Gas und Strom, Trinkwasser, öffentliche Verkehrsmittel, Straßen, Flüsse und Seen, Telekommunikation und Post, Abfallbeseitigung, Schulen und Museen, Verwaltungen, Sozialwesen, Kulturförderung und vieles mehr. Ein wesentlicher Teil dieser Bereiche wird in Deutschland mit dem Begriff *Daseinsvorsorge* bezeichnet. Darunter fallen jene Einrichtungen, die für alle Menschen gleichermaßen die Versorgung mit elementaren Grundleistungen gewährleisten sollen.

Nach Artikel 28 des deutschen Grundgesetzes, der sich der Daseinsvorsorge widmet, wird diese – einer langen Tradition folgend – zur demokratischen Selbstverwaltung in die Hände der Kommunen gelegt. Im Zuge der Globalisierung und Liberalisierung wird das Prinzip der Selbstverwaltung jedoch immer stärker zurückgedrängt und die betroffenen Dienstleistungen geraten immer öfter ins Visier multinationaler Konzerne, die einzelne oder mehrere Sparten nach privatwirtschaftlichen Gesichtspunkten betreiben und damit Profite erzielen wollen. Besonders bedenklich ist diese Entwicklung bei der Wasserversorgung, weil Wasser ebenso wie die Luft, die wir atmen, durch nichts zu ersetzen ist. Wenn nun Wasser wie ein gewöhnliches Wirtschaftsgut gehandelt wird, führt dies nach aller Erfahrung zur Verringerung der Qualität, zum Ansteigen des Preises, zum Verlust der demokratischen Kontrolle und zu einer Erpressbarkeit politischer Entscheidungsträger.

Um diese Aussagen zu untermauern, ist es erforderlich, verschiedene Aspekte im Zusammenhang mit der Süßwassernutzung eingehender zu betrachten.

Wasser im Überfluss?

Die Oberfläche unserer Erde ist zu über 75 Prozent von Wasser bedeckt. Diese Zahl vermittelt den Eindruck, dass Wasser in genügender Menge vorhanden sei und unmöglich knapp werden kann. Doch der Schein trügt, denn nur bei circa 2,6 Prozent des weltweiten Wasservorrats handelt es sich um Süßwasservorkommen und nur weniger als 0,6 Prozent sind nutzbar, weil die übrigen Vorkommen – circa 2 Prozent – in Gletschern, den Polkappen und im ewigem Schnee gebunden sind.

Das verfügbare beziehungsweise erreichbare Süßwasser wird aus Flüssen, Seen, Quellen, Brunnen und sogenannten Aquiferen, unterirdischen Wasserlagerstätten, gewonnen. Die Süßwasservorräte verteilen sich auf Gletscher und Polkappen (circa 77 Prozent), Grundwasser bis zu einer Tiefe von 800 Metern (circa 10 Prozent) Grundwasser in einer Tiefe von 800 bis 4000 Metern (12 Prozent) sowie Bodenfeuchte, Seen, Flüsse, Atmosphäre, Vegetation sowie tierisches und menschliches Leben mit zusammen unter einem Prozent.

Die absolute Wassermenge auf der Erde ist gleichbleibend und es ist immer dasselbe Wasser, aus dem wir unseren Bedarf decken. Die Tränen eines Sauriers, die er vor vielen Millionen Jahren im Kummer über sein Aussterben vergoss, finden sich heute möglicherweise in einem Erfrischungsgetränk am Strandcafé wieder und könnten in der Zwischenzeit Alexander dem Großen zum Zähneputzen gedient haben. Allerdings verringert sich der tatsächlich nutzbare Teil an Süßwasser dadurch, dass die Wasserverschmutzung rapide zunimmt.

Meist stellen wir uns den Prozess der Selbstreinigung des Wassers zu einfach vor: Man könnte meinen, der Regen versickert in der Erde, um nach kurzer Zeit in einer Schweizer Bergquelle wieder munter emporzusprudeln. Dem ist nicht so. Die natürlichen Regenerationszyklen, also die Zeitspanne vom Eindringen des Regenwassers ins Erdreich bis es wieder aus einer Quelle hervortritt, können mehrere hundert Jahre betragen. Demgegenüber steht ein stetig wachsender Wasserverbrauch, der derzeit doppelt so schnell ansteigt wie die Zunahme der Weltbevölkerung. In den vergangenen 50 Jahren hat sich der Wasserverbrauch weltweit verdreifacht.

In Deutschland verbraucht jeder Bürger im Durchschnitt täglich circa 130 Liter Wasser, in den USA über 200 Liter. Zum Leben benötigt ein Mensch hingegen nur drei Liter Wasser. Jeden Tag sterben etwa 6000 Kinder an Wassermangel und an den Folgen verschmutzten Wassers.

Zur Produktion eines PKWs werden ungefähr 50 000 Liter Wasser verwendet. 50 Liter benötigt eine Orange bis zur Reife, 1000 Liter werden für ein Kilogramm Schnittblumen benötigt, 10 000 Liter werden während der «Produktion» von einem Kilo Fleisch verbraucht und 400 000 Liter Wasser «schluckt» eine mittlere Mikrochip-Fabrik pro Stunde. Am weltweiten Wasserverbrauch hat die Landwirtschaft mit 70 Prozent den höchsten Anteil, gefolgt von der Industrie mit einem Anteil von 20 Prozent und den Haushalten mit «nur» 10 Prozent.

Die wasserreichen Gegenden der Erde – Westeuropa, der Norden Nordamerikas, Südamerika, Südostasien – verfügen über weit mehr als die Hälfte der sich erneuernden Süßwasservorräte. Allein das Bevölkerungswachstum von heute 6,3 auf 9,1 Milliarden Menschen im Jahre 2050, wie es nach Schätzungen der Vereinten Nationen zu erwarten ist,[1] bringt in den dürren Gebieten eine sich drastisch steigernde Wassernot mit sich. Am härtesten betroffen sind heute – wie auch in Zukunft – die Ärmsten der Armen.

Wassergewinnung – Methoden und Illusionen

Mit abenteuerlichen Methoden wird allerorten versucht, die drohende Verknappung zu kompensieren. So liegen beispielsweise Pläne vor, durch riesige Fernleitungen

Wasser von Kanada in das durstige Kalifornien zu transportieren. Oder solche wie das *river-linking,* die Idee, in großem Maßstab Flüsse umzuleiten. In Spanien gab es Überlegungen, den 927 Kilometer langen Fluss Ebro in künstliche Kanäle mit einer Gesamtlänge von 900 km zu verzweigen, um Wasser unter anderem in den Süden Spaniens zu leiten. Das Projekt fand im Sommer 2004 wegen heftiger Proteste sein Ende.

Ähnliches wird seit den Achtzigerjahren in Indien geplant. Man will fast alle großen Flüsse miteinander vernetzen, einschließlich des Ganges und des Brahmaputra, um mit Hilfe von schiffbaren Kanälen das aus dem Himalaja aufgefangene Wasser zu verteilen. Die Kosten des Projekts sind mit 12 Milliarden Dollar veranschlagt, über seine Umsetzung ist noch nicht entschieden. Umweltschützer leisten erheblichen Widerstand, weil mit schweren ökologischen Schäden zu rechnen ist, von der Umsiedlungsproblematik der betroffenen Bewohner einmal ganz abgesehen.

Beispiel Privatisierung

Ebenfalls in Indien wurde 1998 ein 23 Kilometer langer Flussabschnitt des Shenoath verkauft. Der private Betreiber, Radius Water Limited, erwarb das Recht, auf beiden Seiten des Flusses Industrieunternehmen mit Wasser zu versorgen. Weil die Firma auch die ansässigen Bauern vertrieb, die, ihrer Gewohnheit folgend, Wasser aus dem Fluss holen wollten, kam es zu drastischen Auseinandersetzungen, sodass im April 2003 diese Privatisierung wieder rückgängig gemacht werden musste.

Eine andere Methode, große Mengen Wasser zu transportieren, ist der Einsatz von Tankschiffen. Die US-Firma Flow Inc. aus Charleston in South Carolina plant, die Ballast-Tanks von Großtankern, die Erdöl aus den Regionen des Mittleren Ostens in die USA transportieren, auf ihrem Rückweg mit Wasser zu beladen. Flow Inc. möchte damit einen florierenden Wirtschaftszweig aufbauen und dazu passend eine «World Water Organisation» gründen.

Ein anderer Weg, um an gutes Wasser zu gelangen, sind die *tube wells* – Brunnen, die mittels Tiefbohrungen angelegt werden. Da der Grundwasserspiegel in den betroffenen Regionen immer weiter absinkt, muss immer tiefer gebohrt werden, teilweise mehrere hundert Meter tief. Was noch in den 70er- und 80er-Jahren mit Entwicklungshilfegeldern finanziert und gefeiert wurde, hat sich als schwere Umweltschädigung herausgestellt, weil die betroffenen Gebiete oft versteppen und veröden. Ihre Desertifizierung beschleunigt sich rapide.

Ein weiterer Ansatz, der sich noch im Ideenstadium befindet, ist der Transport von Eisbergen, die dorthin gebracht werden sollen, wo man das Wasser braucht: Ein Konzept, mit dem zwar enorme Mengen Wasser bereitgestellt werden könnten, das aber technisch anspruchsvoll und aufwändig ist.

Ebenfalls als umweltschädigend ist eine Entwicklung einzustufen, bei der geschmolzenes Gletschereis in den Süßwasserkreislauf gelangt: Bei einer globalen Erderwärmung von weniger als einem Grad schmelzen die Gletscher im Himalaja schneller als in den Jahrhunderten zuvor. Unter Klimaforschern gilt das Himalaja-Gebirge als der «dritte Pol» neben Arktis und Antarktis. Ein Domino-Effekt wird dadurch ausgelöst, dass beim Abschmelzen der Gletscher Treibhausgase freigesetzt werden, die wiederum die Erderwärmung beschleunigen. Gleichzeitig tauen die Permafrostböden auf, beispielsweise die Dauerfrostböden in der tibetischen

Hochebene – mit der Folge, dass der Grundwasserspiegel sinkt und Hunderte von Seen austrocknen.

Die Financial Times Deutschland berichtete am 16. August 2005 über die Arbeit von niederländischen Geoforschern, die unter dem Meeresboden große Süßwassermengen entdeckt haben und diese fördern wollen. Sie nennen dieses Wasser «Untersee-Grundwasser» oder auch «Meeresquellwasser». Die technische Umsetzung würde ähnlich vonstatten gehen wie die Offshore-Ölgewinnung: Mit Bohrinseln im Meer sollen die entsprechenden Wasservorkommen angezapft werden.

Wasserverschwender Nummer eins: die Landwirtschaft

In der Landwirtschaft, dem größten Süßwassernutzer, nimmt der Verbrauch ständig zu, obwohl die zu erwartende Wasserverknappung bekannt ist. Um den Ertrag zu steigern, werden Pflanzen bewässert, die früher ohne künstliche Bewässerung auskamen, wie Olivenbäume oder Weinstöcke. Durch eine absurde EU-Gesetzgebung werden Bauern für ihre Überproduktion mit Subventionen belohnt, während gleichzeitig große Mengen an Lebensmitteln vernichtet werden, um den Preis stabil zu halten. Gerade aber in der Landwirtschaft könnte Wasser dadurch eingespart werden, dass dem Klima angepasste Kulturpflanzen angebaut und zum Beispiel mit «Tropfenwasser-Bewässerung» oder unterirdischer Bewässerung über Wasserleitungen versorgt werden.

Eine andere potenzielle Gefährdung des Trinkwassers durch die Landwirtschaft liegt im rasant zunehmenden Anbau von genmanipulierten Pflanzen und der Düngung mit den dazugehörigen hochgiftigen Herbiziden. Seit das EU-Moratorium, das die Einfuhr von Gen-

Nahrungsmitteln verhinderte, aufgehoben wurde, werden nun auch in Deutschland wie in anderen europäischen Ländern gentechnisch manipulierte Nahrungsmittel angebaut. Weitgehend unerforscht sind die Wechselwirkungen von Gen-Pflanzen mit der Umwelt.

Sicher ist hingegen, dass die Behauptung zahlreicher Politiker, es sei eine Koexistenz zwischen gen- und nicht genmanipulierten Pflanzen möglich, auf gezielter Täuschung beruht, denn wer nur ein wenig Einblick in die Problematik hat, kann einem solchen Irrglauben kaum unterliegen. Pflanzen verhalten sich invasiv – sie breiten sich aus. Gentechnisch manipulierte Sorten können die ganze Erde kontaminieren – ein Prozess, der sich kaum aufhalten lässt.

Das Wassergeschäft – eine nie versiegende Einnahmequelle

Wasserknappheit, die für die einen zum Verhängnis wird, ist für die anderen eine Goldgrube, eine Ressource, die steigende Gewinne durch Verknappung verspricht: «Wasser wird im 21. Jahrhundert das werden, was das Öl im 20. Jahrhundert war», so die Prognose des US-Wirtschaftsmagazins *Fortune* im Jahr 2000.

Die Commerzbank spricht noch wesentlich präziser aus, worum es bei der Wasserprivatisierung in Wirklichkeit geht, und wirbt in *ideas,* ihrem hauseigenen «Magazin für innovative Anlageprodukte»: «Mit den Reichen verdienen. [...] Wasser, das Öl des 21. Jahrhunderts. [...] Rund 129 Liter verbraucht jeder Mensch hierzulande täglich, während weltweit mehr als eine Milliarde Menschen keinen Zugang zu sauberem Trinkwasser und die Hälfte der Menschen in den Entwicklungsländern keine grundlegende sanitäre Versorgung haben. Wasser ist knapp und die Nachfrage steigt. Ist Wasser der Megatrend des kommenden Jahrhunderts? Für Anleger in jedem Fall! [...]

Während es heute noch ausreichend Wasserreserven gibt, prognostizieren Experten bereits eine Wasserkrise. Mit 2,5 Prozent p.a. steigt die Nachfrage nach Wasser deutlich stärker, als die Weltbevölkerung wächst. [...] Dazu kommt die fortschreitende Urbanisierung vor allem in Wachstumsländern wie China und Indien, aber auch das gestiegene Gesundheits- und Hygienebewusstsein in der westlichen Welt fordert seinen Tribut. Ab dem Jahr 2030, spätestens 2050, sagen Branchenkenner daher weltweit eine Wasserknappheit voraus. [...]

Allein die Einhaltung der EU-Abwasserrichtlinien erfordert in den nächsten zehn Jahren circa EUR 300 Milliarden. Außerdem schreibt die EU ihren Mitgliedern bis 2010 Wasserpreise nach dem Vollkostenprinzip vor, was die Preise zwar mancherorts verdoppeln, gleichzeitig aber auch enorme Mittel für künftige Investitionen in die Kassen spülen wird. Der enorme Investitionsbedarf spielt den Wassertechnologiefirmen in die Hände, die Perspektiven sind hier in den kommenden Jahren ausgezeichnet. [...]

Noch sind 90 Prozent der Wasserversorgung in staatlicher beziehungsweise kommunaler Hand. Die chronische Geldnot öffentlicher Haushalte hat nicht unwesentlich zu der aktuell schwierigen Lage in der Wasserwirtschaft beigetragen. Und künftig werden die maroden Staatskassen die notwendigen Investitionen wohl noch seltener aufbringen können. Das Problem ist jedoch erkannt und so privatisieren Städte und Gemeinden fortlaufend ihre Wasserwirtschaft. [...]

Bereits heute wird der privatwirtschaftliche Wasser-markt auf rund EUR 300 Milliarden geschätzt. Wasser, ein Markt mit Zukunftspotenzial. Die Bandbreite der Firmen, die vom absehbaren Boom der Wasserbranche profitieren werden, ist groß. Mehr als 5000 Unterneh-men sind in der Wasserwirtschaft tätig. [...] Die Experten erwarten Wachstumsraten zwischen 8 und 15 Prozent p.a. In Kürze werden wir Ihnen daher ein innovatives Produkt vorstellen, mit dem auch Sie als Anleger die Chancen des ‹Megatrends Wasser› nutzen können.»[2]

Die Deutsche Bank arbeitet ähnlich und bewirbt bei ihrer Investment-Tochter DWS denselben «Megatrend»: «Wasser, das blaue Gold, wird knapp. – Wasser ist schon heute ein knappes Gut und angesichts des Bevölke-rungswachstums in den Entwicklungs- und Schwellen-ländern dürfte sich die Situation dramatisch verschär-fen. Knappheit ist per se Voraussetzung für gute Erträge. [...] Welche enormen Geschäftsmöglichkeiten sich für Unternehmen ergeben, zeigen zwei Fakten: In den USA und China gehen bis zu 20 Prozent des Trinkwassers in maroden Leitungen verloren. In New York besteht das Leitungssystem teilweise noch aus Holz.»[3]

Wasser ist eine unabdingbare Grundlage für jegliches Leben, für Menschen, Pflanzen und Tiere. Deshalb sind wir gezwungenermaßen auf Wasser angewiesen und wären in letzter Konsequenz bereit, dafür jeden Preis zu zahlen! Das haben natürlich auch die Analysten verstan-den und die Empfehlung, in Konzerne zu investieren, die in der Wasserversorgung engagiert sind, ist einleuch-tend. Die Gewinne, die dabei erzielt werden können, sind enorm. Die Zeitschrift *Der Aktionär* betrachtet in ihrer Ausgabe vom März 2006 das Wassergeschäft als einen

unter den zehn am meisten Erfolg versprechenden Anle-
ger-Tipps. Und um noch einmal das Wirtschaftsmaga-
zin *Fortune* aus dem Jahr 2005 zu zitieren: «Wenn Sie
nach einer sicheren Aktienanlage suchen, die dauerhaft
Rendite verspricht, versuchen Sie es mit der ultimativen
Alternative zum Internet: Wasser.»

«Wachstumsmarkt Wasser» titelt auch die *Süddeut-
sche Zeitung* in ihrer Ausgabe vom 13. Juli 2005 und
verkündet mit ähnlichem Tenor: «Die Ressource Wasser
ist das Öl des 21. Jahrhunderts. Experten gehen jedoch
davon aus, dass sauberes Trinkwasser schneller knapp
werden wird als Rohöl. Denn der Bedarf wächst derzeit
doppelt so stark wie die Weltbevölkerung. Anleger können in diesem Wachstumsmarkt in Aktien und Fonds
investieren.»

Die Gründe für solcherlei Erkenntnisse ergeben sich
bei der gegenwärtigen Globalisierung fast zwingend:
Durch den weltweit propagierten Freihandel treten alle
gegen alle an, wodurch eine Art Abwärtsspirale entsteht:
verschärfter Preiskampf, globaler Standortwettbewerb,
der Wettlauf um die niedrigsten Umweltstandards und
um möglichst schwache gesetzliche Rahmenbedingungen. Dabei liefern sich die Konsumgüter produzieren-
den Konzerne einen Kampf bis aufs Messer, ein «run
to the bottom». Das Kalkül der Architekten neoliberaler Globalisierung bestand ursprünglich darin, dass die
Dritte Welt in großem Stil Fertigprodukte einführt und
Ressourcen billigst exportiert.

Dass sich aber das Blatt wenden könnte und Schwellenländer wie Thailand, Südkorea, Taiwan, China, Brasilien oder Mexiko zu Industriemächten werden und die
bisherigen «Exportweltmeister» übertreffen, war sicher

so nicht geplant. Deshalb heißt es inzwischen, dass «die Globalisierung ihre eigenen Kinder frisst» oder zutreffender: Sie frisst sich selbst. Vor diesem Hintergrund ist nur zu verständlich, dass die Konzerne zunehmend ihre Gewinne mit Dienstleistungen und Ressourcen im Bereich der Lebensgrundlagen erzielen wollen, weil sie dabei eine monopolähnliche Stellung einnehmen und vor Konkurrenz geschützt sind. Im Falle des Wassers ist die Monopolstellung besonders gravierend, weil es aus hygienischen Gründen bis heute nicht üblich ist, dass verschiedene Anbieter ihr Wasser in dasselbe Leitungsnetz einspeisen. Damit stellt eine privatisierte Wasserversorgung ein absolutes Monopol dar.

Diese Erfolgsstrategie setzt allerdings voraus, dass die Versorger durch Politik und Bevölkerung nicht weiter behindert werden. Die steigenden Gewinne im Wassergeschäft basieren nämlich auf einem Zurückfahren der Erhaltungsinvestitionen sowie auf der Möglichkeit fortgesetzter Preissteigerungen. Wenn dies nur eingeschränkt möglich ist, kann auch ein Schwergewicht der Branche schnell die Lust verlieren.

Als aktuelles Beispiel können die Aktivitäten der RWE AG angeführt werden, die mit dem Erwerb von Thames Water im Jahr 2000 in das globale Wassergeschäft einstieg und satte Gewinne einfahren wollte. Ausgerechnet in London, dem Stammsitz von Thames Water, geriet das Traumgeschäft 2005 ins Stocken, weil die Aufsichtsbehörde OFWAT (The Office of Water Services) eine Preiserhöhung untersagte und vereinbarte Investitionen in die Infrastruktur einforderte. Daraufhin entschloss sich der RWE-Konzern, seine Wassertochter Thames Water abzustoßen. RWE teilte dazu mit, dass durch zu strenge Regulierungsmaßnahmen das Wassergeschäft nicht mehr profitabel sei und zum Konzernergebnis zu wenig beitrage.[4]

Das Problem einer vernachlässigten Infrastruktur zieht sich bereits wie ein roter Faden durch die Geschichte der Wasserprivatisierung. Die besten Gewinne wurden dort eingefahren, wo ein gut gewartetes Netz übernommen und über Jahre hinweg mit geringen Investitionen und bei steigenden Verbrauchspreisen betrieben werden konnte. Oder dort, wo die Behörden zu schwach waren, um einen regulatorischen Rahmen zu setzen und den Verbrauchern schmutziges Wasser verkauft werden konnte – wie zum Beispiel in Manila.

Erfahrungen aus anderen Ländern

In *Manila,* der Hauptstadt der Philippinen mit 12 Millionen Einwohnern, wurde 1997 auf Drängen der Weltbank die Wasserversorgung privatisiert. Zwei Konsortien bekamen den Zuschlag: die Manila Water Company, an der der US-Konzern Bechtel, der Autobauer Mitsubishi und die Industriellenfamilie Ayala beteiligt sind, erhielten den Ostteil der Stadt. Den Westen übernahm Manyland Water Services, ein Unternehmen des französischen Suez-Konzerns und der Industriellenfamilie Lopez. Einmal mehr konnte sich die Weltbank selbst und die angeblich so erfolgreiche Wasserprivatisierung in Manila feiern. Aber die Probleme ließen nicht lange auf sich warten. Die Wasserpreise stiegen enorm, die Leckrate im Versorgungsnetz erhöhte sich drastisch und Millionen Bürger blieben weiterhin ohne Wasser.

Im November 2003 brach in Manila eine Cholera-Epidemie aus, verursacht durch Kolibakterien, die über das Trinkwasser verbreitet wurden. Verantwortlich für die Wasserversorgung in der Megametropole und damit auch für die Qualität waren zu einem wesentlichen Teil die beiden Wassermultis Suez und Bechtel. Es kam schließlich zu einem Rechtsstreit mit der Aufsichtsbehörde Metropolitan Waterworks and Sewerage Systems (MWSS), der vor die Schiedsstelle der Internationalen Handelskammer gelangte. Dort erhielt die MWSS in den meisten Punkten recht. Für Suez führte dies zum Entschluss, das Vertragsverhältnis zu beenden, garniert mit einer Forderung von 300 Millionen US-Dollar wegen angeblicher Vertragsverletzungen der MWSS. Diese Form des Ausstiegs aus dem Wassergeschäft ist nicht nur aus Manila bekannt.

Bei all dem Übel wird in Manila aber auch eine Geschichte erzählt, die durchaus zum Schmunzeln anregt: Nicht nur die Ärmsten haben unerlaubt die Wasserleitungen angezapft, um ihren Bedarf zu decken. Auch ein «Kollege» aus der Watergrabber-Branche wurde der illegalen Wasserentnahme überführt, nämlich der Konzern Coca Cola ...

Der US-Konzern Bechtel ist auch in einem anderen Fall in die Schlagzeilen geraten: In *Cochabamba* (Bolivien) kam es nach der Übernahme der Wasserversorgung und einer exorbitanten Wasserpreiserhöhung zu Protesten, Aufständen und Toten, nachdem die Regierung das Kriegsrecht verhängt hatte und auf die Protestierenden schießen ließ. Die Mitarbeiter von Bechtel «flüchteten» und die Wasserprivatisierung musste rückgängig gemacht werden. Das war im Jahr 2000. Weniger bekannt ist, dass Bechtel bei der WTO-Schiedsstelle auf 25 Millionen Dollar Schadensersatz wegen des entgangenen Gewinns geklagt hatte, letztlich aber auf diese Forderung verzichtete, vermutlich aus Imagegründen.

Ähnliches ereignete sich in *El Alto* und *La Paz,* ebenfalls Bolivien. Seit 1997 hatte ein Konsortium, Aguas del Illimani, unter Führung des französischen Konzerns Suez die Wasserversorgung übernommen, die Wartung vernachlässigt und die Preise insbesondere für Neuanschlüsse erhöht. Seit Ende 2004 protestierten dagegen Bürger und Nachbarschaftskomitees, indem sie zu Tausenden die Zufahrtsstraßen nach El Alto blockierten. Wegen der Massenproteste sah sich Präsident Carlos Mesa gezwungen, den Vertrag mit dem Wassermulti zu lösen. Auch ihn brachten diese Auseinandersetzungen zu Fall und es kam zu Neuwahlen. Mit der Wahl von Evo Morales ist nun erstmalig ein indigener Präsident im Amt. Morales hielt die Wasserfrage für so wichtig, dass er mit Abel Mamani, der zuvor die Aufstände gegen Suez mitorganisiert hatte, einen «Wasserminister» einsetzte (siehe S. 57).

3)

Der Bechtel-Konzern versteht es immer wieder aufs Neue, auf sich aufmerksam zu machen, so auch nach dem Ende des *Irak*-Kriegs. George Shultz, früher Staatssekretär unter Ronald Reagan und Präsident der Bechtel-Gruppe, war Vorsitzender des «Pro-Kriegs-Komitees» zur «Befreiung» des Irak und Mit-Financier des Bush-Wahlkampfs. Heute sitzt er im Aufsichtsrat von Bechtel und ist Senior-Berater. Nur kurz nach «Beendigung des Irak-Kriegs» kam die Meldung aus den USA, dass im Rahmen des *reconstruction programs* (Wiederaufbauprogramm) ein erster Vertrag über 680 Millionen

US-Dollar zum Wiederaufbau abgeschlossen wurde mit – ja mit wem wohl? – der Bechtel-Gruppe. Das ist für das Unternehmen eine gute Startposition, wenn man bedenkt, dass der gesamte Aufbau sich auf schätzungsweise 100 Milliarden Dollar belaufen wird, nachdem die USA im Namen des Friedens das ganze Land ins Chaos gestürzt haben.

Beim «Wiederaufbau» durch US-Konzerne geht es nicht nur um Öl, sondern auch um die Wasserversorgung im Irak. Und um Lebensmittel. Im Mai 2003 wurde Paul Bremer, ehemaliger Weggefährte von Henry Kissinger, als Verwalter der CPA (Coalition Provisional Authority) im Irak eingesetzt. Im April 2004 erließ Bremer hundert neue Gesetze, darunter auch die «Order 81». Nach dieser Verordnung müssen bestimmte, von Großkonzernen patentierte Pflanzenarten von den irakischen Bauern gekauft und angebaut werden – für die Dauer von 20 Jahren. Eine Patentierung von Pflanzen war zu Zeiten Saddam Husseins verboten.

Die Menschen im Irak betreiben seit etwa 8000 v. Chr. Landwirtschaft, haben viele Weizenarten entwickelt und im Laufe der Zeit Hybrid-Arten herangezogen, die eine hohe natürliche Widerstandsfähigkeit aufweisen. Dieses Kulturerbe hatten die Iraker in einer nationalen Saatgutbank in Abu Ghraib aufbewahrt, bis diese während der US-Besatzung «verschwand». Die Details der «Order 81», die das Saatgut betreffen, wurden von Monsanto geschrieben, dem weltweit führenden Lieferanten für gentechnisch verändertes Saatgut und Getreide.

Ein Beispiel für das Umlenken von Flüssen *(river-linking* oder *interlinking)* stammt aus *Brasilien.* Gegen

Ende des Jahres 2005 trat Bischof Frei Luiz Flávio Cappio in den Hungerstreik, um gegen die Umlegung des Rio São Francisco zu protestieren. In einem Brief an Präsident Lula schrieb er, dass er sein Leben für das Leben des Flusses geben werde, wenn er, Lula, dieses Projekt nicht stoppen würde. Der Bischof unterbrach den Hungerstreik, nachdem Lula seiner Forderung nachgegeben und zugesagt hatte, das Vorhaben zu stoppen und ausführliche Gespräche mit den Betroffenen zu führen.

Das waren, wie sich heute zeigt, leere Versprechungen, denn seit Juni 2007 lässt Präsident Lula das Projekt realisieren und ignoriert jeglichen Protest. Er konfiszierte kurzerhand das Land der Truka, eines indigenen Volkes, und der Baubeginn wird inzwischen vom Militär vorbereitet. Die Ufer werden gerodet und der Caatinga-Wald abgeholzt. Seit Juli 2007 protestiert nun ein Bündnis von über 1000 Personen in Cabrobó friedlich gegen das Projekt. Allerdings hat die Militärpolizei bereits die Zufahrt gesperrt und plant die Räumung des Camps.

Für einen weiteren Streitpunkt sorgt in Brasilien eines der größten Süßwasservorkommen weltweit, der Acuífero Guaraní, ein unterirdisches Reservoir in einer Tiefe von circa 900 Metern mit einem Volumen von etwa 55000 Kubikkilometern. Seit 2001 finanziert die Weltbank «Forschungsarbeiten» am Acuífero, die vermuten lassen, dass Konzerne und vor allem die USA ein erhebliches Interesse an diesen enormen Wasservorkommen haben.

Besonders kritisch sollten in diesem Zusammenhang auch die Aktivitäten der Berlinwasser International AG verfolgt werden, ein Zusammenschluss der Konzerne Veolia und RWE sowie des Landes Berlin, die eine «Kooperation» mit dem Wasserversorger des brasilianischen Bundeslandes Minas Gerais, COPASA, eingefädelt haben, um weitere gemeinsame Aktivitäten zu entwickeln.

5) In der *Türkei* entspringen die Flüsse Euphrat und Tigris, an deren Ufern einige der größten antiken Kulturen entstanden sind wie die Reiche der Assyrer, Sumerer und Babylonier. Das große Flussdelta brachte eine so üppige Vegetation hervor, dass es vermutlich den Israeliten die Inspiration für die Beschreibung des Gartens Eden gab.

Nun droht dem Zweistromland (Mesopotamien) Wassermangel durch ein Mega-Staudamm-Projekt im Südosten der Türkei an der Grenze zu Syrien und dem Irak.[5] Es ist weltweit eines der größten Bewässerungs- und Wasserkraftwerk-Projekte, erstreckt sich über eine Fläche von 75 000 Quadratkilometern, umfasst 22 Staudämme, 19 Wasserkraftwerke und Dutzende von Bewässerungsanlagen und ist bereits fast zur Hälfte fertiggestellt.

Die türkische Regierung verfolgt mit dem weiteren Ausbau gleich mehrere Ziele: Die Landwirtschaft soll in eine exportorientierte Agrarindustrie umgebaut und das Land zu einem der weltweit größten Baumwoll-Exporteure werden. Entscheidender ist jedoch die strategische Bedeutung des Projekts, weil mit seiner Vollendung, insbesondere mit dem derzeit heiß umkämpften Bau des Ilisu-Staudamms, den flussabwärts gelegenen Anrainerstaaten Syrien und Irak das Wasser «abgestellt» werden kann. Nach einer UN-Konvention wäre die Türkei verpflichtet, die nachfolgenden Anrainer zu konsultieren, was sie aber vollständig ignoriert.

In diesem Zusammenhang ist betrachtenswert, welche Unternehmen an dem Projekt beteiligt sind.

Nach Protesten im Jahr 2002 hatten Firmen aus Schweden, Großbritannien, der Schweiz, Deutschland, Japan, Österreich und Portugal zunächst den Rückzug angetreten. Bei den neuerlichen Anläufen seit 2005 sind nun Namen wie Alstom, Colenco, Stucki, Maggia, Züblin und vor allem VA Tech Hydro aus Österreich vertreten. Dieser Konzern wurde 2005 von Siemens übernommen, musste aber aus wettbewerbsrechtlichen Gründen wieder abgegeben werden und wurde 2006 von der in Graz ansässigen Andritz AG aufgekauft.

Die Andritz AG ist wiederum nicht, wie man meinen könnte, ein österreichisches Traditionsunternehmen, sondern seit 1999 Teil der US-Investmentgesellschaft Carlyle, die sich vornehmlich im Öl- und Rüstungsgeschäft betätigt und als Drehscheibe für US-Regierung, Militär und Industrie fungiert. Im Verwaltungsrat von Carlyle sitzen George Bush senior, Frank Carlucci, vormals US-Verteidigungsminister und stellvertretender Direktor der CIA, James Baker, ehemaliger US-Außen- und Finanzminister, sowie weitere einschlägig bekannte Persönlichkeiten. Hierbei wird deutlich, wie weitreichend die personellen Verstrickungen und militärisch-strategischen Zusammenhänge sind.

Die kulturellen und sozialen Schäden, die allein der Bau des Ilisu-Staudamms nach sich ziehen würde, sind unterdessen immens. In der Region befinden sich über 200 Ausgrabungsstätten, wo bedeutende archäologische Funde gemacht wurden, darunter das seit 1978 als UNESCO-Kulturerbe geschützte Dorf Hasankeyf, das im Falle einer Fertigstellung des Ilisu-Damms überschwemmt würde. Mehr als 55 000 Menschen müssten weichen, wobei die Umsiedlungsversprechungen bei solchen Projekten erfahrungsgemäß nicht eingehalten werden. Entscheidend für den weiteren Fortgang des Projekts werden nach derzeitiger Lage die Risikoabsicherungen durch Deutschland (Hermesbürgschaft), die Schweiz (ERG) und Österreich (Exportversicherung) sein als Voraussetzung für weitere Bankkredite. Ende 2006 hat die Bundesregierung unter Angela Merkel eine grundsätzliche Zusage für eine Hermesbürgschaft gegeben, wodurch sich die Gefahr einer Realisierung trotz massiver Kritik entscheidend erhöht hat. Es bleibt zu hoffen, dass sich in naher Zukunft ein ausreichender internationaler Widerstand gegen das Projekt mobilisieren lässt.

Weltweit gibt es über 40 000 Großstaudämme mit einer Stauhöhe von über 15 Metern. Die schlimmen ökologischen, kulturellen und sozialen Folgen sind mittlerweile hinreichend bekannt.

Auch in *Indien* kämpfen Tausende von Bürgern gegen gigantomane Staudammprojekte. Eines der ältesten und umstrittensten ist das Narmada-Projekt, das auch zu den weltweit größten Wasser-Bauvorhaben gehört.

Dreißig große, 135 mittelgroße Staudämme und mehr als 3000 kleine Wehre sollen am Narmada, einem der heiligen Flüsse Indiens, gebaut werden. An seinem Lauf befinden sich zahlreiche Pilgerstätten, darunter Maheshwar in Madhya Pradesh. Von besonderer Frömmigkeit zeugt die Wallfahrt von der Quelle bis zur Mündung und zurück, was bis zu zwei Jahre in Anspruch nehmen kann. Sechs große Staudämme wurden trotz massiver Proteste aus der Bevölkerung bereits errichtet. Fünf weitere sind im Bau. Kernstück – und besonders umstritten – ist die Sardar-Sarovar-Talsperre: Derzeit kämpfen die Aktivisten aus der Bewegung Narmada Bachao Andolan (NBA) gegen den Weiterbau des Groß-Staudamms. Seine Fertigstellung würde bedeuten, dass 245 Dörfer und fast 40 000 Hektar Land geflutet und rund 200 000 Menschen aus ihrer Heimat vertrieben werden.

Bereits 1987 wurde mit dem Bau des Staudamms begonnen; nach anhaltenden Protesten stoppte 1999 der Oberste Gerichtshof Indiens vorläufig das Projekt, doch seit Oktober 2000 darf weitergebaut werden. Arundhati Roy, Indiens berühmte Schriftstellerin, mittlerweile eine Ikone gewaltlosen Widerstands, sowie Medha Patkar, Trägerin des Alternativen Nobelpreises, nutzen nun ihre weltweite Popularität, um international auf die verheerenden sozialen und ökologischen Folgen des Narmada-Staudamm-Projekts aufmerksam zu machen. Finanziert wird das Projekt vorwiegend von europäischen Banken, unter anderem auch von der Deutschen Bank, der das Leid von tausenden Vertriebenen gleichgültig sein kann – und ist.

Ähnliche Verzweifelungskämpfe finden derzeit vor den Regierungsgebäuden in der Landeshauptstadt Bhopal statt, wo über 12 000 Menschen, vorwiegend Adivasi, also Ureinwohner, gegen die Flutung des bereits fertiggestellten Omkareshwar-Staudamms und gegen ihre Vertreibung protestieren. Der Protest richtet sich besonders gegen den Erbauer, Voith-Siemens Hydro Power Generation, einem der größten Akteure auf diesem Gebiet. Auf der Website von Siemens findet sich hingegen der bei Konzernen übliche philanthropische Einheitsbrei: «Wir tragen gesellschaftliche Verantwortung – und engagieren uns für eine bessere Welt. Unsere

Ideen, Technologien und unser Handeln dienen den Menschen, der Gesellschaft und der Umwelt. Integrität bestimmt den Umgang mit unseren Mitarbeitern, Geschäftspartnern und Aktionären.»

Indien ist aber auch Schauplatz anderer Auseinandersetzungen um das Wasser. Im Jahr 2000 nahm Coca Cola in Plachimada im Bundesstaat Kerala ein Werk zum Abfüllen von Tafelwasser beziehungsweise zum Herstellen von Getränken in Betrieb. Nach nur einem Jahr begann der Grundwasserspiegel in der Umgebung so stark zu sinken, dass die Brunnen versandeten und die einheimische Bevölkerung protestierte. Die lokale Regierung, das Panchayat, beschloss daraufhin, die Konzession für Coca Cola nicht zu verlängern. Das oberste Gericht des Bundesstaates Kerala hingegen erklärte diese Entscheidung für unwirksam und die Praxis von Coca Cola im April 2005 für rechtmäßig. Der oberste Gerichtshof fällte sein Urteil auf der Basis eines «Expertenberichts» über den Zustand des Grundwassers. Wie sich später herausstellte, war ein Mitglied der Expertengruppe ein Vertreter von Coca Cola.

In *Kolumbien* muss sich derselbe Brause-Konzern besonders schwerer Kritik stellen: Die Lebensmittelgewerkschaft Sinaltrainal wirft Coca Cola vor, mitverantwortlich für die Ermordung von acht Gewerkschaftsmitgliedern zu sein, und verdächtigt das Unternehmen und weitere Konzerne einer zu großen Nähe zu den Paramilitärs.

Luis Javier Correa Suárez, Präsident von Sinaltrainal, äußerte sich zu den Vorfällen im Dezember 2001 in einem Interview: «1986 fand der erste Mord in einer

Firma von Nestlé statt, die eine ähnliche Betriebspolitik wie Panamco [Coca Cola] betreibt. Seitdem wurden 14 Gewerkschafter getötet, sieben allein bei Panamco. Drei wurden während der Verhandlungen zu den neuen Tarifabschlüssen umgebracht. Am 28. November 1996 beispielsweise gab es die Verhandlungspflicht in der Abfüllanlage von Carepa für einen neuen Tarifvertrag, der spätestens am 5. Dezember verhandelt werden musste. Die einzige Antwort von Panamco an diesem Tag aber war der Mord an einem unserer Gewerkschafter. An der Toreinfahrt wurde er erschossen. Wenige Stunden danach wurden alle Arbeiter gezwungen, sich am Nachmittag zu versammeln und unverzüglich aus der Gewerkschaft auszutreten. Am 12. Dezember, also eine Woche nach dem Mord in Carepa, informierten wir Panamco, die US-Botschaft sowie den kolumbianischen Präsidenten über die Vorfälle. Doch niemand reagierte darauf.»

Die durch die Ermordungen ausgelösten Proteste und Kampagnen haben mittlerweile auch andere Länder erreicht. In den USA haben zehn Hochschulen den Verkauf von Coca-Cola-Getränken unterbunden, auch in Europa wächst der Widerstand. So zum Beispiel in Italien, wo Coca Cola 2006 einer der Hauptsponsoren der Winterolympiade war. Um sein Image weiter aufzupolieren, sponserte der Konzern auch die Fußballweltmeisterschaft 2006 in Deutschland und entschied sich 2007, um den zunehmenden weltweiten Boykottaufrufen entgegenzuwirken, Wasserprojekte des World Wildlife Fund (WWF) zu finanzieren – eine der üblichen Weißwasch-Aktionen.

Es gibt aber trotz der sehr ernsten Vorfälle bei Coca Cola auch Anekdoten zum Schmunzeln: Der weltweit größte Getränkehersteller wollte im März 2004 den britischen Markt mit einem neuen Mineralwasser namens Dasani aufmischen («höchste Qualität»). Die Markteinführung kostete über 10 Millionen Euro und die Dollarzeichen leuchteten bereits in den Augen der Coca-Colaner, als sich herausstellte, dass das «Mineralwasser» aus einem Wasserhahn im Vorort Sidcup kam. Der Preis pro Liter Dasani-«Mineralwasser» sollte 2,80 Euro betragen. Das gleiche Wasser als Leitungswasser kostete zur selben Zeit 0,076 Cent.

Das Thema Flaschenwasser hat aber noch weitere Facetten, wie sich am Beispiel *Indonesien* aufzeigen lässt. In Klaten, einer Kleinstadt in der Nähe von Solo in Zentral-Java, stellt der französische Wassermulti Danone (Aqua Danone PT Tirta Investama) sein Flaschenwasser her.[6] Danone musste nur wenig Land erwerben, um an die unterirdischen Wasservorräte zu gelangen. 2001 baute der Multi eine Fabrik mit hohen Mauern und Zäunen, militärisch bewacht, in der das Wasser seit Anfang 2002 in Gallonen-Flaschen, die circa 19 Liter fassen, abgefüllt und ausgeliefert wird.

Als ich 2004 an einer Globalisierungskonferenz in Solo teilnahm, besuchte ich auch den Ort Klaten, um mir einen Eindruck vom Danone-Werk zu verschaffen. Zusammen mit der indonesischen Umweltaktivistin Nila Andheri und weiteren Freunden hatte ich eine Stelle gefunden, an der man über die Mauer des Danone-Werks blicken konnte. Der Hof stand voll mit dreiachsigen Lastwagen, die mit den Wasserflaschen beladen wurden und im 10-Minuten-Takt das Gelände verließen. Die Einfahrt zum Werk war wie eine militärische

Anlage bewacht. Nach einigen Minuten näherte sich eine Gruppe von Sicherheitskräften, die uns entdeckt hatten. Meine Begleiter machten mir klar, dass es nun besser sei, sich aus dem Staub zu machen.

In Indonesien kann es auch mal etwas rauer zugehen. Die Wasserentnahme im Danone-Werk beträgt 64 Liter in der Sekunde und damit circa 2 Milliarden Liter im Jahr – laut Angaben der Wasseraktivisten aus Solo. Danone hat eine Konzession, die alle drei Jahre verlängert wird. Immer häufiger kommt es zu Streitigkeiten mit den Bauern in der Umgebung, weil deren Nassreis-Feldbewässerung aufgrund des stark gesunkenen Grundwasserspiegels nicht mehr funktioniert.

Es erscheint absurd, dass in einer Gegend, wo die Bevölkerung ohnehin unter Armut leidet, diese ihr weniges Geld auch noch dafür aufwenden muss, das eigene Wasser von Danone teuer zurückzukaufen. Zuletzt wurde laut einem Bericht in der dortigen Tageszeitung vom 12. Mai 2005 Danone zu einem hohen Bußgeld wegen Missachtung von Umweltvorschriften verurteilt. Da die Konzerne aber Milliarden mit dem Wasser verdienen, stellt selbst ein hohes Bußgeld kein ernsthaftes Problem dar – alles geht weiter wie gehabt.

Was die Privatisierung des Leitungswassers anbelangt, steht Indonesien anderen Ländern in nichts nach. 1997 übernahmen die ehemalige RWE-Tochter Thames Water und der französische Konzern Suez die Wasserversorgung von Jakarta. Dass hier Korruption in großem Stil betrieben wurde, zeigt sich daran, dass dem Sohn des damaligen Diktators Suharto Anteile an der neu gegründeten Firma übertragen wurden. Mit eingefädelt hatten das Geschäft die Weltbank und das britische Department für Internationale Entwicklung. Nach lang anhaltenden Studentenprotesten musste Suharto im Mai 1998 zurücktreten.

Die neue Regierung bewertete zwar die Privatisierungsverträge als durch Korruption zustande gekommen, schloss aber 2001 neue Verträge mit Thames Water und Suez. Auch diese Verträge sind für die Bevölkerung schwer hinnehmbar: Sie legen fest, dass bei vorzeitiger Vertragsbeendigung alle bis dahin von Thames Water und Suez getätigten Investitionen an diese zurückgezahlt werden müssen, ebenso die für die Vertragsdauer von 25 Jahren vereinbarten Profite.

Die übrigen Kritikpunkte sind schnell genannt: hohe Wasserleitungsverluste, ständig steigende Wasserpreise und Vernachlässigung der vereinbarten Infrastrukturinvestitionen. Der Artikel 1365 des Zivilrechts gibt zwar formal den Verbrauchern die Möglichkeit, bei nicht erbrachter Leistung Kompensation zu fordern, in der Praxis ist die Vorschrift allerdings wirkungslos, weil die Behörden nicht daran denken, diesem Recht auch Gültigkeit zu verschaffen.

So wie die Dinge liegen, wird die Privatisierung des Wassers in Indonesien weitergehen. Seit November 2004 ist das sogenannte Gesetz Nr. 7 in Kraft gesetzt, das unter dem Druck der Weltbank entworfen wurde und eine landesweite Wasserprivatisierung ermöglichen soll. In diesem Gesetz befinden sich auch Ausführungen über die Einflussnahme auf das Wetter. So steht in Artikel 38, dass ausländische Investoren eine Veränderung des Wetters beantragen und gegebenenfalls durchführen können. Was zunächst wie ein Witz klingt, kann beispielsweise für die Landwirtschaft von großem Interesse sein, weil Wolken da zum Abregnen gebracht werden können, wo sie es sollen.

Bürgerinitiativen und NGOs in Indonesien kämpfen zwar gegen Privatisierungsprojekte, werden aber von einer berechtigten Angst gebremst. Immer wieder gibt es Nachrichten über verschwundene oder gefolterte Bürgerrechtler. Letztes prominentes Opfer: der Menschenrechtsanwalt und Träger des Alternativen Nobelpreises Munir Said Thalib, der am 7. September 2004 im Flugzeug von Jakarta nach Amsterdam mit Arsen vergiftet wurde. Der Täter, Pollycarpus Priyanto, war Pilot der staatlichen Fluggesellschaft Garuda Indonesia und stand zugleich im Dienst des nationalen Geheimdienstes. Er wurde zu 14 Jahren Gefängnis verurteilt und als «Einzeltäter» bezeichnet. Das Urteil wurde aber im Oktober 2006 wieder aufgehoben und in eine kürzere Haft von nur zwei Jahren umgewandelt.

Alle Umstände sprechen dafür, dass er im Auftrag bestimmter Kreise gemordet hat. Munirs Arbeitsschwerpunkt war die Aufklärung von Morden militärischer Sondereinheiten des Suharto-Regimes sowie die Mitarbeit bei Kontras, einer Kommission für Verschwundene und Opfer von Gewalt. Gerade die Clique um den ehemaligen Diktator Suharto könnte ein Interesse daran haben, dass die Vergangenheit nicht aufgearbeitet und nicht durchleuchtet wird.

Munirs Gegner waren auch zuvor nicht zimperlich. 2001 erhielten seine Eltern eine Paketbombe, 2002 zertrümmerte ein Schlägertrupp sein Büro, 2003 explodierte eine Paketbombe vor der Haustür der Familie. Freunde und andere Menschenrechtsaktivisten haben nun den Fall der UN-Menschenrechtskommission vorgetragen und verlangen von Indonesiens Präsident Susilo Bambang Yudhoyono eine vollständige Aufklärung des Mordes und seiner Hintermänner.[6]

Eines der Unternehmen, deren Tätigkeit ebenfalls aufmerksam verfolgt werden sollte, ist die Schweizer Firma Nestlé, weltweit größter Lebensmittelkonzern und einer der wichtigsten Flaschenwasser-Abfüller der Branche. Flaschenwasser ist oft nichts anderes als aufbereitetes Leitungswasser, mit dem man jedoch einen viel höheren Gewinn machen kann: Aus der Sicht der Multis ein ziemlich schlichtes und dabei höchst profitables Geschäftsmodell! Neben dem Preis, den der Verbraucher zahlt, sind aber auch die Folgen für die Umwelt dramatisch. Millionen von Plastikflaschen und Tausende Tonnen von Plastikmüll werden durch die Flaschenwasserproduktion der Umwelt zugemutet. Da die Tafelwässerchen teilweise rund um die Welt transportiert werden, kommt die durch den Transport verursachte Umweltverschmutzung noch hinzu.

Der vielleicht wichtigste Einwand gegen Flaschenwasser ist aber ein anderer: Es könnte im Kreise der Multi-Utility-Konzerne ein stillschweigendes Einverständnis darüber entstehen, dass eine Verwahrlosung der Rohrleitungsnetze hinnehmbar, wenn nicht sogar wünschenswert sei, weil dadurch das Leitungswasser ungenießbar wird und der Flaschenwasserumsatz erhöht werden kann.

Nestlé ist auch in der Gentechnik aktiv und versuchte bereits vor Jahren, mit dem «Butterfinger» jugendlichen Zielgruppen ein Schoko-Produkt aufzudrängen, das mit

Genmais hergestellt war. Eine weitere Zielgruppe des Konzerns sind Mütter, die vom Stillen ihrer Säuglinge abgebracht und von Muttermilch-Substituten überzeugt werden sollen. Mit einem solchen Produkt unterstützte Nestlé ausgerechnet das Fome-Zero-(Null-Hunger-) Programm des brasilianischen Präsidenten Lula, bei dem an bedürftige Familien Ernährungs-Schecks ausgegeben werden. – Der Nestlé-Beitrag war ein Muttermilch-Substitut.

Es entbehrt nicht eines gewissen Zynismus, wenn ausgerechnet durch ein Programm zur Nahrungsmittelsicherheit Mütter vom Stillen ihrer Säuglinge abgebracht und auf diesem raffinierten Weg in die Abhängigkeit von industriellen Erzeugnissen getrieben werden.

Im Dezember 2005 feierte Evo Morales, ein ehemaliger Coca-Bauer indigener Herkunft, als Kandidat der linksgerichteten Movimiento al Socialismo (MAS) einen triumphalen Erfolg bei den Präsidentschaftswahlen in Bolivien. Damit wurde er zur Symbolfigur für den erfolgreichen Kampf gegen Neoliberalismus und neokoloniale Plünderung in einem Land, in dem trotz des Reichtums an natürlichen Ressourcen zwei Drittel der Bevölkerung unterhalb der Armutsgrenze leben.

Mit seiner Forderung nach Rückverstaatlichung der Erdgasvorkommen und höheren Abgaben auf Rohstoffexporte war es ihm gelungen, vor allem die in Armut lebende Landbevölkerung zu mobilisieren. Seiner Wahl ging jedoch eine lange Serie zum Teil gewaltsamer Proteste und politischer Turbulenzen voraus, bei denen nicht zuletzt die Kontrolle über das Trinkwasser im Zentrum der Auseinandersetzungen stand.

Der von vielen prophezeite Kampf ums Wasser als Schlüsselressource des 21. Jahrhunderts hat in Bolivien längst konkrete Formen angenommen, wobei vor allem die «Wasserkriege» in Cochabamba im Jahr 2000, bei denen das Kriegsrecht ausgerufen wurde und viele Menschen ums Leben kamen, zu trauriger Berühmtheit gelangten. Das Beispiel Boliviens zeigt auch, wie Entwicklungsländer unter internationalem Druck und dem Vorwand wirtschaftlicher Entwicklung und Modernisierung zu einer leichten Beute internationaler Wasserkonzerne werden können, die es verstehen, selbst die Not der ärmsten Bevölkerungsteile in Profite umzumünzen.

Wem gehört das Wasser?

Mit Zivilcourage gegen die Macht der Konzerne

In den Augen der bolivianischen Bevölkerung wird mit dieser modernen Form der Plünderung einheimischer Ressourcen durch ausländische Konzerne eine Jahrhunderte während Geschichte kolonialer Ausbeutung fortgeschrieben, die tief im kollektiven Bewusstsein verankert ist.

Im 16. Jahrhundert eroberten die Spanier das Gebiet des heutigen Bolivien, das Teil des Inkareichs war, unterwarfen die einheimischen Völker und beuteten die Silbervorkommen aus. Der Kampf um die Unabhängigkeit begann 1809. Simon Bolivar befreite das Land 1825 und wurde dadurch zu seinem Namensgeber. Die Salpeter-Kriege gegen Chile (1879–1884) endeten damit, dass Bolivien große Teile seines Staatsgebiets und vor allem seinen Zugang zum Pazifik verlor. Gebiete mit bedeutenden Salpeter-Vorkommen (Nitrat), damals ein wichtiger Rohstoff für die Herstellung von Dünger und Schießpulver, fielen an Chile und wurden im Wesentlichen von britischen und deutschen Unternehmen abgebaut. Mit den Erlösen bezahlte Chile seine Waffenimporte aus Europa.

Geprägt von Krisen und mehr als 150 Staatsstreichen kam Bolivien auch nach seiner Unabhängigkeit politisch nie zur Ruhe. 1985 erließ Präsident Victor Paz Estenssoro ein Dekret, das den Weg zu einer «neoliberalen» Marktwirtschaft ebnete. Es folgte der Zusammenbruch der jungen inländischen Industrie, die der Konkurrenz der Importprodukte nicht gewachsen war. Bolivien mit seinen fast 9 Millionen Einwohnern war im Jahre 2004 noch das ärmste Land Lateinamerikas, hatte

5,5 Milliarden US-Dollar Auslandsschulden, zu deren Tilgung 30 Prozent des Bruttoinlandsprodukts aufgewendet werden mussten.

In den Neunzigerjahren wurden Bodenschätze wie Erdöl und besonders Gas sowie Infrastrukturdienstleistungen privatisiert. Ausländische Investoren übernahmen die Förderung und Vermarktung. Bolivien verfügt neben Venezuela über die bedeutendsten Erdgasvorkommen in Südamerika. 1997 wurde auch die bis dahin öffentliche Wasserversorgung der Anden-Großstädte El Alto und La Paz von der Privatisierungswelle erfasst; Nutznießer war das Konsortium Aguas de Illimani unter der Führung des weltweit größten Wasserkonzerns, der französischen Suez-Gruppe.

Auch die Weltbanktochter IFC (International Finance Corporation) war mit 8 Prozent an diesem Konsortium beteiligt – ein Indiz dafür, dass die Weltbank auch wirtschaftliche Eigeninteressen vertritt und nicht nur aus humanitären oder entwicklungspolitischen Gründen ihre Strukturanpassungsprogramme (SAP) den Ländern des Südens aufzwingt. Zu den Anteilseignern gehören auch die Arbeiter des Konsortiums – insgesamt halten sie bescheidene ein Prozent![7]

Nach drastischen Wasserpreiserhöhungen kam es im Jahr 2000 zu den international bekannt gewordenen «Wasserkriegen» von Cochabamba. Der US-Konzern Bechtel hatte die Wasserversorgung der Stadt übernommen und die Wasserpreise so stark erhöht, dass sie von einem großen Teil der Bevölkerung nicht mehr bezahlt werden konnten. Die Antwort waren heftige, zunächst aber gewaltfreie Proteste und Streiks. Später kam es zu Auseinandersetzungen mit der Polizei, die Regierung rief das Kriegsrecht aus und ließ das Militär gegen die eigene Bevölkerung aufmarschieren. Es gab einige Tote, Hunderte wurden verletzt.

Dennoch gelang es der Coordinadora del Agua de Cochabamba, einem Zusammenschluss von Bauern, Arbeitern und Studenten, den Bechtel-Konzern (Konsortium Aguas de Tunari) aus dem Land zu vertreiben. In gewisser Weise war dieser Vorfall ein Novum, weil es der Bevölkerung gelang, einen mächtigen Konzern aus eigenen Kräften in die Knie zu zwingen.

Zwar errangen die sozialen Bewegungen (Movimento al Socialismo und Movimento Indigena Pachacuti) 2002 weitere Teilerfolge gegenüber den gesellschaftlichen Eliten. So konnten sie etwa durchsetzen, dass Parlamentsdebatten künftig auch in den indigenen Sprachen (Aymara, Quechua und Guarani) stattfinden können. Einen grundlegenden politischen Wandel konnten sie damit aber noch nicht erzwingen.

Bereits im Oktober 2003 kam es erneut zu blutigen Auseinandersetzungen auf der Straße, als die Pläne des damaligen Präsidenten Gonzalo Sánchez de Lozada bekannt wurden, die bolivianischen Bodenschätze zu verschleudern und große Mengen Erdgas ausgerechnet über das verhasste Chile in die USA zu exportieren – zu äußerst «günstigen» Konditionen. Alle Versuche, die Proteste gewaltsam zu unterdrücken, scheiterten jedoch, und Sánchez de Lozada musste, nachdem es über 60 Tote gegeben hatte, im Oktober 2003 per Hubschrauber in die USA fliehen.

Sein Nachfolger, Präsident Carlos Mesa, verzichtete zunächst auf den Einsatz von staatlicher Gewalt. Die Lage entspannte sich, jedoch nur vorübergehend. Denn auch er änderte nach kurzer Zeit seinen Kurs und schlug gemeinsam mit den Eliten des Landes eine neoliberale Richtung ein. Weitere Verträge über Privatisierungen sollten folgen.

Im Januar 2005 brachen neue Revolten aus, bei denen sich der Zorn der Bevölkerung gegen den Wasserkonzern Suez richtete, der die Wasserversorgung von El Alto übernommen hatte. Eine der Kernforderungen des Protestes, der auch durch rapide steigende Benzinpreise angeheizt wurde, war die sofortige Annullierung des Vertrages mit dem Konzern Suez/Aguas del Illimani und das Betreiben der Wasserversorgung durch eine öffentliche, sozial ausgerichtete Gesellschaft.[8]

Jahrelang warteten die Bewohner besonders der ärmeren und ärmsten Distrikte von El Alto auf die Versorgung ihrer Viertel mit Leitungswasser und den Anschluss an die Kanalisation. In den Verträgen hatte es Suez geschickt verstanden, seine Zuständigkeit auf solche *service areas* zu beschränken, in denen die Bewohner über das nötigste Geld verfügen, während die allerärmsten Distrikte schlichtweg ausgeklammert wurden. Nicht weniger Empörung löste die Geschäftspolitik des Konzerns bei denjenigen aus, die sich trotz bestehender Infrastruktur den Zugang zu Trinkwasser nicht mehr leisten konnten, weil Suez die Wasser-Anschlussgebühren von etwa 100 bis 120 US-Dollar auf 445 Dollar erhöht hatte. Angesichts der bitteren Armut – viele leben von weniger als einem Dollar pro Tag – hätte dies den Bewohnern mehrere Monatslöhne abverlangt.

Entgegen allen Versprechungen und vertraglichen Vereinbarungen haben die Privatisierungsmaßnahmen über die Jahre hinweg die Versorgungslage nicht verbessert. Zehntausende Familien leben bis heute ohne Wasseranschluss. Dem Konsortium wurde eine Rendite von 12 Prozent zugesichert. Der genaue Inhalt der Verträge unterliegt – wie bei Privatisierungen üblich, wenn auch illegitim – der Geheimhaltung. Das Fehlen von Transparenz und Kontrollmechanismen verwehrt den Bewohnern jede Möglichkeit, auf legalem Weg gegen bestehende Missstände vorzugehen.

Im März 2005 überschlugen sich die Ereignisse erneut. Präsident Carlos Mesa erklärte unter dem Druck der Massen seinen Rücktritt, der jedoch vom Kongress abgelehnt wurde. Bezüglich der Wasserversorgung hatte Mesa zunächst zugesichert, den Vertrag mit dem Konzern Suez aufzulösen unter Berufung darauf, dass der Betreiber seiner Versorgungspflicht nicht nachkomme. Auf massiven Druck der Deutschen Gesellschaft für Technische Zusammenarbeit (GTZ), der Interamerikanischen Entwicklungsbank und der Weltbank revidierte Präsident Mesa jedoch seine Zusage.

Bereits 1996, als über einen Teilerlass der Auslandsschulden verhandelt wurde, war die Privatisierung der städtischen Wasserwerke eine der Bedingungen, die die Weltbank, die Interamerikanische Entwicklungsbank und der IWF gestellt hatten. Vom Wegfall ausländischer Entwicklungshilfe wären nicht nur Wasserversorgungsprojekte betroffen gewesen, sondern auch andere soziale Einrichtungen des Gesundheits- und Bildungswesens. Würde der Vertrag mit Agua del Illimani (Suez) aufgelöst, so die Begründung für die Kehrtwende Mesas, sehe sich der Staat darüber hinaus mit Schadensersatzforderungen von Suez in Millionenhöhe konfrontiert. Es sei daher besser, sich «einvernehmlich» zu einigen ...

Mitte des Monats ließen die drei genannten Institutionen erneut die Muskeln spielen und führten aus, wie sie sich die zukünftige Wasserversorgung vorstellten: Der alte Vertrag könne gelöst werden, es müsse aber ein neuer geschlossen werden, eine gemischte Rechtsform (Sociedad Anonima Mixta, eine Art Public Private Partnership), bei der wiederum der Global Player Suez mit jetzt 35 Prozent beteiligt sein sollte – derselbe Konzern, von dem sich die Bolivianer mit ihren Protesten befreien wollten.

Es scheint für die genannten Institutionen völlig selbstverständlich zu sein, massiv in die Souveränität des Landes einzugreifen und Druck auszuüben. Auch die Deutsche Botschaft in La Paz meldete sich mit einer Presseerklärung zu Wort, in der sie eine «einvernehmliche Lösung» anmahnt, damit Entschädigungszahlungen vermieden werden. Es solle eine Betreibergesellschaft gegründet werden, die Effektivität und Nachhaltigkeit im Service garantiert, und ein Minimum an regulatorischen Strukturen sei einzuhalten, um ausländische Investitionen abzusichern. Andernfalls, so die offene Drohung, werde die deutsche Entwicklungshilfe eingestellt. Auf diese Entwicklungshilfe sind die Bolivianer letztlich aber nur deshalb angewiesen, weil ihnen seit jeher ein gerechter Anteil an ihren eigenen Ressourcen vorenthalten wurde. Bezeichnend ist auch die Arroganz, mit der deutsche Entwicklungsagenturen wie selbstverständlich davon ausgehen, dass sie am besten wissen, was das Richtige ist, und damit die Selbstbestimmung der Bevölkerung ignorieren.

Zwar werden Fehlentwicklungen durchaus eingeräumt, doch selten wird deren Ursache in der bestehenden Privatisierungsdoktrin gesucht, die immer wieder mit humanitären Lippenbekenntnissen gerechtfertigt wird. So erklärte die deutsche Bundesministerin für wirtschaftliche Zusammenarbeit und Entwicklung, Heidemarie Wieczorek-Zeul, am 2. Juni 2003 in der *Frankfurter Rundschau,* Wasser sei «ein Menschenrecht und ein öffentliches Gut. [...] Von diesem Prinzip lässt sich die deutsche Entwicklungszusammenarbeit im Wassersektor leiten [...] und dieses Prinzip wird durch mögliche Investitionen des privaten Sektors [...] nicht in Frage gestellt.»[9]

Auch die ehemalige Staatssekretärin Uschi Eid vom Bündnis 90/Die Grünen, Wasserfachfrau, Entwicklungsexpertin, Gouverneurin der Interamerikanischen Entwicklungsbank (IADB) und ehemalige Dienstherrin über die GTZ, will in misslungenen Privatisierungsprojekten keinen Systemfehler, sondern allein handwerkliche Mängel erkennen. In einem Artikel aus dem Jahr 2003[10] betrachtet sie die Entwicklung in La Paz als Positivbeispiel mit Vorbildcharakter für das ganze Land – ohne zu erklären, warum gerade hier etwas funktionieren soll, was andernorts längst gescheitert ist. Praktische Erfahrungen vor Ort werden dabei ebenso ignoriert wie der ausdrückliche Wille der Bevölkerung. Ein Paternalismus der Extraklasse!

Unabhängig von der Frage, welcher Weg der richtige sei, muss an dieser Stelle daran erinnert werden, dass der damalige Präsident, Carlos Mesa, sich bereits entschlossen hatte, die Verträge mit Suez in El Alto aufzukündigen. Der deutsche Vorstoß stellte sich damit gegen die Pläne des Präsidenten und griff in dessen Regierungshandeln ein. Neben allen praktischen Aspekten stellt sich auch die Frage, ob nicht die Selbstbestimmung eines souveränen Landes höher zu werten ist als eine Entwicklungshilfe, die manche Probleme eher verschärft, statt sie zu lösen. Wenn die deutsche Entwicklungshilfe in Bolivien so vorbildlich ist, wie von den zuständigen Stellen behauptet wird, warum stellen sich dann die Bürger so entschieden dagegen?

Humanitäre Hilfe oder neokoloniale Bevormundung?
Ein dunkles Kapitel deutscher Entwicklungspolitik

Bereits hier zeigt sich, dass wichtige Spuren auf der Suche nach den Hauptakteuren beim beschleunigten Prozess der Privatisierung des Trinkwassers, die den bolivianischen Gemeinden seit 1997 verordnet wurde, direkt nach Deutschland führen.

Seit geraumer Zeit ist die Gesellschaft für Technische Zusammenarbeit (GTZ) im Auftrag des Bundesministeriums für wirtschaftliche Zusammenarbeit und Entwicklung (BMZ) weltweit in die Privatisierungspolitik verwickelt und auch in Bolivien mit mehreren Projekten vertreten, darunter mit einem Programm namens PROAPAC,[11] das die Wasserversorgung verbessern und die Beteiligung der Bevölkerung stärken soll. Zahlreiche Projekte führte die GTZ in Zusammenarbeit mit deutschen Unternehmen durch. So wurde zum Beispiel in den Städten Oruro und Potosi die Wasserversorgung «nachhaltig optimiert» – mit dem Konzern MVV aus Mannheim als ausführendem Organ.

Von ihrem Anspruch, den Zugang zu den Wasserressourcen verbessern zu wollen und dadurch «dem Land soziale Gerechtigkeit» zu bringen, wie es die firmeneigene Website verkündet, hat sich die GTZ von der Realität jedoch weit entfernt. In El Alto waren Tausende Haushalte auch 2005 noch ohne Trinkwasser. Wiederholt wurde die aktive Beteiligung der Bürger an ihrer eigenen Wasserversorgung durch Militär oder Polizei massiv unterdrückt.

Über diesen Widerspruch jedoch ist in den Verlautbarungen von GTZ und BMZ nichts zu erfahren. Auch nicht über die gezielte Einflussnahme auf Regierungsentscheidungen, die weniger der Stärkung der Bürgerrechte als vielmehr der Förderung einer rücksichtslosen Privatisierungspolitik und der Sicherung privatwirtschaftlicher Interessen gilt. Als Vermittlerin bei Verhandlungen von internationalen Finanzinstituten und Regierungsbehörden verfügt die GTZ über enorme Möglichkeiten der Einflussnahme, die es ihr erlauben, den politisch Verantwortlichen die Regeln zu diktieren. Und sie scheut nicht davor zurück, die finanzielle Abhängigkeit der Regierungen für die Durchsetzung ihrer politischen und wirtschaftlichen Interessen zu nutzen.

Dies jedoch ist nur ein Teil der Vorwürfe, die Oscar Olivera von der Koalition für die Verteidigung von Wasser und Leben und Omar Fernández, Vertreter der Nationalen Vereinigung der Bewässerungssysteme unterhaltenden Bauern und der Wasserausschüsse, in einem offenen Brief an die internationale Gemeinschaft gegenüber der GTZ vorbringt.[12] Neben der Kritik an den Strategien zur Privatisierung des Wassers wird die GTZ darin angeklagt, durch Kampagnen, durch Beeinflussung der Regierungsstellen und durch Desinformation die Konflikte verschärft und «ein Klima von Angst, Gewalt und Unterdrückung erzeugt» zu haben. – Heftige Vorwürfe gegenüber einer Organisation, die der entwicklungspolitischen Zielsetzung einer «Welt ohne Armut, Furcht und ökologische Zerstörung» verpflichtet sein will.

Tatsächlich stößt man bei der Durchleuchtung von Entscheidungsprozessen auf dem Weg zur Privatisierung der Wasserversorgung immer wieder auf die unmittelbare Einflussnahme durch die GTZ. 2002 – zwei Jahre nach den Wasserkriegen – stand sie mit der Regierung Jorge Quiroga in Verbindung und erreichte dabei die Verabschiedung eines Gesetzes,[13] das die Umwandlung der öffentlich-rechtlichen kommunalen Trinkwasserbetriebe (in kleinen und mittleren Städten) in Personengesellschaften erlaubte, die zu 60 Prozent privatrechtlicher Natur sind. Auch bei der Entwicklung eines «Nationalen Bewässerungsplans» mit einem Budget von 423 Millionen Dollar, der noch unter der Regierung von Sánchez de Lozada vor seinem erzwungenen Rücktritt im Oktober 2003 ausgearbeitet wurde, war die GTZ direkt und aktiv beteiligt.

Seit 2002 hat die GTZ zusammen mit dem Ministerium für Basishygiene eine umfassende und effektive Kampagne zur Kreditbeschaffung für Trinkwasserversorgungsleistungen gestartet. Mit zinsgünstigen Krediten für den Bau von Trinkwasser- und Abwassereinrichtungen werden Stadtverwaltungen dazu gedrängt, die Privatisierung voranzutreiben. Häufig stammen diese Mittel von der deutschen Kreditanstalt für Wiederaufbau (KfW). Nach den Aussagen von Oscar Olivera wurden sie zum Teil zweckentfremdet und für Wahlkämpfe eingesetzt – zum Vorteil politischer Kräfte, die die Privatisierungsinteressen der GTZ unterstützen.

Viele Gebiete wurden zu «Konzessionszonen» erklärt, in denen ausländische Firmen den Hauptzugang zum

Geschäft mit der Trinkwasserversorgung haben. Rechte indianischer Gemeinden und Bauern, die nach mühsamen und zähen Verhandlungen während der «Wasserkriege» in das Trinkwassergesetz eingearbeitet worden waren, wurden damit ausgehebelt. Die Gemeinden verloren damit nicht nur ihre Souveränität über ihre Wasserversorgungssysteme, sondern auch über die natürlichen Wasserressourcen selbst – wie Flüsse, Seen oder Teiche. Durch die Schaffung von Versorgungsmonopolen wurde ihnen die Möglichkeit genommen, auf andere Trinkwasserquellen zuzugreifen.

Während die Verbraucher einseitig an den Konzessionsnehmer gebunden sind, kann dieser das Wasser an solche Gemeinden und städtische Wasserversorgungssysteme verkaufen, die finanziell besser gestellt sind, mit der fatalen Folge einer wasserbedingten Verstädterung. Traditionelle Wassergewinnungs- und Landbebauungsmethoden verkümmern und ehemalige landwirtschaftliche Nutzflächen werden zu Brachland.

Daneben bringt die Erklärung eines Gebietes zur Konzessionszone die Einführung von Tarifmodellen mit sich, bei denen der Wasserpreis an den Dollarkurs gebunden ist – zugunsten des privaten Betreibers, der so vor einem Währungskursrisiko geschützt werden soll. Während sich die Wassermultis über eine konstante Rendite von garantierten 12 bis 13 Prozent freuen können, werden finanzielle Lasten – Risiken, Kosten für Investitionen und Steuern – auf die Verbraucher abgewälzt.

Ein Privatisierungsverfahren dieser Art wurde von der GTZ in Absprache mit dem stellvertretenden Minister für Basishygiene in den Ortschaften Colcapiruha und Tiquipaya unterstützt und traf auf Proteste und den

Widerstand der indianischen Bauern und der städtischen Trinkwasserausschüsse. Diese Proteste wurden im Verlauf des Jahres 2003 von Polizei und Militär brutal unterdrückt; die GTZ müsse sich für die heftigen Unterdrückungsmaßnahmen eine Mitverantwortung vorwerfen lassen, so Oscar Olivera.

Seit Ende 2003 förderte die GTZ die Ausarbeitung eines «Nationalen Wasserreservoir-Programms» zusammen mit anderen Gesetzen und Wassermanagement-Richtlinien, die unter anderem Basishygiene, Bewässerung, Wasserverbrauch, Abwasser, Wasserverschmutzung und Stromerzeugung betreffen. Dieses Verfahren fand hinter verschlossenen Türen statt, ohne Einbindung oder Zustimmung der Bauernorganisationen und der indianischen Gemeinden, die im Jahr 2000 gegen die Privatisierung des Wassers gekämpft hatten. Die neuen Gesetze bieten auch die Möglichkeit, Konzessionszonen für die natürlichen Wasserressourcen zu vergeben. Dadurch können Gemeinden gezwungen werden, Wasservorkommen abzutreten, die sie schon seit Generationen genutzt haben.

Im April 2004 hat die GTZ bei der Gründung der gemischt öffentlich-privatwirtschaftlichen Personengesellschaften Bustillo und Manchaco, um nur einige zu nennen, Unterstützung geleistet und weitere sind im Entstehen. In beiden Fällen handelt es sich um Zonen mit großen Indianergemeinden, die ihre angestammten Gebietsrechte einfordern. Obwohl bei diesem Privatisierungsmodell 70 Prozent der Gesellschaftsanteile in den Händen der Verbraucher liegen sollen, können die Anteile wie bei jeder dem Handelsrecht unterliegenden Personengesellschaft veräußert werden. Niemand kann verhindern, dass sie von Privatunternehmen aufgekauft werden und mit ihnen die Kontrolle über die Wasserversorgung eines Tages in deren Hände übergeht.

Darin liegt Zündstoff für weitere Konflikte, an deren einvernehmlicher Schlichtung, wie sie im Krisenfall von den Institutionen gerne gefordert wird, die GTZ offenbar wenig Interesse zeigt. Als Aktivisten aus den sozialen Bewegungen im April 2000 den Nationalen interinstitutionellen Wasserausschuss (CONIAG) gründeten, um Streitigkeiten in öffentlichen Dialog- und Verhandlungsforen beizulegen, bestand die Reaktion der GTZ darin, diese Verfahren zu unterminieren, indem sie versuchte, die Kontrolle über die Organisation an sich zu reißen. Als sie damit scheiterte, rief sie ein Parallelverfahren ins Leben. Damit sollte verhindert werden, dass die Bürger Änderungen bei Wasserrechtsvorschriften durchsetzen können, die mit den Privatisierungsstrategien der GTZ möglicherweise unvereinbar gewesen wären.

Auch in anderen Fällen beweist die stereotype Reaktion der GTZ auf abweichende Vorstellungen aus dem Lager der Bürgerbewegungen, dass jede Form der Bürgerbeteiligung und Mitbestimmung unerwünscht ist. Als die im Rahmen des Nationalen Bewässerungsplans vorgesehene Einrichtung einer privatwirtschaftlichen Bewässerungsstiftung (FUNRIEGO) aus öffentlichen Mitteln, aber ohne Rechenschaftspflicht gegenüber der Bevölkerung zugunsten eines Beteiligungsmodells zur Disposition stand, bestand die GTZ darauf, den Plan der Gründung dieser privaten Stiftung weiterzuverfolgen. Dies geschah in einer Weise, die ihre Absichten erkennen ließ, eine von ihr gelenkte Nomenklatura mit der Herrschaft über die Ressourcen zu installieren.

Hinter den Protagonisten der unterschiedlichen Regierungen, die die Privatisierungspolitik vorangetrieben haben, standen und stehen auch Fachleute und Techniker, die der deutschen Gesellschaft für Technische Zusammenarbeit (GTZ) angehören.

Vom Kampf ums Wasser zur Rückeroberung der Bürgerrechte

Es mutet geradezu aberwitzig an, wenn der Reichtum Boliviens, Bodenschätze wie Gas und Öl, von transnationalen Konzernen ausgebeutet wird, während die Bevölkerung überwiegend in bitterer Armut lebt. Zynisch ist es, wenn anschließend die reichen Länder Kredite geben, mit denen sie das Land in eine Schuldenfalle treiben und dadurch weitere Privatisierungen erzwingen können. Im normalen Sprachgebrauch wird dieser Vorgang als «Entwicklungshilfe» bezeichnet. In Wirklichkeit handelt es sich um eine verwerfliche neo-koloniale Ausbeutung, bei der unter dem Deckmantel von «Hilfsleistungen» die Interessen der Konzerne, Finanzinstitutionen und Eliten durchgesetzt werden.

Im Verlauf dieses Prozesses und mit den sogenannten Strukturanpassungsprogrammen ist der Zorn der Bevölkerung ständig gewachsen. Der Sturz von Präsident Lozada war nur ein Indiz dafür. Der Protest kommt aus allen Teilen der Bevölkerung, Akademiker eingeschlossen. Die meisten sind Angehörige der unteren oder mittleren Klasse, Männer und Frauen aller Altersgruppen, die selten einen Vorteil von der Privatisierung haben. Viele sind Bauern. Gewerkschaften stehen nicht im Mittelpunkt der Auseinandersetzungen, sie sind in der neoliberalen Ära seit 1986 systematisch zerstört worden.

Werden die Bestrebungen von Suez, GTZ, Weltbank und Interamerikanischer Entwicklungsbank zur Wasserprivatisierung fortgesetzt, kann sich die Lage in Bolivien noch erheblich verschärfen. Es ist nicht zu erkennen, warum ausgerechnet eine Wasserprivatisierungspolitik in El Alto und La Paz zum Erfolg führen soll, die in Cochabamba und anderen Städten den Bürgern geschadet und nur den Konzernen genützt hat. In einem Interview in der *Frankfurter Allgemeinen Zeitung* sagte RWE-Chef Roels kürzlich, dass er eine Kapitalrendite von 18 Prozent anstrebe. Mit ähnlichen Ertragszielen ist auch bei anderen Wasserkonzernen zu rechnen. Weitere Krisen und gewalttätige Konflikte sind vorprogrammiert, wenn es nicht aus einer Bürgerbewegung heraus gelingt, diese Entwicklungen aufzuhalten.

Sozialpolitische Bewegungen und zivilgesellschaftliche Vereinigungen haben in den letzten Jahren im Kampf um die Herrschaft über das Wasser viel erreicht, insbesondere in der Gesetzgebung. Ihre Proteste hatten zur Folge, dass wesentliche Teile des Trinkwassergesetzes geändert wurden und die Trinkwassersysteme sozialisiert und wieder in öffentlicher Hand betrieben werden konnten. Auch die Rechte der indianischen Bauern, die Bewässerungssysteme unterhalten, wurden damit garantiert und geschützt.

Trotz dieser Erfolge haben die bolivianischen Regierungen vor der Ära Evo Morales' die Privatisierungspolitik gefördert und unter der Hand fortgesetzt – zum Beispiel indem sie die Verpflichtung zur Rücksprache mit zivilgesellschaftlichen Vereinigungen umgingen, der Öffentlichkeit Informationen vorenthielten oder die Bevölkerung falsch informierten.

Nun sind die Proteste in Bolivien mehr als nur ein flüchtiges Phänomen. Sie stehen für eine neue Entwicklung, die möglicherweise wegweisend für die Zukunft und ein Lernbeispiel für andere Länder sein könnte. Die Erfolge beim Kampf gegen den Ausverkauf der Ressourcen und gegen die Übermacht der Konzerne hat zu einem neuen Selbstvertrauen geführt und zum Willen, die eigenen Lebensverhältnisse selbst zu gestalten. Mit beachtlichem Mut, Geschick und Durchhaltevermögen haben soziale Bewegungen innerhalb von nur zwei Jahren das Ende der Wasserprivatisierung in Cochabamba und später in El Alto und La Paz erzwungen und dabei den Sturz von zwei Präsidenten sowie Neuwahlen herbeigeführt.

Bemerkenswert ist auch, mit welcher Entschlossenheit die Widerstandsgruppen nicht nur für eine selbstbestimmte Wasserversorgung gekämpft haben, sondern auch um einen gerechten Anteil an den landeseigenen Ressourcen wie Öl- und Gas. Auch der Vorstoß, in Friedenszeiten eine verfassungsgebende Versammlung einzuberufen, bei der die Eigentumsfrage an den natürlichen Ressourcen und die Grundlagen der Daseinsvorsorge neu geregelt werden sollen, ist ein Signal für eine lebendige Demokratie von unten. Vor dem Hintergrund, dass wir in Deutschland seit über 50 Jahren erfolglos um die Einführung des Volksentscheids auf Bundesebene ringen, sollte einmal überlegt werden, wer in Sachen demokratischer Mitbestimmung die Entwicklungshilfe nötiger hat.

Auch der Appell der Bolivianer an die Solidarität der internationalen Gemeinschaft ist ein Vorgang, von dem wir lernen können. Mit diesem Aufruf haben sie ihr Problem in anderen Ländern bekannt gemacht und internationale Hilfe mobilisiert, mit der sie sich besser gegenüber der Übermacht von Konzernen und politischen Eliten behaupten können.

Bei seiner Vereidigung am 21. Januar 2006, der indigene religiöse Zeremonien vorausgegangen waren, rief der neu gewählte Präsident Evo Morales dazu auf, «500 Jahre Diskriminierung zu beenden». Aus seiner Sicht benötigt Bolivien nun vor allem Autonomie, Chancengleichheit und den Zugang zu Land, Boden und Ressourcen. Mit Abel Mamani, einem der Anführer der Proteste, der zeitweise im Hungerstreik lag, hat Bolivien nun auch einen Minister, der ausschließlich für das Wasser zuständig ist.

Nach Hugo Chavez in Venezuela, Nestor Kirchner in Argentinien und Michelle Bachelet in Chile hat nun auch Bolivien einen Staatschef, der sich zum Ziel gesetzt hat, sein Land aus dem Würgegriff von WTO, GATS-Abkommen, Weltbank, IWF, den USA und diversen Konzernen zu befreien. Ein Bündnis dieser Staaten könnte Vorbildfunktion haben für einen ähnlich gelagerten Widerstand in anderen Teilen der Erde.

Bei aller Freude und Anerkennung der Erfolge in Bolivien dürfen aber die Anzeichen neuer Bedrohungen nicht übersehen werden. Am 1. Mai 2006 geriet die bolivianische Regierung international in die Schlagzeilen, als ihr Präsident Evo Morales auf dem Gasfeld von San Alberto das Decreto Supremo Nr. 28701 verkündete, wonach die Plünderung durch die Konzerne beendet sei, die Öl- und Gasindustrie nationalisiert und ein größerer Anteil am Gewinn nun der Bevölkerung zukommen werde. Die betroffenen Konzerne wie BP, Repsol, Shell oder Petrobras werden verpflichtet, neue Verträge abzuschließen, bei denen die staatliche Behörde YPFB (Yacimientos Petroliferos Fiscales Bolivianos) die souveräne Kontrolle über ihre Ressourcen zurückerhält. Die Regierung Morales plant, einen wesentlichen Teil der Erlöse für bessere Ausbildungsmöglichkeiten einzusetzen. Die vollständige Renationalisierung scheiterte zunächst am massiven Widerstand des brasilianischen Präsidenten Lula, der die Interessen des Ölkonzerns Petrobras vertritt.

Würden alle Länder einen gerechten Anteil an ihren Ressourcen einfordern, geriete der gesamte Weltmarkt ins Wanken. Besonders die reichen Länder sorgen sich um steigende Energiepreise. Auch die Finanzwelt und vor allem die betroffenen Unternehmen werden diese Entwicklung nicht tatenlos hinnehmen. Eine Bedrohung, die weiter im Raum steht, sind die Kompensationsklagen der Konzerne etwa vor den Schiedsstellen der WTO oder Weltbank.

Widerstand gegen Morales' Reformpolitik regt sich jedoch auch im eigenen Land: Ende November hat die Regierung gegen den konservativ dominierten Senat eine Landreform durchgesetzt, mit der kleinbäuerliche Betriebe im Altiplano, der Hochebene im Zentrum Boliviens, unterstützt und riesige Ländereien der Viehbarone und Sojakönige im Oriente, dem Amazonas-Tiefland, gerechter verteilt werden sollen. Sechs Provinzgouverneure kündigten im Dezember 2006 dagegen Widerstand an und riefen dazu auf, die Kontrolle dieser Maßnahmen durch das Parlament zu boykottieren. Es ist also zu befürchten, dass Konzerne und machtvolle Institutionen die Großgrundbesitzer in Bolivien instrumenta-

lisieren, um über sie eine Destabilisierung des Präsidenten und seiner Politik zu provozieren.

Während eines Deutschlandbesuchs 2006 zeigte
sich Oscar Olivera besorgt darüber, dass der Anspruch
der Bevölkerung auf die eigenen Ressourcen zu bürger-
kriegsähnlichen Zuständen führen könne und jede
Unterstützung für eine friedliche Durchsetzung der
Reformen nötig sei.

Seine Sorgen sind nicht unbegründet. Bereits seit
2002 wurden Bolivien im Rahmen einer Entschul-
dungsinitiative der deutschen Entwicklungshilfe diverse
mit der Weltbank und dem IWF abgestimmte Auflagen
gemacht. Die GTZ hat dazu das bis 2011 laufende und
mit 17 Millionen Euro ausgestattete PADEP-Programm[14]
entwickelt, mit dem eine «Dezentralisierung» durchgesetzt werden soll, angeblich zur Armutsbekämpfung.

Diese Dezentralisierungsstrategie soll unter anderem der Privatwirtschaft die Türen öffnen und hat sich
seitdem mit den Interessen jener Großgrundbesitzer
verbunden, die sich gegen die Renationalisierungspläne
der Gas- und Ölvorkommen von Päsident Evo Morales
stellen. So haben Anfang Juli 2007 die Gouverneure der
Departments Santa Cruz, Tarija, Pandi und Beni Entwürfe für einen künftigen Autonomiestatus präsentiert.
Im Klartext: Die Gouverneure, in deren Departments
sich die wesentlichen Gas- und Ölvorkommen befinden,
wollen fiskalische Autonomie, während die fünf ärmeren Provinzen im Hochland das Nachsehen hätten.

Es bleibt zu hoffen, dass sich ein ausreichend großer
internationaler Widerstand formiert, die Bolivianer vor
trügerischer «Entwicklungshilfe» schützt und Ihnen auf
dem Weg zu wirklicher Gerechtigkeit hilft.

RWE AUF EXPANSIONSKURS –
EIN SCHLAG INS WASSER?

Im November 2005 überraschte der Essener Energiekonzern RWE die Öffentlichkeit mit der Meldung, er
habe die «strategische Entscheidung» getroffen, sich aus
dem Wassergeschäft in Großbritannien (Thames Water)
und Nordamerika (American Water) zurückzuziehen.
Nun will sich RWE wieder auf das renditeträchtigere
Strom- und Gasgeschäft konzentrieren.

Erst drei Jahre zuvor war American Water, Amerikas
größter Anbieter von Wasserdienstleistungen, der mehr
als 17 Millionen Kunden in 29 US-Bundesstaaten und
drei kanadischen Provinzen beliefert, für 4,5 Milliarden
Euro übernommen worden. Mit diesem Coup schien der
Konzern seinem Ziel, sich international als führender
Versorger in der Wasserwirtschaft zu positionieren,
einen Schritt näher gekommen zu sein. Nachdem RWE
bereits im Jahr 2000 den britischen Versorger Thames
Water für 7,1 Milliarden Euro übernommen hatte, um im
internationalen Wassergeschäft Fuß zu fassen, war das
Unternehmen mit seinem Einstieg ins amerikanische
Wassergeschäft zum weltweit drittgrößten «Wasser-
Grabscher», wie Kritiker solche Multi-Utility-Konzerne
gerne nennen, aufgestiegen.

Bei seinem Einstieg ins Wassergeschäft agierte der
RWE-Konzern zunächst nicht anders als seine Kon-
kurrenten: Interessante Objekte wurden unter dem
Gesichtspunkt aufgekauft, dass die Übernahme zu deut-
lichen Gewinnsteigerungen führen würde. Die Strategie
der Konzerne beim Einstieg ins Wassergeschäft ist dabei

immer dieselbe: Wasserpreise erhöhen und die Erhaltungsinvestitionen so weit wie möglich zurückfahren. Normalerweise geht diese Rechnung auf und die Aufsichtsbehörden stellen sich nur selten quer.

Im Falle von RWE Thames Water kam es jedoch zu einer harten Auseinandersetzung, weil die neu gegründete britische Aufsichtsbehörde OFWAT (Office of Water Services) das Unternehmen «in Schach» halten sollte und eine (weitere) Preiserhöhung strikt ablehnte. In den folgenden Verhandlungen vertrat Thames Water – wie sollte es auch anders sein – den Standpunkt, dass der Konzern ohne Preissteigerungen die nötigen Investitionen in die Infrastruktur nicht vornehmen könne. Das dürfte sogar der Wahrheit entsprechen, nachdem die vorausgegangenen satten Gewinne für Gewinnausschüttungen an die Aktionäre statt für Investitionen verwendet worden waren.

Die Aufsichtsbehörde blieb jedoch standhaft – mit dem Ergebnis, dass RWE die Lust am Wassergeschäft endgültig verlor. Vorstandsvorsitzender Harry Roels begründete in einem Aktionärsbrief den Gesinnungswandel mit sattsam bekannten Managementfloskeln, mit denen ein unternehmerischer Fehlschlag zunächst als weitblickende Unternehmensentscheidung gerechtfertigt wird, die nun aber unter veränderten Verhältnissen korrigiert werden müsse: RWE besinne sich wieder auf «gewachsene Kernkompetenzen», in denen langfristig mit höheren Renditen zu rechnen sei. «Damit ist», so der Wortlaut des Briefes, «das regulierte Wassergeschäft als stabilisierender Faktor für unser Konzernportfolio heute weniger wichtig. [...] Das Wassergeschäft erfordert sehr hohe und verbindliche Sachinvestitionen, die häufig über dem operativen Cashflow liegen. Ohne diesen Effekt haben wir mehr finanzielle Flexibilität [...] auch in Bezug auf Ihre Dividende. [...] Zurzeit werden Wasseraktivitäten als Einzelunternehmen höher bewertet. [...] Abhängig vom Fortschritt der jeweiligen Verkaufsprozesse planen wir für Sie, unsere Investoren, erhöhte Ausschüttungsquoten für dieses und das folgende Geschäftsjahr.»

Mit einfachen Worten gesagt, gibt der RWE-Chef damit zu verstehen, dass es zurzeit mehr Profit bringe, die einzelnen Wasserbetriebe zu verkaufen, als unter dem Druck der Regulierer in die Infrastruktur der Städte zu investieren. Vermutlich befürchtet RWE auch in den USA zunehmende Auseinandersetzungen mit Regulierungsbehörden und der Bürgerschaft und will mit einem Verkauf von American Water solchen Problemen vorbeugen. Auch hier zeigt sich, ähnlich wie in Bolivien, mit welcher menschenverachtenden Logik ein börsennotiertes Aktienunternehmen offenbar vorgehen muss, um den beständig steigenden Profithunger befriedigen zu können. Dabei kann das Engagement in neuen Geschäftsfeldern durchaus merkwürdige Züge annehmen, wenn diese nicht zum Kerngeschäft gehören.

RWE – eine deutsche Erfolgsstory

1898 wurde das Rheinisch-Westfälische Elektrizitätswerk (RWE) in Essen gegründet, um die Stadt mit Elektrizität zu versorgen. Vorausgegangen war die Entwicklung von elektrischen Maschinen und leistungsfähigen Generatoren durch Wilhelm Lahmeyer, die die Grundlage der Stromversorgung bilden sollten.

Schon kurze Zeit später, 1902, übernahmen die Mitgründer Hugo Stinnes und August Thyssen das Unternehmen und verfolgten von nun an eine aggressive Expansionsstrategie. Sie übernahmen die Versorgung vieler umliegender Städte und entwickelten eine Geschäftsmethode, die sich bis heute als «erfolgreich» erwiesen hat: Kommunen wurden am Aktienkapital beteiligt und Bürgermeister bekamen einen Sitz im Aufsichtsrat. Dadurch konnten in kurzer Zeit große Gebietsmonopole aufgebaut und Konzessionen gesichert werden. Einer der prominentesten RWE-Aufsichtsräte, von 1920 bis 1932 in diesem Gremium vertreten, war der damalige Kölner OB und spätere Bundeskanzler Konrad Adenauer.

Im Ersten Weltkrieg war Hugo Stinnes einer der bedeutendsten Kriegslieferanten und führend bei der Ausbeutung von Rohstoffvorkommen in den besetzten Gebieten. Auch bei den Vorbereitungen zum Zweiten Weltkrieg war RWE erheblich beteiligt. Während des Krieges wurden die Energieversorgungssysteme von Belgien, Frankreich und den Niederlanden an das RWE-Netz angeschlossen, um deren Kapazitäten für die deutsche Kriegswirtschaft zu nutzen.

Nach dem Krieg hatte sich das Unternehmen sehr bald wieder erholt und wuchs erneut zu einem Wirtschaftsimperium heran – nach dem bewährten Rezept der gezielten Verflechtung von Politik und Wirtschaft. Führende Kommunalpolitiker wurden in die eigenen Gremien aufgenommen.

1958 baute RWE einen ersten Atomreaktor in Kahl; weitere Kernkraftwerke folgten. Nachdem in den 80er- und 90er-Jahren neue Geschäftsfelder in den Bereichen Müllverbrennung, Bau, Mineralöl und Druckmaschinen erschlossen worden waren, witterte man in der weltweiten Verknappung von Süßwasser eine neue Geldquelle, die es anzuzapfen galt. Zwar hatte RWE schon 1905 in kleinem Umfang Wasserversorgung betrieben, jedoch erst mit dem Erwerb des Unternehmens Thames Water in England, eines der Schwergewichte der Wasserbranche, einen massiven Einstieg gewagt.

Wasser erschien damals als der am schnellsten wachsende Geschäftsbereich und mit dem Know-how heimischer Ingenieure wollte das «weltweit ehrgeizigste Wasserunternehmen», wie sich RWE auf seiner Homepage selbst darstellte, mit der Übernahme der Wasserversorgung in Ländern der Dritten Welt den Konzerngewinn weiter nach oben schrauben. Dieser Absicht folgend hatte RWE im Jahr 2000 den britischen Wasser-Multi Thames Water mit Sitz in Reading bei London übernommen, um international in diesem «Wachstumsmarkt» gut aufgestellt zu sein. Thames Water ist seitdem in verschiedenen Städten weltweit im Wassersektor tätig – wie zum Beispiel in Berlin, Budapest, Shanghai, Jakarta, Bangkok sowie an verschiedenen Orten in Australien, Indien, Japan, Singapur, Malaysia und natürlich in London, dem Stammsitz von Thames Water.

Die «Liquidierung» eines Wasserkonzerns – US-Bürger kämpfen um ihr Trinkwasser

Um auch den US-amerikanischen Markt zu erobern, kam es im Jahr 2003 zum Erwerb von American Water Works, dem größten amerikanischen Wasserversorger. RWE-Vorstand Harry Roels versicherte damals, eine lang angelegte Partnerschaft mit den US-Kommunen aufbauen zu wollen, zur Zufriedenheit der Kunden. Wie schnell sich doch die Zeiten ändern! Denn nun hat die Geschäftsleitung ihre Strategie neu ausgerichtet und beschlossen, Teile des «Wassergeschäfts» abzustoßen. Dabei wird mit der Wasserversorgung der Bürger genauso rücksichtslos umgegangen wie mit jedem anderen Wirtschaftsgut auch. Wer am meisten zahlt, bekommt den Zuschlag.

RWE will das US-Wassergeschäft jedoch nicht direkt an einen anderen privaten Betreiber wie etwa Suez oder Veolia verkaufen. Das wäre nicht lukrativ genug. Denn ein Börsengang von American Water lässt einen deutlich höheren Ertrag erwarten. Für die Bürger, es handelt sich immerhin um über 17 Millionen Einwohner im Versorgungsgebiet,[15] bedeutet dies eine weitere Verschlechterung ihrer Situation. Die Durchsetzung von Auflagen und vertraglichen Vereinbarungen zum Wohle der Verbraucher wird umso schwieriger, je breiter die Unternehmensanteile gestreut und unter internationalen Anlegern und Fonds verteilt sind. In dieser Form des Verkaufs zeigt sich eher die Tendenz, einen Betrieb zu «verwerten» oder «auszuschlachten» anstatt ihn nachhaltig zu führen.

Die US-Bürger der betroffenen Bundesstaaten kämpfen nun um die Re-Kommunalisierung ihrer Wasserversorgung, nachdem die Erfahrungen mit dem deutschen Multi-Utility-Konzern alles andere als befriedigend waren. Seit Monaten versuchen sie, Strategien gegen den «Ausverkauf» ihrer Wasserversorgung zu entwickeln und wandten sich bereits mit Kaufofferten an den RWE-Konzern, an dessen Kompromissbereitschaft sie appellierten. Bisher allerdings ohne Erfolg. Der Gegensatz zwischen den Kapitalinteressen von RWE und dem Willen der Bevölkerung hat bisher keine Einigung möglich werden lassen. Es ist daher abzusehen, dass sich der Konflikt weiter zuspitzen wird.

Wird ein rein profitorientierter Großkonzern dazu zu bewegen sein, möglicherweise mit Verlusten die Wasserbetriebe an die jeweiligen Kommunen abzugeben?

Schon angesichts der Firmengeschichte von RWE, die stellvertretend für viele deutsche Großkonzerne steht, dürfte es als fraglich erscheinen, ob Angelegenheiten der Daseinsvorsorge in solchen Händen gut aufgehoben sind. Das vorzeitige Ende einer «lang angelegten Partnerschaft» nach gerade mal drei Jahren und die konsequente Missachtung von Bürgerinteressen anstelle der angeblich angestrebten «Kundenzufriedenheit» lässt ahnen, mit welcher menschenverachtenden Logik eine Aktiengesellschaft vorzugehen bereit ist, um den steigenden Profithunger zu befriedigen.

RWE hat im September 2005 einen beeindruckenden Verhaltenskodex verabschiedet, der an wohlgesetzten Worten und Beteuerungen keine Wünsche offen lässt: «Das Handeln von RWE und ihrer Mitarbeiter ist bestimmt durch Eigenverantwortung, Aufrichtigkeit, Loyalität sowie den Respekt gegenüber den Mitmenschen und der Umwelt.»[16] Oder: «RWE erkennt die Mitverantwortung des Unternehmens und seiner Mitarbeiter für die Entwicklung des Gemeinwohls ausdrücklich an.»[17]

Die Frage, wie «die Mitverantwortung des Unternehmens und seiner Mitarbeiter für die Entwicklung des Gemeinwohls» im Umgang mit legitimen Bürgerinteressen letztlich zum Tragen kommen soll, könnte nun zum Prüfstein werden und zeigen, ob das Unternehmen der von ihm beanspruchten Vorbildfunktion im Bereich Unternehmensethik gerecht wird.

Über diese interne ethische Selbstverpflichtung hinaus ist der Konzern Mitglied im Global Compact, einer Initiative des ehemaligen UN-Generalsekretärs Kofi Annan mit dem Ziel, Prinzipien aus den UN-Menschenrechtsgrundsätzen sowie den Sozial- und Umweltstandards in der Unternehmenspolitik zu verankern. Ferner hat sich RWE freiwillig verpflichtet, den Unternehmensleitlinien des Corporate Governance Kodex Folge zu leisten. Dazu RWE über sich selbst: «Derzeit ist RWE das einzige DAX-30-Unternehmen, das den deutschen Corporate Governance Kodex uneingeschränkt in allen Punkten umsetzt.»

Dieser Kodex ist eine Schöpfung aus der Ära Gerhard Schröder und enthält Empfehlungen zur korrekten Führung von Großunternehmen. Über deren Einhaltung soll eine Regierungskommission wachen, die nach ihrem Vorsitzenden, Gerhard Cromme, auch «Cromme-Kommission» genannt wird. Mit Cromme hat sich ein ausgewiesener «Kenner» der Materie dieses verantwortungsvollen Postens angenommen. Cromme war bis 2001 Thyssen-Krupp-Chef und darüber hinaus Mitglied in den Aufsichtsräten von Allianz, Lufthansa, E.ON, Hochtief, Siemens, Suez und Volkswagen. Im Aufsichtsrat von VW hatte er die über Jahrzehnte dort währende Korruption sorgfältig «beaufsichtigt».

Thyssen-Krupp hatte 1991 eine Million an die CDU «gespendet», was durchaus im Zusammenhang mit den 36 Thyssen-Panzern gesehen werden kann, die nach Saudi Arabien geliefert wurden. Gemeinsam mit Siemens hat sich das Unternehmen im Rahmen der Beteiligung am Transrapid-Konsortium immense staatliche Subventionen einverleibt. Neuerdings droht Thyssen-

Krupp ein Millionen-Bußgeld, weil der Konzern im Geschäftsbereich «Aufzüge» mit anderen Firmen Preisabsprachen getroffen haben soll.

Kurzum, Herr Cromme ist der richtige Mann für Corporate Governance – das sieht man auch daran, dass in den Papieren dieser Regierungskommission nicht etwa die Adresse einer Behörde, sondern direkt die der Thyssen-Krupp AG angegeben ist. Man mag darüber spekulieren, wo politische Weichenstellungen getroffen werden, wenn die Führungsetage eines Großkonzerns zur Dependence einer Regierungskommission wird ...

Doch zurück zum internen Verhaltenscodex von RWE, der sich ausdrücklich auch auf alle in- und ausländischen mit dem Mutterkonzern verbundenen Unternehmen bezieht: «RWE beschäftigt keine Mitarbeiter, die hauptberuflich öffentliche Ämter ausüben oder hauptberuflich öffentliche Mandate innehaben. Mit Vertretern dieses Personenkreises werden auch keine Beraterverträge oder ähnliche entgeltliche Vereinbarungen abgeschlossen.»[18]

Auslöser für das Aufstellen eines Verhaltenskodex war, so RWE, die Affäre um Hermann-Josef Arentz, Chef der CDU-Sozialausschüsse, und Laurenz Meyer, ehemaliger Generalsekretär der CDU, aus dem Jahr 2004. Beide Politiker hatten von RWE jährlich 60 000 Euro an «Gehaltszahlungen» bekommen ohne (erkennbare) Gegenleistung.

Aber dies ist nur die Spitze des Eisbergs. Traditionell werden Hunderte von Politikern in sogenannten Beiräten, Regionalbeiräten und mit Aufsichtsratsmandaten von Stromkonzernen wie RWE finanziell versorgt. Die Vermutung liegt nahe, dass mit der Einrichtung von diversen Posten und Gremien lediglich verschleiert wird, dass es sich dabei in Wirklichkeit um Instrumente der versteckten Vorteilsgewährung handelt.

Mit Hilfe der so alimentierten Politiker erhofft sich ein Unternehmen die bessere Durchsetzung seiner strategischen Ziele. Vergütet wird in der Branche eine «Beiratstätigkeit» derzeit mit bis zu 7250 Euro pro Jahr bei Teilnahme an fünf Sitzungen. Im Januar 2006 hat die Kölner Staatsanwaltschaft bestätigt, auch gegen die RWE-Tochter Thyssengas wegen der Mitfinanzierung von Vergnügungsreisen einiger Politiker zu ermitteln. Ermittelt wird in diesem Zusammenhang auch gegen mehr als 150 Kommunalpolitiker und einige Manager. Der Journalist Franz Alt nennt die Dinge noch deutlicher beim Namen: «Die Politiker-Beiräte bei RWE sind faktisch Einrichtungen zur Bestechung der Kommunen.»[19]

Die Bezahlung, oder sollte man sagen die Bestechung von Politikern und Amtsträgern hat Tradition: 2002 überwies der Versicherungskonzern Allianz, Großaktionär bei RWE, der CDU 125000 Euro und der SPD – Gerechtigkeit muss schließlich sein – den gleichen Betrag. Die Deutsche Bank, ebenfalls an RWE beteiligt, spendierte der CDU weitere 260000 Euro. Ein Schelm, wer Böses denkt!

Solche Sensibilität ist im Auslandsgeschäft weniger erforderlich, wo Korruption meist offener praktiziert wird. In Lesotho beispielsweise wurde 2003 das RWE-Tochterunternehmen Lahmeyer Consulting Engineers sowie Concor und Hochtief wegen Bestechung im Zusammenhang mit dem Lesotho Highland Water Project zu Strafzahlungen von insgesamt 1,48 Millionen US-Dollar verurteilt.

Es lohnt sich, auch die unmittelbaren Aktivitäten von Thames Water näher ins Auge zu fassen. Das RWE-Tochterunternehmen verurteilt nach eigenem Bekunden die Bestrebungen der WTO oder anderer multilateraler Institutionen, bei staatlichen Autoritäten die Liberalisierung des öffentlichen Bereichs zu erzwingen. Und bei der Planung und Bereitstellung von Dienstleistungen verpflichtet es sich, mit den wichtigen «Stakeholders» wie den lokalen Regierungen, den lokalen Beschäftigten und den lokalen Gemeinschaften eng zusammenzuarbeiten.

Bei den internationalen Aktivitäten der RWE-Tochter Thames Water in Indonesien hat diese Verpflichtung zur «Zusammenarbeit» eine sehr unkonventionelle Auslegung erfahren. Im Jahr 1995 begannen Verhandlungen zwischen Thames Water und dem damaligen indonesischen Diktator Suharto mit dem Ziel, gemeinsam mit Suez die Wasserversorgung der Hauptstadt und Mega-Metropole Jakarta zu übernehmen. Weil die damaligen Gesetze keine Beteiligung ausländischer Unternehmen an der Wasserversorgung zuließen, hatte der Diktator im Juli 1996 kurzerhand dieses Gesetz außer Kraft gesetzt. Ein Jahr danach wurde die Privatisierung beschlossen und der Sohn des Diktators, Sigit Suharto, wurde mit einer satten Beteiligung an der neuen Gesellschaft bedacht. Ein Korruptions-Vorgang, der bis heute nicht wirklich aufgearbeitet wurde. 1998 folgte der Sturz des Diktators, die Verträge mit Thames Water wurden annulliert, aber kurze Zeit später neu ausgehandelt und wieder in Kraft gesetzt.

Suez und Thames Water betrieben bis vor Kurzem die private Wasserversorgung in Jakarta mit desaströsen

Folgen für die Bevölkerung: fortgesetzte Erhöhungen des Wasserpreises und schwere Verunreinigungen, unter anderem mit Schwermetallen und Reinigungsmitteln. Ein Knebelvertrag legte fest, dass bei vorzeitiger Kündigung alle Investitionen an den Betreiber zurückerstattet (die Einnahmen darf Thames Water natürlich behalten) und dass die vereinbarten Renditen für die Vertragslaufzeit an den Konzern ausgezahlt werden müssen. Im Jahre 2003 wurde sogar der britische Botschafter eingeschaltet, um bei der Regierung eine weitere Preiserhöhung durchzusetzen. Anfang 2004 wurde daraufhin das Wasser um weitere 30 Prozent teurer.

Wenn das Leitungswasser in Indonesien zu sehr verschmutzt ist, gibt es für die Bürger eine Alternative: Sie können vom französischen Konzern Danone ihr eigenes Wasser in Flaschen abgefüllt (zurück)kaufen, natürlich zu einem wesentlich höheren Preis. Vorwiegend von Danone, aber auch von anderen Multis wurden bereits viele Quellen in Indonesien «geplündert» und zu Rendite-Motoren umfunktioniert.

Wenn dies der Interpretation des RWE-Verhaltenskodex' entspricht, wonach «das Handeln von RWE und ihrer Mitarbeiter [...] durch Eigenverantwortung, Aufrichtigkeit, Loyalität sowie dem Respekt gegenüber den Mitmenschen und der Umwelt» (Präambel) bestimmt ist, haben die amerikanischen Kommunen, die noch um die Rekommunalisierung ihrer Wasserversorgung kämpfen, schlechte Karten. RWE Thames Water hatte auch bei besonders scharfen Auseinandersetzungen ein dickes Fell gezeigt: Thames Water wurde allein von 1999 bis 2002 in England und Wales in über 20 Fällen zu über 450 000 Pfund Bußgeld verurteilt und belegte damit Platz eins im Ranking der Umweltdelinquenten. Trotz dieser Bestrafungen kam es zu keiner nennenswerten Verhaltensänderung des Konzerns. Offenbar werden solche Bußgelder als Peanuts betrachtet und stellen eine zu vernachlässigende «Betriebsausgabe» dar. Die Geldstrafen sind für den Konzern letztlich günstiger als ein respektvoller Umgang mit der Umwelt.

Diese völlig ignorante Einstellung gegenüber Umweltbelangen drückt sich auch in der Vernachlässigung des Londoner Leitungsnetzes aus. Jeden Tag versickern allein in diesen Rohren über 900 Millionen Liter Trinkwasser. Für Thames Water ist der Wasserverlust günstiger als die dringend notwendige Reparatur der Rohrleitungen. Solche Verhaltensweisen sind typisch für die Wassermultis, weshalb die Wasserversorgung der Städte durch Konzerne gewiss ein «Auslaufmodell» darstellt.

In der 62 Seiten umfassenden Broschüre *Planet Water, Liquid thinking, practical Solutions*[20] findet man neben wunderschönen Wasserbildern endlose Erklärungen, wie RWE die Wasserprobleme der Welt lösen und wie sich die geballte «Menschlichkeit» über den Planeten ergießen soll. Ein Grundsatz, der sich auch im Verhaltenskodex wiederfindet: «RWE erkennt die Mitverantwortung des Unternehmens und seiner Mitarbeiter für die Entwicklung des Gemeinwohls ausdrücklich an.»[21]

Werfen wir dazu einen Blick nach Berlin. Nachdem die Finanzsenatorin Anette Fugmann-Heesing (SPD) das Steuer übernommen hatte, war das «Tafelsilber» nicht mehr sicher. Sie verhökerte städtische Wohnungen, Elektrizitäts- und Gaswerke komplett und die Wasserbetriebe von Berlin zu 49,9 Prozent an ein Konsortium bestehend aus RWE Thames Water und Vivendi, heute Veolia. Die Bilanz ist erschreckend: Die Wasserpreise sind seitdem um 25 Prozent gestiegen, Grundstücke wurden verkauft und Erhaltungsinvestitionen halbiert. Ein geradezu dreister Knebelvertrag legt dem Steuerzahler Kosten in Millionenhöhe auf: Es wurde eine Renditegarantie von circa 8 Prozent auf das betriebsnotwendige Kapital der Wasserbetriebe vereinbart – also auf eine ständig steigende Bemessungsgrundlage –, und das für einen Zeitraum von 28 Jahren! Dies bedeutet eine vertragliche Absicherung wachsender Rendite zu Lasten der Bürger.

Wie kann es kommen, dass Politiker solche absurden – natürlich geheim gehaltenen – Verträge unterzeichnen, obwohl sie bei ihrem Amtseid schwören, die Interessen der Bürgerschaft (und nicht die der Konzerne) zu vertreten? Viele Berliner fordern deshalb aktuell die Re-Kommunalisierung der Berliner Wasserbetriebe und die Offenlegung der Geheimverträge! Damit sieht sich RWE im eigenen Land mit den gleichen Forderungen konfrontiert, wie sie derzeit auch in den USA erhoben werden.

Noch während dieses Kapitel geschrieben wurde, haben sich die Dinge weiterentwickelt. RWE hat im Dezember 2006 den Verkauf seiner Wassertochter Thames Water abgeschlossen.[22] Was die RWE-Wassertochter American Water anbelangt, sind die Würfel noch nicht gefallen. RWE plant, das US-Wassergeschäft möglichst noch im Jahr 2007 meistbietend zu verkaufen und geht nach wie vor nicht auf die Forderungen der US-Bürger ein, die ihre Wasserversorgung rekommunalisieren möchten. Gleichzeitig wächst der Widerstand der betroffenen Bürger in den USA.

Im April 2006 hatte ich zusammen mit amerikanischen Wasseraktivisten die Möglichkeit, auf der RWE-Jahreshauptversammlung in Essen die Anliegen der US-Bürger vorzutragen. Die Gegenanträge wurden, wie es das deutsche Aktiengesetz vorsieht, auf der RWE-Website wiedergegeben.[23] Die interne RWE-Kommunikation funktioniert offensichtlich perfekt. Als wir am Morgen des 13. April in Essen vor der Grugahalle ankamen, sprach uns einer der zahlreichen Sicherheitsleute sogar mit Namen an und bat uns mit dem Hinweis auf das Hausrecht darum, unsere diversen Flyer und Pressemappen draußen zu lassen.

Die Grugahalle nebst Anbauten und Zelten wurde für diesen Tag in ein imposantes, in Blau gehaltenes kathedralenartiges «Heiligtum» verwandelt, bei dem die auf der Bühne thronenden Vorstände und Aufsichtsräte gleichermaßen Altar und Geistlichkeit bildeten. Nach der Rede des Vorstandsvorsitzenden Harry Roels folgten die Beiträge der Aktionäre, darunter auch unsere – überraschenderweise zur besten Redezeit.

Bis dahin hatte es der RWE-Vorstand nicht einmal für nötig gehalten, Gespräche zu führen, um die verschiedene US-Bürgermeister gebeten hatten. Was die Fragen zu einer Rekommunalisierung der Wasserversorgung in den USA anbelangt, teilte Roels souverän und verbindlich mit, es bleibe bei dem RWE-Beschluss, die Wasserversorgung an die Börse zu bringen, und dies sei für RWE wie auch für die Bürger in den USA das Beste.

Dass der RWE-Vorstand glaubt, die Interessen der US-Bürger besser beurteilen zu können als diese selbst, wurde hier eindrucksvoll demonstriert. Noch deutlicher zeigt sich dabei aber, dass ein Konzern, der mit den

Grundbedürfnissen der Bürger Millionen verdienen will, den Widerspruch zwischen Traumrenditen und «gesellschaftlicher Verantwortung» prinzipiell in keiner Weise befriedigend auflösen kann.

EINE STADT IM PRIVATISIERUNGSWAHN –
WIE STUTTGART SEINE GAS-, STROM- UND
WASSERVERSORGUNG VERKAUFTE

Stuttgart ist die einzige Stadt Deutschlands, die ihre Infrastruktur für Gas, Strom und Trinkwasser mit allen dazugehörigen Anlagen vollständig privatisiert hat. Während sich die Verantwortlichen anderer Städte wie München oder Augsburg mehrheitlich gegen einen Verkauf der städtischen Wasserversorgung ausgesprochen haben, während selbst das bankrotte Berlin trotz akuter Finanznot zwar Anteile verkauft, jedoch an einer Mehrheitsbeteiligung an seinem Wasser festgehalten hat, stellte das vergleichsweise wohlhabende Stuttgart unter seinem Oberbürgermeister Dr. Wolfgang Schuster die Bevölkerung vor vollendete Tatsachen. Die Energie- und Wasserversorgung wurde an den EnBW-Konzern verkauft – einschließlich der Anteile an den kommunalen Zweckverbänden wie Bodenseewasserversorgung und Landeswasserversorgung sowie der Wasserbezugsrechte. Eine angemessene öffentliche Debatte fand nicht statt. Genau dies wäre aber angesichts einer so fundamentalen Entscheidung nötig gewesen.

Kaum einer der fast 600 000 Einwohner hatte etwas davon mitbekommen, als der Stadtrat im Februar 2002 mit gerade mal vier Gegenstimmen einer Privatisierung der Wasserversorgung zustimmte, und auch in den Zeitungen stand dazu nicht viel Erhellendes. Doch obwohl man von Seiten der Stadt das Möglichste tat, die Vorgänge zu verschleiern, und Informationen nur zögernd und unvollständig herausgab, kam es noch im gleichen Jahr zu ersten Auseinandersetzungen und Streitgesprächen

mit Stuttgarter Gemeinderäten. Sensibilisiert durch glo-
balisierungskritische Veranstaltungen, die zu dieser Zeit
im Jugend- und Kulturzentrum Forum 3 stattfanden,
formierte sich eine Initiative mit dem Ziel, den Verkauf
der Stuttgarter Wasserversorgung rückabzuwickeln.
Aus ihr ging das Stuttgarter Wasserforum hervor, dessen Mitglieder seitdem zahlreiche Veranstaltungen, Initiativen und Aktionen durchgeführt haben.[24]

Bürger bleiben ungefragt

Was war in Stuttgart geschehen? Zunächst bemühten
sich die Mitglieder des Wasserforums darum, jene Vorgänge zu ergründen, die mit dem Verkauf der Stuttgarter Wasserversorgung in Zusammenhang standen. Dies
erwies sich als mühsam, da fast alle mit solchen Ver-
käufen in Verbindung stehenden Verträge traditionell
geheim gehalten werden. Allein schon dieser Umstand
müsste die Bürgerschaft auf den Plan rufen, weil die
Geheimhaltung, so die Überzeugung der Kritiker, einen
Interessensverrat und damit ein Akt der Untreue gegenüber dem Wähler darstellt.

Die Gemeindeordnung von Baden-Württemberg verpflichtet die Stadträte, «die Rechte der Stadt gewissen-
haft zu wahren und ihr Wohl und das ihrer Einwohner nach Kräften zu fördern»[25] und «im Rahmen der
Gesetze nach ihrer freien, nur durch das öffentliche
Wohl bestimmten Überzeugung» zu entscheiden. «An
Verpflichtungen und Aufträge, durch die diese Freiheit
beschränkt wird, sind sie nicht gebunden.»[26] Wäre ein
Amtseid mehr als nur ein Lippenbekenntnis, müssten
Geschäfte, bei denen vom Vertragspartner Geheimhaltung verlangt wird, kategorisch abgelehnt werden. Und

selbst wenn sie zustande kämen, wären sie – zumindest in diesem Sinne – als nichtig zu betrachten.

Bemerkenswert war, mit welcher Vehemenz die Befürworter – die konservativen und liberalen Parteien, die für den bestehenden Interessenskonflikt offenbar keine Sensibilität besaßen – den Verkauf verteidigten. Im Kern waren ihre Argumente immer die gleichen: Die Stadt habe das Geld gut gebrauchen können und das Wasser sei ja genauso gut wie vorher. Und im Übrigen sei die Vorstellung überholt, dass man eine Wasserversorgung in öffentlicher Hand betreiben müsse.

Um das Bündnis gegen diesen Totalverkauf und für eine Rückabwicklung auszuweiten und mehr Menschen zu erreichen, kooperierte das Stuttgarter Wasserforum mit anderen Initiativen und Umweltgruppen und veranstaltete Informationsabende. Besonders emotional entwickelten sich die Debatten, wenn Politiker der CDU-Fraktion an solchen Veranstaltungen teilnahmen und konsequent behaupteten – und bis heute behaupten –, die Stuttgarter Wasserversorgung sei gar nicht verkauft worden, das Wasserforum würde falsch informieren und die Bevölkerung aufstacheln.

Einen noch größeren Spagat genehmigte sich in diesem Zusammenhang Oberbürgermeister Schuster, indem er sich immer wieder auf Veranstaltungen und auch in Zeitungsartikeln für eine Wasserversorgung in öffentlicher Hand aussprach. Die bis heute für mich absurdeste Formulierung lieferte allerdings Rezzo Schlauch, damals Fraktionsvorsitzender der Grünen im Bundestag, am 7. Mai 2002 per E-Mail auf eine Anfrage hin, in der Bedenken hinsichtlich einer Übernahme des jetzigen Betreibers durch ausländische Konzerne geäußert wurden.

«Zunächst möchte ich mich dagegen wehren, die ‹globalen Konzerne› generell zu verteufeln. Dies wird der Komplexität des Themas nicht gerecht und trifft in dieser Verallgemeinerung einfach nicht den Punkt. Zum anderen bitte ich auch die Vorteile und Chancen zur Kenntnis zu nehmen, die sich aus einem stärkeren Wettbewerb auch im Bereich der Versorgung mit öffentlichen Dienstleistungen ergeben (sinkende Preise, besserer Service ...). Warum sollte denn unser Wasser nicht von einem ausländischen Unternehmen geliefert werden? Entscheidend ist doch, dass die Politik vernünftige Qualitäts- und Sicherheitsstandards setzt. Genau dies wird v.a. auf europäischer Ebene getan. Noch ein Wort zu «deutschen» Ressourcen: Diese Begriffsverwendung deutet m.E. auf einen anachronistischen Nationalismus, der genauso rückwärtsgewandt wie gefährlich ist. Warum ist es denn relevant, ob es sich um deutsche, französische, britische oder belgische Energie handelt? Diese Kategorien sollten in einem zusammenwachsenden Europa keinen Platz mehr haben.»

In dieser Stellungnahme werden sämtliche Plattitüden herangezogen, die gewöhnlich zur Durchsetzung der Kommerzialisierung der Daseinsvorsorge vorgetragen werden: Der kommunale, seit Generationen mit einem Gebietsmonopol geschützte Betrieb zur Erbringung der Daseinsvorsorge sei «nationalistisch», das Betreiben von kommunalen Anlagen der Daseinsvorsorge durch ausländische Unternehmen in einem «zusammenwachsenden Europa» dagegen eine Geste der Offenheit und Verständigung. Für ein Europa der Konzerne und Bürokraten mag das vielleicht zutreffen, inwiefern das Betreiben einer kommunalen Wasserversorgung durch einen ausländischen Konzern jedoch dem europäischen Geist gerecht wird, bleibt bei Schlauchs Ausführungen rätselhaft. Eine solche Sichtweise ignoriert alle bisher mit Wasserprivatisierung gemachten – negativen – Erfahrungen und stellt die kausalen Zusammenhänge auf den Kopf. Noch schlimmer: Gerade eine solche Sichtweise ist in der Lage, nationalistische Ressentiments bei einer Bevölkerung zu schüren, die sich der Verfügungsgewalt über ihre natürlichen Ressourcen beraubt sieht.

Selbstverständlich, und Rezzo Schlauch wird das wissen, dreht sich die Kritik nicht um die Frage, ob ein Multi-Utility-Konzern deutsch oder französisch ist. Das spielt in der Tat keine Rolle. Was aber die Ressourcen wie etwa das Wasser betrifft, ist es sehr wohl von Bedeutung, ob es von jenen Menschen verwaltet wird, die einen unmittelbaren Bezug dazu haben und die es zum Leben benötigen. Den Anspruch auf eine so verstandene souveräne Bestimmung über die Lebensgrundlage Wasser durch den Begriff «nationalistisch» in einen negativen Kontext zu stellen, wie von Schlauch praktiziert, ist eine, wie ich meine, bewusste Strategie, um der Ausbreitung der Konzerne bis in alle Lebensbereiche hinein den Weg zu bahnen.

Verständlicher werden Schlauchs Ausführungen, wenn man seinen weiteren beruflichen Werdegang verfolgt. Laut Geschäftsbericht 2005 der EnBW wurde er am 1. Oktober 2005 in den Konzernbeirat «berufen», einem illustren Gremium, dem auch Persönlichkeiten wie die ehemaligen Bundesminister Klaus Kinkel (FDP) und Theo Waigel (CSU) sowie Matthias Wissmann, ebenfalls Bundesminister a.D. und derzeit Vorsitzender des Ausschusses für die Angelegenheiten der Europäischen Union, oder Manager wie Hartmut Mehdorn (Deutsche Bahn) und Klaus Mangold (DaimlerChrysler) angehören – und Wolfgang Schuster, Oberbürgermeister der Stadt Stuttgart.

Als Parlamentarischer Staatssekretär im Bundeswirtschaftsministerium gehörte Schlauch zum damaligen Zeitpunkt noch der Rot-Grünen Bundesregierung an. Später behauptete Schlauch, er sei erst nach seinem Ausscheiden aus der Politik in den Beirat berufen worden, was offensichtlich nicht stimmt. Dieser Vorgang ist ganz sicher kein Zufall. EnBW-Chef Utz Claassen war bereits im Jahre 2004 gern gesehener Gast bei der Klausurtagung der Grünen-Fraktion in Wörlitz. Schlauch selbst entgegnete auf Vorwürfe seiner Kritiker, er wolle sich beim Atomstromerzeuger EnBW für die Förderung regenerativer Energien einsetzen.

Strategie der schleichenden Privatisierung

In Stuttgart müssen etwa 590 000 Einwohner mit Trinkwasser versorgt werden. Dazu dient ein Leitungsnetz mit einer Gesamtlänge von 1516 Kilometern, was etwa der direkten Entfernung von Stuttgart nach Thessaloniki entspricht. Auch die 50 Wasserspeicher sowie zahlreiche Pump- und Filterstationen sind Teile dieses Versorgungsnetzes, das mit hohem Aufwand ständig gewartet und ausgebaut werden muss, um höchste Wasserqualität und Versorgungssicherheit zu gewährleisten.

Das Recht zur Wasserentnahme aus Quellen oder Oberflächengewässern liegt in den Händen der Zweckverbände. Diese sind – noch – Gebietskörperschaften des öffentlichen Rechts, unter deren Dach Gemeinden und Städte ihre Wasserversorgung gemeinsam organisieren.

Die größten Zweckverbände in Baden-Württemberg sind die Landeswasserversorgung (LWV) und die Bodenseewasserversorgung (BWV). Letztere nahm 1958 ihren Betrieb auf und versorgt heute circa 4 Millionen Einwohner in 320 Städten Baden-Württembergs. Das dazu nötige Rohrleitungsnetz hat eine Gesamtlänge von über 1700 Kilometern. In einer Dreiländerkommission, zu der Vertreter aus Deutschland, Österreich und der Schweiz gehören, wird über den Umfang der Wasserentnahme entschieden. Pro Tag können von der BWV gemäß den ausgehandelten Bezugsrechten bis zu 670 000 Kubikmeter Wasser aus dem Bodensee entnommen werden. Die tatsächliche Entnahme liegt jedoch bei circa 350 000 Kubikmetern täglich. In Ausnahmefällen, wie zuletzt im Sommer 2006, kann es auch zu einer Entnahmemenge von über 500 000 Kubikmetern kommen.

Die Landeswasserversorgung ist älteren Datums. Sie wurde 1912 gegründet, bezieht ihr Wasser unter anderem aus dem Grundwasserspeicher Donauried und versorgt 250 Kommunen in Baden-Württemberg mit insgesamt circa 3 Millionen Einwohnern.

An sämtlichen Gebietskörperschaften, den Zweckverbänden, von denen Stuttgart sein Wasser bezieht, hielt die Stadt eine Beteiligung von jeweils 33,3 Prozent. Diese Anteile hat die Stadt Stuttgart mit dem Verkauf der gesamten Infrastruktur für Gas-, Strom und die Wasserversorgung mitverkauft – entgegen anderslautender Beteuerungen der Politiker.

Stuttgarts Gas-, Strom- und Wasserversorgung war ursprünglich unter dem Dach der Technischen Werke Stuttgart (TWS) vereinigt, einem über viele Generationen mit Steuergeldern aufgebauten städtischen Unternehmen. Neben den notwendigen technischen Anlagen gehörten zahlreiche Grundstücke, Gebäude und Wohnungen zum Betriebsvermögen der TWS. 1997 kam es zu einer Fusion zwischen den TWS und den Neckarwerken Esslingen, aus der die Neckarwerke Stuttgart AG (NWS) hervorgingen. Die Anteilseigner waren die Stadt Stuttgart, der Neckar-Elektrizitätsverband (NEV) und die EnBW, die im gleichen Jahr aus der Fusion der Badenwerk AG und der Energieversorgung Schwaben AG (EVS) hervorging und damals noch zu 100 Prozent in kommunalem Besitz war.

Heute ist die EnBW AG mit rund 5,4 Millionen Energiekunden das drittgrößte Energieversorgungsunternehmen in Deutschland mit dem höchsten Anteil an Stromerzeugung aus Kernenergie unter den deutschen Stromversorgern. Hauptaktionäre der EnBW sind mit jeweils 45,01 Prozent die Electricité de France (EdF) und die Oberschwäbischen Elektrizitätswerke (OEW). Ein bis 2013 gültiger Konsortialvertrag zwischen den beiden Haupteigentümern legt jedoch fest, dass die unternehmerische Führung der EnBW bei der EdF liegt. Für den gesunden Menschenverstand bleibt bis heute unverständlich, warum die Oberschwäbischen Elektrizitätswerke trotz gleicher Anteile die Geschäftsführung der EdF überließen.

Zum besseren Verständnis der komplexen Vorgänge ist es sinnvoll, die weiteren Ereignisse in Stuttgart und in Baden-Württemberg chronologisch zu betrachten:

1999 «vermietete» die Stadt Stuttgart ihre Klärwerke Mühlhausen, Möhringen und Plieningen für 99 Jahre an einen US-Trust in einem sogenannten Cross-Border-

Leasing-Geschäft (CBL). Bei solchen grenzüberschreitenden Scheingeschäften täuschen Trusts oder Fonds in den USA Auslandsinvestitionen vor, um dadurch steuerliche Vorteile zu erzielen (siehe S. 106ff.). Die deutsche Kommune bekommt dabei einen kleinen Teil vom «Gewinn», den sogenannten Barwertvorteil. Seit Ende 2004 sind diese Geschäfte in den USA endgültig verboten, weil durch den Ausfall von Steuern ein Schaden für die US-Bürger in Milliardenhöhe entstanden ist.

Im Jahr 2000 verkaufte das Land Baden-Württemberg seinen 25,1-prozentigen Anteil an der EnBW für 2,4 Milliarden Euro an die Electricité de France (EdF). Für Erwin Teufel, den damaligen Ministerpräsidenten, von dem diese Transaktion eingefädelt und abgewickelt wurde, und sein Kabinett war dies wieder einmal ein Anlass, sich selbst zu feiern, weil man überzeugt war, durch diesen Verkauf der EnBW «den nötigen strategischen Partner an die Seite gestellt zu haben». Damit folgte man dem neoliberalen Credo, dass ein Energieversorger im globalen Wettbewerb «gut aufgestellt sein müsse» und fähig sein sollte, die Konkurrenz zu übertrumpfen.

Die praktischen Folgen sahen allerdings anders aus: Im Oktober 2003 fand in Stuttgart eine EnBW-Betriebsversammlung statt, auf der den Beschäftigten erklärt wurde, dass der Konzern eine Milliarde Verlust gemacht habe und dass nun mit einem «Top-Fit»-Programm die verlorene Milliarde innerhalb der nächsten drei Jahre eingespart werden müsse. Der neue Vorstandschef, Professor Dr. Utz Claassen, teilte seiner Belegschaft mit, dass die Beschäftigten ohne Schuld und die «Maßnahmen sicherlich auch ungerecht», aber notwendig seien. Sein Vorgänger, Gerhard Goll, aus der Staatskanzlei des Ministerpräsidenten Teufel kommend, hatte zuvor das Gegenteil verkündet: Die EnBW sei gut aufgestellt, habe sich durch Zukäufe in ganz Europa zum drittgrößten deutschen Energieversorger entwickelt und Umsatz und Gewinn des Unternehmens seien gestiegen. Vieles spricht dafür, dass die angeblichen Verluste, von denen Herr Claassen gesprochen hatte, weniger das Abbild der tatsächlichen Unternehmensentwicklung, sondern vielmehr ein Vorwand für harte Einschnitte waren.

2001 wurden unter der Ägide von Wolfgang Schuster weitere Cross-Border-Leasing-Deals abgeschlossen. Die kommunalen Zweckverbände Bodenseewasserversorgung (BWV) und Landeswasserverband (LWV) «vermieteten» ihre gesamten Anlagen für 99 Jahre an einen US-Trust, der – nebenbei bemerkt – ungenannt bleiben möchte. Schuster, als Stuttgarter OB zugleich Verbandsvorsitzender der Bodenseewasserversorgung, hat hierbei eine merkwürdige Doppelrolle inne: Als Oberbürgermeister hat er den 33,3-prozentigen Anteil der Stadt Stuttgart an der Bodenseewasserversorgung an die EnBW verkauft und fast zeitgleich hat die BWV unter seinem Verbandsvorsitz ihre Anlagen für 99 Jahre «verleast». Daraus entsteht eigentumsrechtlich eine kuriose Konstellation: Zum einen ist die Bodenseewasserversorgung im Besitz der unter ihrem Dach versammelten kommunalen Gebietskörperschaften, zum anderen gehört sie zu einem Drittel dem privaten EnBW-Konzern. Nach amerikanischem Recht jedoch liegen die Eigentumsrechte der gesamten Anlage bedingt durch das Cross-Border-Leasing-Geschäft beim US-Trust.

2002 ging der Ausverkauf kommunaler Infrastruktur in die nächste Runde. Die Stadt Stuttgart verkaufte ihren Anteil von 42,5 Prozent an den Neckarwerken (NWS) und veräußerte zugleich ihren Anteil von neun Prozent an der EnBW für 865 Millionen Euro.

Hinter diesen Transaktionen verbirgt sich immer das gleiche Muster: Zukäufe eines Unternehmens wie in diesem Fall der EnBW und die damit verbundenen Kreditaufnahmen beeinflussen die Bilanz; mit der Verschuldung zur Finanzierung dieser Zukäufe werden rabiate Sparmaßnahmen und Entlassungen begründet – und mit den Entlassungen (die selbstredend «sozialverträglich» erfolgen) erhöht sich prompt der Unternehmenswert.

Die EnBW ist eine private Aktiengesellschaft und seit 1997 an der Börse notiert. Somit ist vorstellbar, dass weitere Anteile der Hauptaktionäre verkauft werden und der – ohnehin schon geringe – Einfluss der Bürger in Baden-Württemberg weiter schrumpft. Bei einem der Hauptaktionäre, der Electricité de France (EdF), handelt es sich ebenfalls um ein ehemaliges Staatsunternehmen, das 2004 in eine Aktiengesellschaft *(société anonyme)* umgewandelt wurde. 15 Prozent der Anteile wurden an die Börse gebracht. Die Folgen, Verschlankung und Einsparungen infolge der Privatisierung, haben bei den Beschäftigten zu erheblichen Protesten und Unruhen geführt. Man spricht davon, dass – um es im globalisierungskritischen Jargon auszudrücken – «die Braut vor dem Börsengang geschmückt werden muss».

Der Journalist Werner Rügemer hat die Vorgänge auf den Punkt gebracht und den Verkauf der Energieversorgung in Baden-Württemberg als einen «Fall bewusster Plünderung» bezeichnet.[27]

2003 übernimmt EnBW die restlichen Anteile der NWS und wird somit hundertprozentige Eigentümerin der Stuttgarter Wasserversorgung. Die Folgen einer Privatisierung der Versorgungsnetze wurden bereits im Januar desselben Jahres vielen Stuttgartern beim Anblick ihrer Stromrechnung deutlich. Auch für die Netzdurchleitung erhöhte EnBW die Preise um satte sieben Prozent. Kleinere Stromerzeuger mussten durch die höheren Kosten Wettbewerbsnachteile in Kauf nehmen.

In einem Rundschreiben vom Oktober 2003 werden die Stuttgarter Bürger nun endlich über die neuen Eigentumsverhältnisse informiert – und zugleich darüber hinweggetäuscht: «Aus NWS wird EnBW. [...] Aus einer sehr guten partnerschaftlichen Zusammenarbeit von NWS und EnBW werden wir jetzt zu einem der größten Energieversorgungsunternehmen in Deutschland: zur neuen Energie Baden-Württemberg (EnBW).»

Hinter der harmlos erscheinenden Namensänderung verbirgt sich jedoch der Totalausverkauf öffentlichen Eigentums, der als «partnerschaftliche Zusammenarbeit» verschleiert wird. Ein Gewinnspiel soll das Image des neuen Unternehmens zusätzlich aufpolieren: «Gleich zum Start gibt es das Zählerlotto. [...] Unsere 100 Hauptgewinner erleben drei erholsame Tage zu zweit in einem 4-Sterne-Golf & Beauty-Hotel. Und ein Restaurantgutschein im Wert von 50 Euro rundet den Aufenthalt kulinarisch ab. Seien Sie gespannt, ob Sie zu den glücklichen Gewinnern gehören.»

Abgesehen von den hundert «glücklichen Gewinnern» dürften die Stuttgarter Energiekunden jedoch eher zu den Verlierern der Privatisierung gehören. Bereits kurz zuvor wurden in Stuttgart die Trinkwasserpreise «angepasst», nachdem sie bei der NWS fünf Jahre lang stabil geblieben waren. Der Preis betrug nun 2,18 Euro pro Kubikmeter Trinkwasser, das entspricht einer Preissteigerung von etwas über 6 Prozent. – Im Mai 2007 fand eine weitere «Preisanpassung» um 7,5 Prozent statt.

Am 20. Januar 2006 berichtete die *Stuttgarter Zeitung,* dass der EnBW-Konzern im Geschäftsjahr 2005 ein Rekordergebnis erzielte und erstmals einen Gewinn von 1,081 Milliarden Euro vor Steuern erwirtschaftet habe, was einem Plus von 42 Prozent entspricht. EnBW-Chef Claassen kommentierte die «exzellente Entwicklung der Ertragszahlen» mit dem Hinweis, die «EnBW wolle nun die Erträge weiter verbessern und die strategischen Zukunftspotenziale bestmöglich ausschöpfen.»

Der Stuttgarter Wasserkunde mag sich selbst ausmalen, wie sich dies auf seine künftigen Wasserrechnungen auswirkt. Claassen schien jedenfalls der Auffassung zu sein, dass auch das Ertragspotenzial seines Vorstandspostens noch nicht ausgeschöpft sei, obwohl sein erfolgsabhängig ausgezahltes Jahresgehalt von 4,2 Millionen Euro bereits öffentlich in die Kritik geraten war.

Im März 2006 teilen die Tageszeitungen mit, dass der EnBW-Chef nun auch in den Vorstand des Energieriesen Electricité de France (EdF) berufen worden sei. Den Vorstandsvorsitz bei EnBW werde er aber parallel dazu beibehalten. Claassen soll dabei mithelfen, Strategien für eine Expansion der EnBW in den mittel- und osteuropäischen Raum zu entwickeln. Die EdF-Gruppe hatte im Jahr 2005 einen Gewinn von 13 Milliarden Euro vor Steuern, Zinsen und Abschreibungen erwirtschaftet – bei einem Umsatz von 51,1 Milliarden Euro.

Aber zurück zu den Auseinandersetzungen um die Stuttgarter Wasserversorgung. Die Kontroversen zwischen den politischen Entscheidern aus Gemeinderat und Verwaltung und der Bürgerinitiative «Stuttgarter Wasserforum» gehen seit dessen Gründung unvermindert weiter. Die Stadt unternahm zahlreiche Aktivitäten, um die Darstellungen des Wasserforums zu diskreditieren, und versicherte immer wieder, dass «das Wasser» gar nicht verkauft worden sei. Dazu sind auf der Homepage der Stadt Stuttgart umfangreiche Ausführungen zu finden:

«Eine Bürgerinitiative [Stuttgarter Wasserforum] hat die Sicherheit der Stuttgarter Wasserversorgung wiederholt infrage gestellt und damit für Verunsicherung in der Bevölkerung gesorgt. Oberbürgermeister Dr. Wolfgang Schuster und der Gemeinderat nehmen die Ängste der Bürgerinnen und Bürger ernst. Hier die Fakten:

1.) Wasser ist ein öffentliches Gut. – Das Stuttgarter Trinkwasser kommt aus dem Bodensee und der Donau. Beide Gewässer kann man nicht kaufen oder verkaufen. Sie werden immer der Allgemeinheit gehören.

2.) Es ist gesetzlich klar geregelt, dass sich die zuständige Gemeinde um die Trinkwasserversorgung kümmern muss. Allerdings muss sie dies nicht in eigener Regie tun. Eine Gemeinde kann den Betrieb der Wasserversorgung auch an einen Dritten übertragen. Dies ist in Stuttgart seit langem der Fall. [...] Spekulationen über die Versorgung und den Preis des Trinkwassers sind in Stuttgart unbegründet. Es gibt keinen Grund zur Sorge um unser Trinkwasser.»

Und an anderer Stelle heißt es: «Um den Konzessionsvertrag und die darin festgeschriebene Versorgungspflicht zu erfüllen, muss die EnBW das Trinkwasser-leitungsnetz instand halten. Dies ist wichtig, damit wir nicht in einigen Jahrzehnten – wie dies zum Teil in England der Fall war – völlig marode Leitungen haben und diese dann als öffentliche Hand komplett neu sanie-ren müssen. Da die EnBW natürlich möglichst lang die Verteilung des Trinkwassers behalten möchte, hat sie ein großes Eigeninteresse, das Leitungsnetz in einem sehr guten Zustand zu erhalten. [...] Dies alles zeigt: Der Stuttgarter Gemeinderat hat das Wasser nicht ver-kauft. Obwohl das Netz jetzt von der EnBW betrieben und instand gehalten wird, hat die Stadt weiterhin alle Zugriffsrechte. Eine Spekulation mit dem Wasser und dem Preis ist ausgeschlossen.»

Die Strategen der Stadtverwaltung oder auch die Refe-renten des Oberbürgermeisters haben sich alle Mühe gegeben, um die Vorgänge als normal erscheinen zu las-sen. Dennoch sind die Ausführungen in vielen Punkten nicht korrekt. So wurde die Wasserversorgung mit allen dazugehörenden Komponenten definitiv verkauft, und – ein gewisses Novum auf dem Feld der Wasserprivati-sierungen – die Anteile an den Zweckverbänden und die Wasserbezugsrechte auch gleich mit.

Selbstverständlich kann nicht ausgeschlossen wer-den, dass die Wasserversorgung zum Spekulations-objekt wird. EnBW ist seit 1997 an der Börse notiert, womit klargestellt ist, dass ihre Anteile jederzeit han-delbar sein sollen. Die Electricité de France hat bereits 15 Prozent ihrer Anteile an die Börse gebracht und ist durch einen Konsortialvertrag die bestimmende Macht über EnBW. Man kann einzelnen Gemeinderäten sicher zugute halten, dass sie die umfangreichen Beschlussvorlagen tatsächlich nicht gelesen haben. Auch wurde ihnen der Tagesordnungspunkt zum NWS-Verkauf als «Neuordnung der Energiebeteiligung» in einer sprachlich derart verkleisterten Form präsentiert, dass einige von ihnen die Tragweite der Entscheidung sicher nicht voll ermessen konnten.[28] Auf der anderen Seite hätte man beim Studium der Beschlussvorlagen und durch die Wortbeiträge in der Vollversammlung den Braten durchaus riechen können. So erläuterte Oberbürgermeister Schuster in der Sitzung vom 7. Februar 2002 zum Verkauf der Gas-, Strom- und Wasserversorgung:

«Die Entscheidung heute hat durchaus eine historische Dimension [...], weil wir uns von bislang kommunal verantworteten Aufgaben verabschieden und damit umsetzen, was aufgrund der veränderten Rechtslage – zunächst im europäischen Recht und dann im deutschen Recht – vorgegeben wurde, nämlich dass die Kommunen oder überhaupt die öffentlichen Hände nicht mehr für die Energieversorgung primär zuständig sind, sondern [...] das Verhältnis Bürger zur Stadt wird jetzt definiert durch Kunde zum Unternehmen, also eine materielle Privatisierung, die wir mit diesem Beschluss letztlich nachvollziehen.»

Im Ergebnis hat der Oberbürgermeister den Eindruck erweckt, als wäre die Stadt aufgrund des EU-Dekrets zwangsläufig zum Totalverkauf ihrer Infrastruktur verpflichtet gewesen. Zu diesem Zeitpunkt hatte die EU jedoch weder eine materielle Privatisierung noch den Verkauf oder die Liberalisierung der Wasserversorgung verlangt. Sie hatte lediglich gefordert, dass der Strommarkt liberalisiert wird und private Anbieter zugelassen werden. Die Stadt wäre viel eher in der Lage gewesen, konkurrierende Stromanbieter gleichberechtigt und zu fairen Wettbewerbsbedingungen und günstigen Durchleitungsentgelten zuzulassen, wenn sie Eigentümerin ihrer Infrastruktur geblieben wäre.

Anders liegt der Fall bei der Wasserversorgung. Als leitungsgebundenes Gut kann Wasser ohnehin nicht liberalisiert werden, da aus hygienischen Gründen nicht mehrere Anbieter ihr Wasser durch dasselbe Leitungsnetz pumpen können. Während der Oberbürgermeister selbst von einer «materiellen Privatisierung» spricht, versichert der erste Bürgermeister der Stadt Stuttgart, Michael Föll (CDU), der auch noch 30 Berater- und Aufsichtsratsmandate wahrnimmt, weiterhin unbeirrt, so auch im *Stuttgarter Wochenblatt* vom Juni 2004: «Niemand kann in Deutschland Wasser verkaufen oder kaufen. Auch der Stuttgarter Gemeinderat hat vor drei Jahren nicht das Stuttgarter Trinkwasser verkauft. Dies verbietet sogar das Grundgesetz.»

Zeichen des Niedergangs politischer Kultur

Mit dem Ausverkauf der kommunalen Infrastruktur wurde zugleich eine neue Stufe des Niedergangs politischer Kultur erreicht. Betrachtet man die Chronologie der Ereignisse und die Vorgehensweise der Akteure, festigt sich der Eindruck, dass über viele Jahre hinweg in Baden-Württemberg und speziell in Stuttgart über Doppelfunktionen in politischen Ämtern, Aufsichtsrats- und Beiratsposten eine tiefgreifende Verfilzung zwischen Wirtschaft und Politik stattgefunden hat.

Über Jahre hinweg wurde, in Hinterzimmern unter Ausschluss der Bürger, sorgfältig geplant, öffentliches

Eigentum auf schwer nachvollziehbaren Wegen in den Besitz privatwirtschaftlicher Konzerne überzuführen, nicht zuletzt zum persönlichen Vorteil der unmittelbar Beteiligten in Form von Aufsichtsratsmandaten und Beraterverträgen. Dem liegt sicher auch ein strukturelles Problem zugrunde: Die Befugnisse gewählter Politiker sind nicht ausreichend definiert und eingeschränkt, der Bürger, der Souverän, hat bei Fehlentwicklungen fast keine Korrekturmöglichkeit mehr und die Möglichkeiten der «weißen Korruption»[29] setzt den Nebenverdiensten von Politikern in Deutschland so gut wie keine Grenzen.

Im Mai 2004 schrieb Oberbürgermeister Schuster einen Brief an das Stuttgarter Wasserforum, in dem er sich gegen die Kritik der Bürgerinitiative zur Wehr setzte: «Sie werden verstehen, dass ich mich gegen Ihre polemischen Anmerkungen verwahre. Beim Thema Wasserversorgung wird insbesondere vom Wasserforum, aber auch anderen Kreisen, viel Panikmache betrieben und unlautere Argumente ins Feld geführt. [...] Ihre Fragen zu den Werten der Infrastruktur der Trinkwasserversorgung greifen in Geschäftsinteressen der betroffenen Unternehmen ein und können deshalb von mir nicht beantwortet werden. [...] Dieses kostbare Gut [die Wasserversorgung] sollte nicht durch Polemik und Wahlkampfgetöse beschädigt werden.»

In diesen Äußerungen ist der Interessenkonflikt gut erkennbar, in den sich der Oberbürgermeister selbst hineinmanövriert hat. Er sieht sich vorrangig den Diskretionswünschen der EnBW, also dem Käufer, verpflichtet und nicht den legitimen Interessen der Bürgerschaft, die ihn gewählt hat, die ihn bezahlt und der gegenüber er durch seinen Amtseid verpflichtet ist. Und was ebenso schwer wiegt: Die Anlagen wurden über Generationen von den Bürgern aufgebaut und bezahlt.

Das öffentliche Interesse an Information und Kontrolle, ohne die eine Demokratie nicht funktionieren kann, wird – in krassem Widerspruch zum Amtseid und den Forderungen der Gemeindeordnung – den Privatinteressen eines kommerziellen Geschäftspartners untergeordnet. Im selben Brief antwortet OB Schuster auch auf Fragen nach seinem Posten bei der EnBW: «Ich war eine Zeit lang im Aufsichtsrat der EnBW AG. Als Vertreter der Stadt Stuttgart habe ich dort die Interessen der Stadt eingebracht. In der Folge des Verkaufs der Aktien bin ich ausgeschieden.»

Was Oberbürgermeister Schuster nicht erwähnt, ist der Umstand, dass er weiterhin im Konzernbeirat der EnBW sitzt und dass er für seine «Beratungen» von der EnBW bezahlt wird. Ebenfalls unerwähnt bleibt, dass er zudem Mitglied im Aufsichtsrat der EnBW Regional AG[30] ist. Bedenklich ist auch, dass auf der Homepage der Stadt Stuttgart viele «weitere Funktionen» und «Mitgliedschaften» des OB angegeben werden, ausgerechnet aber seine Posten bei der EnBW nicht aufgeführt sind. Vor dem Hintergrund, dass er in seiner Funktion als Oberbürgermeister die gesamte Gas-, Wasser- und Strom-Infrastruktur verkauft hat, wäre eine solche Transparenz mehr als angebracht. Gerade durch die weiße Korruption, also das Einbinden von Amtsträgern in entgeltliche Nebenjobs, wird Demokratie unterlaufen und letztlich zerstört.

Laut Presseberichten hat die EnBW ihre Zahlungen an die über 800 Regionalbeiräte und Berater, also an die

Vertreter aus der Politik, inzwischen gestoppt, weil das Unternehmen die Überprüfung der Zulässigkeit solcher Zahlungen durch das Innenministerium abwarten will.

Die herrschende Politik ist bis heute nicht wirklich bereit, in der weißen Korruption ein Problem zu sehen. Rezzo Schlauch ist bei den Grünen, was sein positives Verhältnis zur Privatisierungspolitik anbelangt, kein Einzelfall. Die Stuttgarter Fraktion der Grünen zollte OB Schuster für den Verkauf der Wasserversorgung «uneingeschränktes Lob. [...] Wir haben sämtliche Aspekte für Stuttgart positiv geregelt, [...] von daher gab es aus unserer Sicht nur die Parole: So schnell wie möglich.» Ein schizophrener Spagat einer ehemaligen Anti-AKW-Partei, wenn man bedenkt, dass EnBW in Deutschland den höchsten relativen Stromanteil aus Kernenergie liefert, und dazu berücksichtigt, dass die Electricité de France als größter Anteilseigner der EnBW mit ihren 58 Reaktoren der größte AKW-Betreiber weltweit ist. Rezzo Schlauch, ehemaliger Vorsitzender der Landtags- und später der Bundestagsfraktion der Grünen, dann Staatssekretär im Bundeswirtschaftsministerium in der Rot-Grünen Bundesregierung und nun Konzernbeirat bei der EnBW, wird das mit Sicherheit auch wissen. Seine Beteuerungen, er wolle sich innerhalb der EnBW für regenerative Energien einsetzen, wirken jedenfalls wenig glaubwürdig.

Da hilft kein Klagen ...

Im Streit um die Wasserversorgung sahen sich die Mitglieder des Stuttgarter Wasserforums immer wieder auch mit rechtlichen Auseinandersetzungen konfrontiert. Nicht etwa, weil sie Geld von der EnBW für «Beratungen» angenommen hätten, sondern aus Gründen, die die Behörden offenbar für gefährlicher hielten: In einem Fall wurde ein staatsanwaltschaftliches Ermittlungsverfahren eingeleitet, weil vier Mitglieder des Wasserforums in Stuttgart Flugblätter zum NWS-Verkauf ausgeteilt hatten. Nach § 14 und 26, 2 des Versammlungsgesetzes hätte hier nach Auffassung der Stadtoberen eine «Versammlung» von mehr als drei Personen angemeldet werden müssen. Das Verfahren wurde von der Staatsanwaltschaft Stuttgart glücklicherweise eingestellt.

In einem anderen Fall wurden die Kritiker der Privatisierung zwar nicht angezeigt, aber vom Kultusministerium Baden-Württemberg erheblich diskreditiert. So verschickte das Ministerium in seinem Heftchen *Aktuelle Tipps*[31] eine Mitteilung an Hunderte von Schulen: «Steckt Scientology hinter dem Stuttgarter Wasserforum?» Dem war vorausgegangen, dass ein Mitglied des Wasserforums einen Vortrag über den Stuttgarter Wasserverkauf in Räumen gehalten hatte, in denen gelegentlich auch Scientologen ihre Treffen durchführen. Als wir eine Richtigstellung einforderten, wurde uns der Hinweis gegeben, dass das Ministerium dies ja nicht behauptet, sondern nur als Frage aufgeworfen habe ...

Wesentlich großzügiger zeigen sich hingegen die Verantwortlichen in der Auslegung des Rechts, wenn sie die eigenen Interessen gefährdet sehen. So war es im Oktober 2004 das Wasserforum, das Strafanzeige gegen den Oberbürgermeister erstattete, weil dieser in der heißen Phase des Wahlkampfs mit öffentlichen Mitteln 300 000 Flugblätter hatte drucken lassen, mit denen er die Argumente gegen den Verkauf der Wasserversorgung widerlegen und das Bild einer perfekt organisierten Daseinsvorsorge erreichen wollte. Wir hielten diesen Vorgang für unzulässig, weil es laut einer Entscheidung des Bundesverfassungsgerichts dem Amtsinhaber untersagt ist, in der heißen Wahlkampfphase mit öffentlichen Mitteln durch Werbematerialien in den Wahlkampf einzugreifen. Die SPD als unmittelbar konkurrierende Partei hatte nämlich eine eher kritische Haltung zur Wasserprivatisierung eingenommen.

Mit einer weiteren Strafanzeige sahen sich EnBW und Stadtverwaltung konfrontiert, weil im Stuttgarter *Amtsblatt* eine ganzseitige und vierfarbige Werbeanzeige der EnBW unter der Rubrik «Amtliche Bekanntmachungen» abgedruckt war. Die Stadt hatte unseren Vorwurf mit dem Argument gekontert, EnBW sei gesetzlich verpflichtet, einmal im Jahr bestimmte Reinheitswerte des Wassers bekannt zu geben. Das habe sie hiermit getan und deshalb sei die Farbseite auch eine «amtliche Bekanntmachung» gewesen. Beide Verfahren wurden eingestellt.

Auf der rechtlichen Ebene ist das Stuttgarter Wasserforum bis heute an keiner Stelle wirklich weitergekommen. Auch die Anrufung des Petitionsausschusses des Landes Baden-Württemberg mit der Forderung nach Rückabwicklung blieb ergebnislos. Sämtliche Bedenken zur Rechtmäßigkeit des Verkaufs, zur Bewertung der Anteile der Neckarwerke sowie über die Qualitätssicherung wurden vom Petitionsausschuss nach über einjähriger Bearbeitungszeit zurückgewiesen: «Bei der Veräußerung der Unternehmensbeteiligung habe es sich um eine Entscheidung gehandelt, die die Stadt Stuttgart im Rahmen ihrer kommunalen Selbstverwaltung getroffen habe.»

Die Paragrafen, die sich mit der Daseinsvorsorge im deutschen Recht befassen, sind so unscharf gefasst, dass keine eindeutige Klarheit darüber besteht, was eine Kommune verkaufen darf und was nicht. Hinzu kommt, dass wir wegen der Geheimhaltung des Vertrages nicht genauer prüfen konnten, ob möglicherweise gegen geltendes Recht verstoßen wurde. In der Gemeindeordnung des Landes Baden-Württemberg ist in Paragraf 92 festgehalten, dass öffentliches Eigentum nur dann verkauft werden darf, wenn es «nicht mehr gebraucht wird». Auch diesen Einwand hatte der Petitionsausschuss abgeschmettert: «Ein Verstoß gegen § 92 GemO liegt nicht vor, da ein Vermögensgegenstand dann nicht mehr gebraucht wird, wenn auch ohne ihn eine ausreichend zweckmäßige und wirtschaftliche Aufgabenerfüllung hinreichend gesichert ist.»[32] Damit ist gemeint, dass die Wasserversorgung nicht mehr gebraucht wird, weil sie jetzt von der EnBW betrieben wird – ein Zirkelschluss der besonders fragwürdigen Art.

Immerhin hat das Stuttgarter Wasserforum durch seine Proteste 2003 entscheidend dazu beigetragen, dass ein weiteres CBL-Geschäft im letzten Moment verhindert werden konnte. Die Stadt Stuttgart hatte geplant, 27 Schul- und Verwaltungsgebäude zu «verleasen».

Risiken des Totalverkaufs

Die Kernproblematik eines Totalverkaufs der Wasserversorgung wie in Stuttgart ist dieselbe wie überall in der Welt: Ein gewinnorientierter Konzern, in diesem Fall die EnBW, muss und wird alles daran setzen, um seinen Gewinn weiter zu steigern. Erreichbar ist dies nur durch Anheben der Preise und Absenken der Erhaltungsinvestitionen beziehungsweise durch Entlassungen.

muss nicht so sein!

Dass trotz aller Beteuerungen, private Versorger dürften «keine Gewinnmaximierung betreiben, sondern nur das verlangen, was sie tatsächlich ausgeben»,[33] kapitalkräftige Investoren in Erwartung hoher Renditen bereits auf der Lauer liegen, dokumentieren die Äußerungen von Lothar Späth, ehemals Ministerpräsident von Baden-Württemberg, am 16. August 2004 in der *Bild*-Zeitung: «Der Staat ist bis zum Hals verschuldet, besitzt aber jede Menge öffentliche Einrichtungen. [...] Das muss privatisiert werden, so kommt Geld in die Kasse.[...] Zum Beispiel die Bodenseewasserversorgung privatisieren. [...] Bodenseewasser-Aktien rausgeben. Die würd' ich sofort kaufen.» Späth war zu diesem Zeitpunkt German Vice-President bei Merrill Lynch, einer der weltweit größten Investment- und Beratungsgesellschaften.

Öffentliche Monopole für die Erbringung der Daseinsvorsorge sind kluge und weitsichtige Einrichtungen im besten Sinne. Die Umwandlung in private Monopole führt zwangsläufig zu gesellschaftlichen Problemen. Für die steigenden Gewinne der Konzerne muss die Bürgerschaft aufkommen. Ein gravierendes Problem ist darüber hinaus der Mitbestimmungs- und Kontrollverlust, also der Demokratieverlust. Über die Lebensgrundlagen muss in einem demokratischen, öffentlichen Prozess entschieden werden.

Die Kontrolle des privaten Betreibers durch Aufsichtsräte und sonstige Beiräte ist eine doppelte Illusion. Bei einer extremen Durchmischung von Politik und Wirtschaft, wie es auch in Baden-Württemberg der Fall ist, entfällt nicht nur die Kontrolle über die Unternehmen, sondern das Gegenteil ist der Fall: Die so eingebundenen Politiker tragen die wirtschaftlichen Interessen der

Konzerne in die praktische Politik hinein. Hinzu kommt eine Lähmung der Fach- und Rechtsaufsicht über die Geschäfte der Stadt, wenn Amtsträger aus den Ministerien in Konzernbeiräte eingebunden sind, dafür entlohnt oder auf andere Weise von Konzernen bezahlt werden.

Auch das Mittel des Bürgerentscheids kann kaum gegen die Plünderung öffentlichen Eigentums eingesetzt werden. Die Landesverfassung von Baden-Württemberg macht einen Bürgerentscheid über Einrichtungen der Daseinsvorsorge nahezu unmöglich. Das Quorum, also die Mindestbeteiligung bei einer Abstimmung, ist zu hoch. Es müsste – ähnlich wie in Bayern – so weit abgesenkt werden, dass engagierte Bürger wirkungsvoll eingreifen können.

Die Gemeindeordnung von Baden-Württemberg wiederum lässt es wegen mangelnder Klagebefugnis der Bürger nicht zu, gegen einen möglicherweise nicht zulässigen Verkauf von öffentlichem Eigentum vorzugehen. Hier wären klare Regelungen zugunsten einer Stärkung der Bürgerrechte nötig.

Die Geheimhaltung der Verträge und Gutachten im Zusammenhang mit dem Verkauf kommunaler Infrastruktur, aber auch in Zusammenhang mit den Cross-Border-Leasing-Geschäften sind in keiner Weise hinzunehmen. Eine Demokratie kann nur funktionieren, wenn die Bürger über Eigentumsverhältnisse oder über geplante Veräußerungen vollständig informiert werden und wenn sie bei Fehlentwicklungen wirkungsvoll eingreifen können.

Es liegt in der Natur der Sache, dass Preiserhöhungen in einer reichen Stadt wie Stuttgart nicht zu spontanen Protesten führen, wie es in ärmeren Ländern der Fall ist.

Bei zunehmender Arbeitslosigkeit und Einkommens-verlusten kann sich das aber sehr schnell ändern. Es war bis vor Kurzem auch noch nicht vorstellbar, dass in einer Weltstadt wie London die Wasserversorgung nach ihrer Privatisierung in einem so jämmerlichen Zustand sein würde, dass sogar das Olympische Komitee diesen Miss-stand bei der Olympia-Bewerbung Londons berücksich-tigen musste.

Mit dem Verkauf ihrer Infrastruktur hat sich die Stadt Stuttgart jedenfalls die Möglichkeit erschwert, die der EnBW übertragene Konzession, die 2013 ausläuft, an andere Anbieter zu vergeben, weil damit eine enorm umfangreiche Eigentumsübertragung an den Nachfolger einhergehen müsste – eine Hürde, die aber genommen werden kann. Die Verwickelungen würden allerdings zunehmen, wenn weitere EnBW-Anteile an ausländi-sche institutionelle Anleger oder Hedge-Fonds[34] ver-kauft werden.

Früher oder später wird auch Stuttgart den Würgegriff des privaten Betreibers zu spüren bekommen und vor der großen Frage stehen, wie es gelingt, die Versorgungsnetze und speziell die Wasserversorgung wieder zurückzube-kommen. Zwei Wege scheinen derzeit denkbar: entwe-der über politische Mehrheiten, die eine Rückabwicklung befürworten, oder aber über einen Bürgerentscheid, dessen Erfolg eine Rekommunalisierung herbeiführen könnte. – Es bleibt zu hoffen, dass genügend gesellschaft-liche Kräfte sich einmischen und bei der Rückholung der Wasser- und Energieversorgung sowie der Anteile an den Zweckverbänden in öffentliche Hände helfen.

Im Herbst 2006 kam noch einmal frischer Wind in die Diskussion über die vier größten deutschen Energiekonzerne RWE, E.ON, Vattenfall und EnBW. Bundeswirtschaftsminister Michael Glos (CSU), der hessische Wirtschaftsminister Alois Rhiel (CDU) und fast alle Politiker im Landtag von Baden-Württemberg, auch Reinhard Löffler (CDU) vom Stuttgarter Gemeinderat, machen Front gegen zu hohe Energiepreise: Mit der unentgeltlichen Verteilung der Emissionsrechte habe man den Konzernen Milliarden geschenkt, deren Gegenwert werde den Verbrauchern dennoch als Opportunitätskosten in Rechnung gestellt. Die in Baden-Württemberg soeben aufgegebene Preisaufsicht müsse zwar nicht wieder eingeführt, aber das Kartellamt müsse zur Überwachung der Preise gestärkt werden. Die Empfehlung der Politik: Als Kunde solle man doch den Anbieter wechseln und müsse im Übrigen eine Preiserhöhung nur dann zahlen, wenn der Konzern die Billigkeit auch nachgewiesen habe. Politiker, die seit Jahren den Verkauf von öffentlichem Eigentum betrieben und damit den beklagten Machtverlust selbst herbeigeführt haben, zelebrieren nun öffentlich ihre Empörung gegen überhöhte Energiepreise, die sie selbst mitzuverantworten haben.

Der Stuttgarter Oberbürgermeister Wolfgang Schuster, in diversen Wirtschaftsmagazinen immer wieder lobend erwähnt, beherrscht dieses demagogische Hütchenspiel mit äußerster Raffinesse. Nachdem er in Stuttgart die Wasserversorgung sowie die Anteile an den Zweckverbänden vollständig verkauft hatte, sagte er auf der Mitgliederversammlung der Bodenseewasserversorgung im November 2006, er lehne eine Privatisierung des Wassermarktes ab, die Verteilung des Wassers aus dem Bodensee durch den von Städten und Gemeinden getragenen Verband sei effizient und zweckmäßig.[35]

Auf der Homepage der Stadt Stuttgart wird der Bürger schließlich vollständig in die Irre geführt. Unter der Überschrift «Trinkwasser in Stuttgart» wird behauptet: «Hinsichtlich der Preisgestaltung ist die EnBW nicht frei. Da wir uns ja nicht aussuchen können, wer uns das Wasser liefert, ist durch Gesetze festgelegt, dass der Wasserpreis nicht einfach erhöht werden kann. Unternehmen der Wasserversorgung bilden daher die Preise nach dem Kostendeckungsprinzip. Sie dürfen also keine Gewinnmaximierung betreiben, sondern nur das verlangen, was sie tatsächlich ausgeben.»

Man muss nicht wie Schuster Rechtswissenschaften und zudem Verwaltungsführung und Internationale Wirtschaftspolitik studiert haben, um die Realitätsferne dieser Aussagen zu erkennen. EnBW-Chef Claassen ist stolz darauf, dass sein Konzern im Jahr 2005 erstmals einen Gewinn von über einer Milliarde Euro ausweisen konnte und im Geschäftsbericht 2005 ist nachzulesen: «Wir wollen in unserer Branche der Wettbewerber mit der höchsten relativen Ertragskraft werden.» Kurzum: Die EnBW kann unmöglich wie ein kommunales Unternehmen nach dem Kostendeckungsprinzip arbeiten, sondern ist darauf ausgerichtet, einen möglichst hohen Gewinn zu erwirtschaften – was sie auch tut. Und den zahlen die Verbraucher.

Aber selbst so erfolgreiche Spitzenmanager wie Utz Claassen können sich im Gestrüpp der politischen Landschaftspflege verheddern. Weil Claassen sechs Mitgliedern der baden-württembergischen Landesregierung sowie einem Staatssekretär des Bundes, die alle in ihren Amtsgeschäften mit der EnBW verbunden waren, im Dezember 2005 Gutscheine für ein Spiel der Fußball-

WM 2006 im Wert von je über 2000 Euro übersandt hatte, ermittelte die Staatsanwaltschaft Karlsruhe gegen ihn wegen Vorteilsgewährung, was nach § 333 StGB strafbar ist. Auch Ministerpräsident Günther Öttinger war einer der glücklichen Empfänger von Claassens Gutscheinen.

Im Juli 2006 wurde das Hauptverfahren bei der Großen Strafkammer des Landgerichts Karlsruhe beantragt, zunächst nur eingeschränkt eröffnet, jedoch aufgrund einer Beschwerde der Staatsanwaltschaft Karlsruhe letztlich durch Beschluss des Ersten Strafsenats des OLG Karlsruhe zugelassen.[36] Das ist für Claassen besonders ärgerlich, weil er gerade erst für über 10 Millionen Euro den Titel eines nationalen Förderers der WM 2006 erworben hatte, um «diese Begeisterung hinauszutragen zu allen unseren Kunden und Menschen dieses Landes».

Am 19. Juni 2007 teilte EnBW mit, Utz Claassen werde aus «strukturellen, professionellen, persönlichen und familiären Gründen» für eine Verlängerung seines zum 1. Mai 2008 auslaufenden Vertrages nicht mehr zur Verfügung stehen, er betrachte seine «Mission» als erfüllt und er werde sich nach Ablauf seiner Amtszeit anderen Dingen zuwenden.

Aber zurück zu Oberbürgermeister Schuster, dem Meister des Spagats, der neben seinem Tagesgeschäft das ganz große Ziel vor Augen hat. Er möchte den Armen und Ärmsten in der Welt helfen und «rund um den Globus Bürgerinnen und Bürgern eine lebenswerte Zukunft bieten». Im Sommer 2005 verkündete er als Schirmherr der «Stuttgarter Partnerschaft Eine Welt» ein kommunales Welthilfeprogramm. Dazu möchte er mit insgesamt 150 erfahrenen Partnern zusammenarbeiten – wie der GTZ, dem Baukonzern Ed. Züblin und anderen regional ansässigen Wirtschaftsunternehmen, der Wirtschaftsprüfungsgesellschaft Ernst & Young, dem Bundesministerium für wirtschaftliche Zusammenarbeit und Entwicklung, der EU-Kommission, zahlreichen NGOs wie «Brot für die Welt» und anderen. Damit wolle man «Brücken nach außen bauen», die Globalisierung human gestalten, weltweit Partnerschaften eingehen, den Entwicklungsländern unter anderem bei der Wasserversorgung «helfen», wobei im Rahmen der Verwirklichung der Millenniumsziele 2015 der Vereinten Nationen auch private Konzerne in die Hilfsmaßnahmen eingebunden werden sollen.[37] Auf einer farbenfrohen Postkarte, die für Schusters Initiative wirbt, ist dagegen zu lesen: «Wasser ist für alle da. Stoppt die Privatisierung von Grundwasser.»

Besonders bizarr wird Schusters «Eine Welt»-Initiative derzeit durch einen seiner größten Netzwerk-Partner, den Stuttgarter Baukonzern Züblin, der den international heftigst umstrittenen Ilisu-Staudamm in der Ost-Türkei bauen will. Für dieses Projekt müssten über 50 000 Menschen entsiedelt, hunderte von Kulturschätzen aus dem ehemaligen Mesopotamien geflutet werden und den nachfolgenden Staaten am Tigris, Syrien und Irak, würde das Wasser abgegraben.

Der chinesische Staatsphilosoph Konfuzius sagte einmal: «Ist das, was gesagt wird, nicht das, was gemeint ist, kommen keine guten Werke zustande und das Volk weiß nicht, wohin Hand und Fuß setzen.»

CROSS-BORDER-LEASING – GRENZENLOSE ABENTEUER MIT FRAGWÜRDIGEN SCHEINGESCHÄFTEN

Cross-Border-Leasing (CBL) bedeutet wörtlich übersetzt «grenzüberschreitender Mietkauf beziehungsweise Leasing». Leasinggeber und Leasingnehmer haben ihren Sitz in unterschiedlichen Ländern, wodurch die Unterschiedlichkeit der Steuergesetzgebung ausgenutzt werden kann. Hinter dem, was so unverdächtig klingt, steht aber keineswegs die Absicht, durch Anmietung, Leasen oder Kauf ein Objekt tatsächlich zu erwerben. Vielmehr geht es darum, durch einen Leasingvertrag über 99 Jahre eine Investition mit wirtschaftlicher Substanz vorzutäuschen, um so steuerliche Vorteile in Millionenhöhe erzielen zu können.

Die Wachovia-Bank in den USA zahlte beispielsweise im Jahr 2002 keine Steuern, obwohl sie einen Gewinn von über drei Milliarden US-Dollar erzielte. Dies war ihr unter anderem deshalb möglich, weil sie durch CBL-Geschäfte Straßenbahnwagen, die Kanalisation der Stadt Bochum und vieles mehr abschreiben konnte. Der finanzielle Schaden für die US-Bürger häuft sich so auf einige Milliarden US-Dollar pro Jahr. Damit sind CBL-Geschäfte klassische Scheingeschäfte. Ihre Konstruktion dient ausschließlich der Steuerumgehung. In nahezu allen Rechtssystemen der westlichen Hemisphäre, auch in den USA, ist die steuerliche Abschreibungsfähigkeit solcher Geschäfte unzulässig, wenn sie keine wirtschaftliche Substanz aufweisen, sondern nur volkswirtschaftlichen Schaden produzieren.

Die Befürworter halten dagegen, dass alles ganz legal nach bestehender US-Gesetzgebung abgewickelt wurde. Sprachlich geliftet zur «Steueroptimierung», «Steuergestaltung», US-Sonderfinanzierung oder auch «Optimierung des steuerlichen Aufwands» wird die Fragwürdigkeit dieses «modernen Finanzierungsinstruments» dabei sorgfältig übertüncht.

Weil CBL-Geschäfte eine enorme Komplexität aufweisen, soll im Nachfolgenden ihre Struktur nur in groben Zügen beschrieben werden.

Steuersparmodell mit Traumrendite

In der Welt des ganz großen Geldes geht es bekanntlich darum, nicht nur viel, sondern immer mehr zu verdienen. Um dies zu erreichen, bedarf es zweierlei Maßnahmen: Die Ausgaben müssen verringert und die Einnahmen erhöht werden, um es einmal ganz schlicht zu formulieren. Das Zahlen von Steuern fällt unter die Rubrik «Ausgaben». Bei Konzernen, deren Gewinne in die Milliarden gehen, würde die Steuerlast unter normalen Umständen eine beträchtliche Summe darstellen.

Um diesen «Aderlass» zu verringern, haben schlaue Juristen und Unternehmensberater das Konstrukt «Cross-Border-Leasing» entwickelt, auch bekannt unter der Bezeichnung «Lease in lease out», «Lilo» oder «Service Contract». Das Ganze geht so vonstatten: Ein US-Investor, das kann eine Bank, eine Versicherung, ein Fonds oder eine sonstige Firma sein, gründet für ein bestimmtes CBL-Geschäft einen Trust (Treuhandgesellschaft). Dieser hat bevorzugt seinen Sitz im US-Bundesstaat Delaware, einem Steuerparadies innerhalb der USA. Den etwa 820 000 Einwohnern von Delaware stehen ungefähr 200 000 Firmen gegenüber, unter ihnen 500 der größten US-Unternehmen, die hier ihren Sitz haben.[38]

Gegenstand eines CBL-Geschäfts können Wasserwerke, Straßenbahnen, Messehallen, Klärwerke, Wohn- oder Zweckgebäude, Schienennetze, Wasser- oder Stromverteilungsnetze, Müllverbrennungsanlagen und vieles mehr sein. Bevorzugt wurden Geschäfte mit deutschen Kommunen abgeschlossen, weil diese nicht konkursfähig sind. Im Falle von denkbaren Schadensersatzforderungen des US-Trusts, zum Beispiel bei Vertragsverletzungen, würde bei Zahlungsunfähigkeit der Kommune zunächst das Bundesland und letztlich der Bund einspringen und für den entstandenen Schaden haften – mit dem Geld der Steuerzahler.

Der Gewinn wird bei CBL-Geschäften asymmetrisch aufgeteilt: Den Löwenanteil behält der US-Trust, die deutsche Kommune erhält circa 2 bis 8 Prozent des Transaktionsvolumens und die Arrangeure, Berater und Anwälte einen vergleichbaren Betrag.

Der finanzielle Vorteil wird dadurch erzielt, dass in den USA die Anmietung – zum Beispiel eines deutschen Klärwerks für 99 Jahre – einem Erwerb gleichgestellt und dadurch steuerlich absetzbar wird. Der US-Trust erwirbt also eine Rechtsposition, die eindeutig das Klärwerk in sein wirtschaftliches Eigentum überführt. Das muss so sein, weil nur dadurch in den USA der steuerliche Vorteil erzielt werden kann. Der US-Trust zahlt den vollen «Kaufpreis» direkt bei Abschluss des Geschäfts an die deutsche Kommune beziehungsweise an eine zwischengeschaltete Bank, die sogenannte «Vertragserfüllungsbank». Zeitgleich mietet sie den Gegenstand zurück und erhält somit ein Besitz- und Nutzungsrecht, welches sich aber aus dem Rechtsstatus des US-Trusts ableitet. Nach deutschem Recht bleibt jedoch das wirtschaftliche wie auch das zivilrechtliche beziehungsweise dingliche Eigentum bei der Kommune – was die politischen Akteure immer besonders eifrig betonen, weil sie damit deutlich machen wollen, dass sie beispielsweise ein Klärwerk ja nur «vermietet» und nicht verkauft haben. Dabei verweisen sie darauf, dass ja die Kommune noch im Grundbuch eingetragen sei. Das ist zwar richtig, hat aber bei Rechtsstreitigkeiten keine Relevanz, weil die Verträge nach US-Recht *(case law)* abgeschlossen wurden.

Durch die paradoxe Konstruktion einer doppelten Eigentümerschaft entsteht die Möglichkeit einer doppelten Abschreibung. Dieses Kuriosum widerspricht ohne Frage dem gesunden Menschenverstand. Die Experten hingegen sind stolz auf ihre höchst komplexe Konstruktion und betonen, dass die doppelte Abschreibung in den jeweiligen Jurisdiktionen nicht verboten sei.

Alle CBL-Verträge werden auf das Strengste geheim gehalten; ihr Inhalt ist öffentlich nicht zugänglich. Man kann daher über die Details der Vereinbarungen nur spekulieren. Es spricht aber alles dafür, dass der US-Trust nicht nur das wirtschaftliche, sondern auch das dingliche Eigentum erhält. Zwischenfälle in der jüngeren Vergangenheit haben gezeigt, dass die tatsächliche Sachherrschaft beim US-Trust liegen dürfte. So hatte zum Beispiel die Stadt Dortmund im Jahr 2001 und 2002 CBL-Verträge über ihre Stadtbahn und die Westfalenhalle abgeschlossen. Durch die Zurückstufung der Bonität des Landes Nordrhein-Westfalen durch die Ratingagentur Standard & Poors musste Anfang 2005 die Dienstbarkeit im Grundbuch eingetragen und die

Verfügungsgewalt zum Betrieb der Anlagen dem US-Trust übergeben werden. Die Bonitätsbewertung von Städten und Bundesländern ist in aller Regel Vertragsbestandteil.

Weniger bekannt ist, dass nicht nur Kommunen CBL-Transaktionen abgeschlossen haben, sondern auch der Bund unter der Rot-Grünen Regierung von Bundeskanzler Schröder. So wurden Scheingeschäfte mit der Deutschen Flugsicherung, der Telekom, der Deutschen Post und der Bundesbahn abgeschlossen. Im Bundestagswahlkampf hatte Schröder mit dem Slogan «soziale Gerechtigkeit» geworben, was angesichts solcher Geschäfte ein fragwürdiger Anspruch ist. Sozial gerecht ist sicherlich nicht, wenn man über die «Heuschrecken» schimpft, aber das «Abfressen der Felder» transatlantisch organisiert.

Tricksereien zum Nachteil der Steuerzahler

Mit Begeisterung haben deutsche Kommunen schon seit den Neunzigerjahren CBL-Geschäfte abgeschlossen. Insider vermuten, dass in Deutschland mehr als 200 solcher Verträge bestehen. Zu einem abrupten Stillstand kam es in der Branche, als der US-Senat und das Repräsentantenhaus 2004 per Dekret die CBL-Verträge ausdrücklich untersagten. Diesem Verbot ging eine Initiative des US-Senators Chuck Grassley voraus. Grassley nannte die CBL-Geschäfte «Tricksereien» zum Nachteil der Steuerzahler und seine Kollegen hielten die CBL-Geschäfte für einen systematischen Steuerbetrug. Deutsche Politiker, die CBL-Geschäfte abgeschlossen hatten, sahen das großzügiger und vertraten die Auffassung, was nicht illegal ist, kann auch nicht unmoralisch sein.

Seit 2005 gibt es eine neue Entwicklung, die die Kommunen, auch wenn sie es nicht zugeben, erzittern lässt. Die amerikanische Finanzverwaltung Internal Revenue Service (IRS) hat festgelegt, dass die bisherigen Leasingtransaktionen grundsätzlich als missbräuchliche Steuerumgehung zu bewerten sind, und zwar dann, wenn keine wirtschaftliche Substanz dem Geschäft zugrunde liegt. Dies gilt insbesondere auch für Altverträge, die zwischen 1996 und 2003 geschlossen wurden – also so gut wie für alle deutschen CBL-Verträge. Der damit angestrebte Steuervorteil ist somit keineswegs mehr sicher.

Offen ist noch, wie die US-Geschäftspartner darauf reagieren werden. Befürchtet wird, dass die amerikanische Vertragsseite vor dem Hintergrund eventuell wegfallender Steuervorteile versuchen wird, einen Vorwand für die Annullierung der Verträge zu finden oder etwa durch den Nachweis von Vertragsverletzungen der deutschen Kommunen hohe Strafzahlungen einzufordern. Das Bayerische Innenministerium hatte laut *taz* vom 13. November 2004 davor gewarnt, dass genau diese Entwicklung eintreten könnte. Derzeit bekommen deutsche Stadtkämmerer, wie Wirtschaftsprüfer Arnd Bühner von der Firma Ernst & Young bestätigte, Post von den US-Steuerbehörden mit dem Hinweis, dass die Leasing-Transaktionen genauer in Augenschein genommen werden müssten. Bereits im Jahr 2005 wandte sich die US-Steuerbehörde mit einem Auskunftsersuchen an die Stadt Düsseldorf, die ihr Kanalnetz und ihr Klärwerk verleast hatte. Da die Stadt ihr CBL-Geschäft selbst nicht hinreichend durchschaut, hat sie mit der Stellungnahme die Kanzlei Allen & Overy beauftragt.

Die Haltung der obersten amerikanischen Finanz-
behörde zu CBL-Geschäften ist aber nicht so neu, als
dass Politiker hierzulande nicht von ihr hätten wissen
können. Schon lange vor dem Gesetzentwurf von Chuck
Grassley gab es einen Beschluss des Internal Revenue
Service (IRS) vom 11. März 1999, nach dem Lease-in-
lease-out-Geschäfte (LiLo) nach Section 467 des Internal Revenue Code wegen fehlender wirtschaftlicher
Substanz untersagt waren.[39] Die pfiffigen Arrangeure
haben daraufhin aber keineswegs ihre Bemühungen eingestellt, sondern mit noch spitzfindigeren Konstruktionen weiterhin – mindestens noch bis zum Jahr 2003 – mit
Service-Contract-Verträgen weitergearbeitet.

Zu der neuen rechtlichen Situation in den USA seit
Ende 2004 kommt das Risiko der Einführung einer
Quellensteuer hinzu. Dazu heißt es beispielsweise in
einem Memorandum der Stadt Stuttgart über CBL-
Geschäfte: «Für den unwahrscheinlichen Fall einer
späteren Besteuerung der zu leistenden Zahlungen an
der Quelle steht dem Leasingnehmer zudem vorsorglich
das Recht zu, die von ihm ausgesuchten Finanzinstitute
durch solche zu ersetzen, die in einer Quellensteuer-
neutralen Jurisdiktion ansässig sind oder von einem
DBA [Doppelbesteuerungsabkommen] profitieren.»[40]
Im Klartext: Die Stadt Stuttgart darf sich eine Bank in
einem Steuerparadies suchen, wenn es zu Problemen
kommen sollte.

In der konkreten Beschlussvorlage zum CBL-Geschäft
im Zusammenhang mit der Stuttgarter Kanalisation
klingt das so: «Die Stadt wird das Risiko einer Änderung
der Rechtslage hinsichtlich möglicher US-Quellensteu-
ern tragen, dessen Verwirklichung im Allgemeinen als

unwahrscheinlich angesehen wird. Weiterhin wird die Stadt für eine Gesetzesänderung in Deutschland oder eine Rechtsänderung jedweder anderen Jurisdiktion verantwortlich sein, die im Zusammenhang mit der Transaktion steht.»[41]

Dies bestätigen auch die Ausführungen des Innenministeriums Baden-Württemberg, wonach die Kommune «in der Regel das Risiko der Einführung einer amerikanischen Quellensteuer» trägt.[42]

Schlechtes Vorbild in Sachen Steuermoral

Es ist schlechterdings nicht hinnehmbar, dass durch transatlantische Scheingeschäfte Steuern in Milliardenhöhe vermieden werden, während von jedem mittelständischen oder Kleinunternehmer wie überhaupt von jedem Bürger Steuerehrlichkeit verlangt wird. Was den Vorwurf mangelnder Steuermoral betrifft, vertritt Dr. Löffler (CDU), Stadtrat in Stuttgart und Mitglied des Landtags, den Standpunkt, dass «Steuern zu sparen und Finanzierungschancen zu nutzen» keine Frage der Moral sei. «Es ist eher eine Frage von Moral, Steuersparmöglichkeiten nicht zu nutzen und auf Kosten künftiger Generationen Schulden zu machen. Es ist die Aufgabe einer gewissenhaften (kommunalen) Finanzpolitik, die rechtlich zulässigen Finanzierungsmöglichkeiten zu prüfen und sie gegebenenfalls zu nutzen.»

Mit anderen Worten: Gesetze sind dazu da, sie möglichst zu umgehen und von ihren Schwächen zu profitieren. Es ist geradezu absurd, dass die öffentliche Hand zunehmend über Steuerausfälle klagt und sich gleichzeitig «legale» Formen der Steuerhinterziehung zunutze macht.

Aber auch Privatunternehmen haben möglicherweise ähnliche Formen der «Steueroptimierung» längst für sich entdeckt und verursachen durch CBL-Geschäfte Steuerausfälle in bislang unbekannter Höhe. So wird von CBL-Kritikern vermutet, dass beteiligte Banken wie die Deutsche Bank, diverse Landesbanken und Debis (DaimlerChrysler) Investitionen im Zusammenhang mit CBL-Geschäften über hochkomplexe Konstruktionen steuerlich absetzen, etwa über «Zwischengesellschaften» in Finanzoasen wie den Bermudas oder der Insel Barbados.

Die deutsche Bank, die sich besonders aktiv an CBL-Geschäften beteiligt hat, konnte im Jahr 2002 einen Gewinn von 3,6 Milliarden Euro ausweisen. An das Finanzamt flossen davon tatsächlich aber nur 400 Millionen Euro, was einer Steuerquote von 11 Prozent entspricht. Der Spitzensteuersatz lag im Jahr 2002 bei 48,5 Prozent. Diese Diskrepanz könnte sich dadurch erklären, dass gerade solche Konzerne, die ohnehin höchste Gewinne verzeichnen, in eine Trickkiste voller Abschreibungsmöglichkeiten greifen können, mit denen sie steuerliche Vorteile realisieren.

Noch abenteuerlicher ist eine Vermutung von Insidern, nach der in einigen Fällen gar kein US-Investor existiert, sondern deutsche Finanzinstitute einen Trust in den USA virtuell kreieren, um so über den Umweg eines CBL-Geschäfts ihre Steuerlast in Deutschland zu drücken.

Vertragsrisiken – der Bürger hat das Nachsehen

Die Bürger in Deutschland sind bei den CBL-Geschäften in mehrfacher Hinsicht die Angeschmierten. So entstehen beispielsweise den Kommunen durch das vorzeitige

Aus der CBL-Geschäfte durch die US-Gesetzesänderung Kosten in Millionenhöhe, weil Spezialisten und Anwälte ständig ein Controlling der Anlagen durchführen müssen, um Schadensersatzforderungen des US-Trusts von den Städten abzuwenden.

Im günstigsten Fall muss ein solches Controlling 25 bis 30 Jahre lang durchgeführt werden – dies ist die verkürzte Laufzeit, nach der eine Rückkauf- beziehungsweise Beendigungsoption besteht. Andernfalls müssen die Kontrolleure über die gesamte Laufzeit von 99 Jahren hinweg ihre Arbeit verrichten, sofern nicht der CBL-Vertrag im gegenseitigen Einvernehmen rückabgewickelt wurde. Dass Städte sich um Rückabwicklung von CBL-Verträgen bemühen, zeigt das Beispiel Leipzig. Die Geschäftsführer der Verkehrsbetriebe und Wasserwerke hatten bereits Ende 2005 in Chicago und New York erste Verhandlungen geführt.[43]

Die verleasten Anlagen müssen für 99 Jahre, mindestens aber für 25 bis 30 Jahre unabhängig davon, ob man sie benötigt oder nicht, in betriebsbereitem und vor allem im ursprünglichen Zustand gehalten werden, wodurch eine Stadt erheblich ihren Gestaltungsspielraum verliert. In Berlin mussten defekte und überzählige Straßenbahnwagen wieder hergerichtet und eingelagert werden, um dem abgeschlossenen CBL-Vertrag zu entsprechen.[44] Und in Stuttgart, wo stets behauptet wurde, dass die Stadt ihre uneingeschränkte Gestaltungsmöglichkeit behalte, scheiterte der Bau einer Brücke, weil ein Pfeiler auf dem Gelände eines verleasten Klärwerks in Aldingen nicht errichtet werden konnte.[45]

Schwer zu beantworten bleibt auch die Frage, was im Falle einer Wirtschaftskrise (von einem Staatsbankrott wie in Argentinien geschehen ganz zu schweigen) mit der hiesigen Infrastruktur geschehen würde. Nach der Logik der Verträge würden die Anlagen bei Zahlungsunfähigkeit vom US-Trust übernommen und betrieben. Über die konkreten Folgen ließe sich nur spekulieren. Aber auch eine Insolvenz des US-Trusts oder der Vertragserfüllungsbank könnte die Stadt in immense Schwierigkeiten bringen.

Solche Konsequenzen werden wohl erst dann in ihrer ganzen Tragweite erkennbar, wenn der Ernstfall eintritt. Denn die Verantwortlichen haben in aller Regel das in englischer Sprache abgefasste Vertragswerk nicht gelesen, geschweige denn verstanden, und der Öffentlichkeit gegenüber wird der Vertragstext auf das Strengste geheim gehalten. Die CBL-Verträge sind nur in Teilen übersetzt und sie umfassen meist mehr als tausend Seiten. Alle berufen sich darauf, dass es heute normal sei, auf der Basis einer Zusammenfassung der Vertragstexte zu entscheiden. Zusammenfassende Transaktionsbeschreibungen stammen aber oft genau von denen, die massiv an den Geschäften verdienen und somit nicht über die nötige Unbefangenheit verfügen.[46]

Ein weiterer Aspekt bei CBL-Geschäften ist der nicht hinnehmbare Demokratieverlust durch die Geheimhaltung der Verträge. Jegliche Kontroll- oder Prüfmöglichkeit durch den Bürger wird ausgeschlossen. Auch lässt sich in keiner Weise nachvollziehen, ob – gegebenenfalls wo und in welchem Umfang – Korruption im Spiel ist. Die Geheimhaltung nährt jedenfalls diesbezügliche Verdachtsmomente, weil ihre Notwendigkeit nie plausibel erklärt werden konnte. Dass solche Überlegungen nicht ganz unbegründet sind, zeigt das Beispiel der Stadt Leipzig mit ihren CBL-Geschäften. Die Geschäftsführer der Wasserwerke und Verkehrsbetriebe wurden vom Investor zu transatlantischen Concorde-Flügen sowie ins exklusive Burj-al-Arab-Hotel in Dubai eingeladen. Die neue Uhr von Lange & Söhne, Wert 19 000 Euro, habe er von seiner Frau bekommen, so einer der Geschäftsführer bei den staatsanwaltschaftlichen Ermittlungen.

Kurzsichtige Politik – nachhaltiges Risiko

25 deutsche Städte haben sich bereits unter dem Dach des Deutschen Städtetages zu einer «Notgemeinschaft» zusammengetan. Damit will man sich über Möglichkeiten des Selbstschutzes austauschen, falls der US-Investor mit Forderungen an eine Kommune herantritt.

Mit dem Ende der CBL-Geschäfte ist die Gefahr also keinesfalls gebannt, weil die Risiken der Verträge über deren gesamte Laufzeit bestehen. Es ist sicher auch davon auszugehen, dass die Arrangeure, Banken, Unternehmensberater und Fachanwälte, die blendend an den Geschäften verdient haben, alles daran setzen werden, ähnliche «Produkte» zu entwickeln. Deshalb haben wir als Bürger das Recht und die Pflicht, neue «Finanzoptimierungen» aufzuspüren und zu stoppen. Wie die Bevölkerung zu CBL-Geschäften steht, kann man stellvertretend an einem Bürgerentscheid ablesen, der in Bergisch Gladbach durchgeführt wurde. Dort wollten die Stadträte das Abwasserwerk zusammen mit dem gesamten Kanalnetz verleasen. Beim Urnengang im September 2003 entschieden sich 96,5 Prozent der Bürger gegen den CBL-Deal und brachten das Projekt zu Fall.

Es gibt aber auch zahlreiche Persönlichkeiten aus dem öffentlichen Leben, die eine kritische Einschätzung teilen. So hatte der Frankfurter IHK-Präsident Wolf Klinz von CBL-Geschäften abgeraten und diese als waghalsig eingestuft.[47] Ähnlich skeptisch äußerte sich auch Gerhard Stratthaus, Finanzminister von Baden-Württemberg,[48] und Heinz Strobl, Leiter des Referats Kommunalwirtschaft und Kommunalfinanzen im Innenministerium, merkt dazu an: «Verschiedene Vertragsverletzungen oder auch eine Leistungsstörung können zum Wegfall der kommunalen Autonomie führen.»[49] Noch wesentlich schärfer fiel die Bewertung von Rudi Arndt aus, Staatsminister a.D. und ehemaliger Oberbürgermeister von Frankfurt, der das Frankfurter CBL-Geschäft mit der U-Bahn als «ein in jeder Hinsicht mieser Deal» bezeichnet.

Das letzte Wort soll aber auch in diesem Kapitel der Stuttgarter OB Wolfgang Schuster haben: «Der Kniff des Finanzierungsgeschäfts besteht gerade darin, dass der deutsche Vertragspartner sowohl zivilrechtlicher als auch wirtschaftlicher Eigentümer der Leasinggegenstände bleibt.»[50] Ungefähr drei Jahre später erklärte derselbe OB in einem Interview zum gescheiterten Brückenbau auf dem Gelände einer verleasten Kläranlage: «Im Hinblick auf die geplante Nord-Ost-Umfahrung bei Remseck kollidieren die Interessen nun. Ein Brückenpfeiler der Trasse soll auf dem Gelände des Klärwerks Mühlhausen stehen – nicht machbar, weil das Gelände *nicht mehr der Stadt gehört.»[51]*

VERSTRICKUNGEN ZWISCHEN POLITIK, WIRTSCHAFT UND ZIVILGESELLSCHAFT

Gewöhnlich gibt es zwei Parteien, gegen die sich der Zorn der Bevölkerung richtet, wenn wieder einmal öffentliches Eigentum privatisiert wurde: die Konzerne und die Politik. Die Konzerne, weil man ihnen rücksichtsloses Profitstreben ankreidet; die Politik, weil sie allzu oft und immer öfter mit der Wirtschaft verflochten ist. Dabei wird oft übersehen, dass die Vorgehensweisen, wie wir sie bei Politik und Wirtschaft kritisieren, oft auch innerhalb zivilgesellschaftlicher Organisationen wiederzufinden sind.

Diese Feststellung ist deshalb von Bedeutung, weil es durch die Vermischung von zivilgesellschaftlichen, wirtschaftlichen und politischen Zielen immer schwieriger wird, die wirklichen Motive und Absichten zu erkennen, die Einzelpersonen oder Gruppen verfolgen, und bestehenden Machtkonstellationen wirkungsvoll entgegenzutreten. Kurzum: Zivilgesellschaftliches Engagement wird immer häufiger missbraucht, die Wahrnehmung wird vernebelt und die strategische Zielsetzung in andere Richtungen umgelenkt.

Greenwash

Die Methode, ein positives Image durch gezielte Irreführung der öffentlichen Wahrnehmung zu erzeugen, bezeichnet man als *greenwash*. Dieser Begriff, eine Kombination aus *green* und *whitewash*, ging aus den Reinwasch-Kampagnen der Konzerne besonders seit der Umweltkonferenz von 1992 in Rio de Janeiro hervor.

Diese Praxis lässt sich am Beispiel einer Imagekampagne für das französische Kernkraftwerk Fessenheim illustrieren. Um die Umweltzertifizierung nach ISO 14001 zu bekommen, setzten sich die Betreiber für den Schutz von Fauna und Flora ein, pflanzten Orchideen rings um den Atommeiler, praktizierten Mülltrennung, besorgten einen Umweltschutz-Notfallwagen und vieles mehr. Der französische Energiekonzern EdF und die deutsche EnBW gründeten in Fessenheim den Umweltverein «Au fil du Rhin» («Dem Rhein entlang»), um ein Umweltengagement vorzutäuschen, lokale Umweltgruppen anzulocken und diese für ihre Zwecke zu vereinnahmen.

Die Schönfärberei war nötig, weil das AKW Fessenheim als das älteste und zugleich gefährlichste in Frankreich gilt. Selbst das glaubwürdige Trinationale Umweltzentrum TRUZ war auf diesen Schwindel hereingefallen, kündigte aber seine Mitgliedschaft, nachdem es von den Hintergründen erfahren hatte.

In dieselbe Rubrik gehört auch ein umfangreicher lobender Bericht, der vor Jahren in der *Basler Zeitung* zu lesen war, über ein außergewöhnliches Biotop im Basler Hafen. Die Firma Ciba, der das Gelände gehört, ließ die wertvollen und seltenen Pflanzen eigens von einem Biologen pflegen. Was aus dem Bericht nur am Rande hervorging, war die Tatsache, dass sich in der Mitte dieser Blumenpracht ein Auslieferungslager für Agrochemikalien der Firma befindet, mit denen weltweit Wildkräuter vernichtet werden.

Überläufer und Dunkelmänner

In anderen Fällen wiederum findet ein «Seitenwechsel» statt – aus der Wirtschaft zu einer NGO (Nicht-Regierungs-Organisation) oder umgekehrt. Bekannt dafür wurden die beiden Autoren Dirk Maxeiner und Michael Miersch, die früher für die renommierte Zeitschrift *Natur* gearbeitet hatten und jetzt für die Industrie wirtschaftsfreundlichen Ökooptimismus verbreiten. Das Saulus-Paulus-Prinzip wird gezielt genutzt, um Glaubwürdigkeit zu erzeugen.

Eine intensive Zusammenarbeit haben offenbar auch die Bayer AG aus Leverkusen und das Magazin *National Geographic* verabredet. Unter dem Motto «Viele Tropfen gegen den Durst» möchte man gemeinsam die Forschung zum Thema Süß- und Trinkwasser fördern. Dass sich ausgerechnet der Bayer-Konzern ums Trinkwasser sorgt, macht den Hund zum Wächter der Wurstfabrik, denn der Bayer-Konzern gehört zu den größten Wasserverschmutzern in Deutschland. Über das Abwasser werden jährlich erhebliche Mengen Phosphor, Stickstoff, anorganische Salze, Chlororganika und Schwermetalle eingeleitet.[52] Überall auf der Welt belasten Tausende Tonnen Pestizide das Grundwasser, die von Bayer produziert wurden. Die Wasser-Kooperation mit *National Geographic* hat sich das Unternehmen 250 000 Euro kosten lassen – eine geringe Summe für den Konzern, wenn man bedenkt, dass eine normale Werbekampagne mit gleicher Zielsetzung wesentlich teurer wäre.

Über einen Vorgang der Unterwanderung von zivilgesellschaftlichen Einrichtungen durch die Industrie berichtete das Politmagazin *Monitor* am 25. März 2004. Dabei ging es um Bürgerinitiativen gegen Windkraftanlagen, die von einem Rechtsanwalt namens Thomas Mock beraten und vertreten wurden. Herr Mock war überall zur Stelle, wo Lobbyarbeit gegen Windkraft gefragt war.

Wie sehr man sich über so viel Sachkunde im Kreise von «Gutmenschen» freut, weiß jeder, der schon einmal in einer Bürgerinitiative gearbeitet hat. Was viele aber sicher nicht wussten, war die Tatsache, dass Herr Mock gleichzeitig die Interessen der Aluminiumindustrie vertrat und die Firma Hydro Aluminium sein Arbeitgeber war. Deren Abneigung gegenüber der Windenergie erklärt sich daraus, dass Strom aus Windkraft geringfügig teurer ist als aus herkömmlicher Erzeugung. Da die Herstellung von Aluminium sehr energieintensiv ist und der Stromverbrauch circa 40 Prozent der Produktionskosten ausmacht, besteht ein starkes Interesse an niedrigen Strompreisen.

Offen gegen regenerative Energien mobil zu machen wäre ein nicht hinnehmbarer Imageschaden für ein Unternehmen. Nichts jedoch ist unverdächtiger als eine «Bürgerinitiative», die, wenn nicht gar als Tarnorganisation von der Industrie selbst ins Leben gerufen, so doch als deren unfreiwillige Komplizin agiert.

Globale Desinformationskampagnen

Von ganz anderem Zuschnitt ist eine Kampagne der Weltbank, bei der es um mehr als nur um eine Imagepolitur einzelner Konzerne geht. Profitinteressen eines ganzen Wirtschaftszweiges werden hier auf zynische Weise zur humanitären Großtat umgedeutet. Gemeint ist das Projekt «Millenniumsziele 2015» der Vereinten Nationen (auch Millennium Development Goals oder MDGs). In diesem Rahmen, so haben es die UN-Mitgliedsstaaten im September 2000 vereinbart, sollen acht

Entwicklungsziele bis 2015 umgesetzt werden. Dabei soll auch die Anzahl der Menschen halbiert werden, die keinen Zugang zu sauberem Trinkwasser haben.

Ein hehres Anliegen, will man meinen, zumal im Bewusstsein der Öffentlichkeit das Erreichen der Millenniumsziele auch mit dem positiv besetzten Slogan «Menschenrecht Wasser» in Verbindung gebracht wird. Bei näherer Betrachtung zeigt sich bei diesem philantrophisch anmutenden Ziel aber ein Pferdefuß. Denn nach dem Motto, was dem einen nützt, soll des anderen Schaden nicht sein, sollen privatwirtschaftliche Wasserkonzerne eingebunden werden. Eingefädelt wurde dies mit einer «Berechnung» der Weltbank, nach der 180 Milliarden US-Dollar jährlich für das Erreichen der Millenniumsziele nötig seien. Da an öffentlichem Geld nur mit 80 Milliarden Dollar zu rechnen sei, müsse, so die gängige These, für die Deckung der Differenz die Privatwirtschaft einspringen. So formulierte es auch die Bundesministerin für wirtschaftliche Zusammenarbeit und Entwicklung, Heidemarie Wieczorek-Zeul, am 2. Juni 2003 in der *Frankfurter Rundschau:* «Es existiert eine Investitionslücke von 100 Milliarden US-Dollar. [...] Ohne die Einbeziehung privater Unternehmen und privaten Kapitals ist es nicht möglich, die nötigen Investitionen zu finanzieren.»[53]

Unter dem Deckmantel humanitärer Hilfe wird den armen und ärmsten Ländern angeblich Hilfe zur Trinkwasserversorgung geleistet, ihnen aber zugleich die souveräne Bestimmung über ihre Wasserressourcen genommen. Denn internationale Kredithilfen werden fast ausschließlich mit der Auflage vergeben, dass die Wasserversorgung zu privatisieren oder zumindest in einen gemischtwirtschaftlichen Betrieb zu überführen sei. Die wahren Profiteure dieser «Entwicklungshilfe» sind die Wasserkonzerne der westlichen Industrieländer, die durch ihr Stimmgewicht die Politik der Weltbank bestimmen (siehe auch S. 139ff.).

Während man nun der Öffentlichkeit mit humanitären Floskeln Sand in die Augen streut, verfolgen die Akteure ihren Plan nach ökonomischer Logik. Und diese verfolgt am allerwenigsten die Interessen der Ärmsten. Das darf sie auch nicht, weil eine Aktiengesellschaft ihren Anlegern gegenüber verpflichtet ist, Gewinne zu machen. Eine Investition wird nur dann erfolgen, wenn der Rückfluss des eingesetzten Kapitals zuzüglich entsprechender Renditen gewährleistet ist. Dafür sorgen staatliche Garantien – in Deutschland übernimmt die Hermes AG Exportbürgschaften, während die Kreditanstalt für Wiederaufbau die Exportkredite vergibt. Und ein Konzern wird sich nur dort engagieren, wo Gewinne zu erwirtschaften sind oder Gewinngarantien mit der Politik vereinbart wurden, also keinesfalls in Slums, Favelas oder ländlichen Gebieten der Dritten Welt, wo die Ärmsten der Armen leben und fremde Hilfe am dringendsten gebraucht wird.

Was die reichen Länder und Konzerne mit dem Begriff «Entwicklungshilfe» wirklich meinen, ist eine Wirtschaftsförderung zugunsten multinationaler Konzerne unter dem Deckmantel der Mildtätigkeit. Und es gibt nichts, was den Vorstand eines Konzerns weniger interessiert als verdurstende Kinder in Afrika. Dieser Umstand sollte möglichst klar in den Blick genommen werden. Es entspricht daher einem Zerrbild, wenn die deutsche Bundesministerin für wirtschaftliche Zusammenarbeit und Entwicklung, Heidemarie Wieczorek-Zeul (SPD), bei der Jahrestagung der Arbeitsgemeinschaft Entwicklungsländer (AGE) der deutschen Wirtschaft am 3. November 2003 in Berlin feststellt, dass bei «Entwicklungs-Partnerschaften» mit der Wirtschaft eine «Win-Win-Situation» entstehe, von der alle Seiten profitieren.

Davon schien allerdings auch der damalige UN-Generalsekretär Kofi Annan überzeugt zu sein, als er mit seiner Initiative zum «Global Compact» den Versuch unternahm, die Wirtschaft in die Pflicht zu nehmen. Mit vereinten Kräften sollten sich die drei gesellschaftlichen Kräfte – Politik, Wirtschaft und Zivilgesellschaft – den Problemen der Welt annehmen, so seine Vorstellung. Doch wiederum hat die Sache einen Haken, denn die drei Akteure verfolgen ganz unterschiedliche Ziele. Aktiengesellschaften stehen heute unter ständig steigendem Ertragsdruck, während die Bürger in erster Linie am Erhalt ihrer Lebensgrundlagen interessiert sind. Einen Kompromiss, den Kofi Annan sicherlich vor Augen hatte, gibt es nicht, weil sich die Interessen diametral entgegenstehen. Vielmehr können die Lebensgrundlagen nur aus der Situation der Betroffenen heraus direkt-demokratisch definiert und gegenüber der Wirtschaft verteidigt und nötigenfalls durchgesetzt werden.

Vermutlich hatte auch Maurice Strong eine ähnliche Vision bei der Formulierung seiner Idee zur «Lokalen Agenda 21». In unzähligen Ländern und Städten wurde dieser Impuls zunächst aufgenommen; er verebbte aber immer mehr, weil sich zeigte, dass Politik und Wirtschaft kein Interesse daran haben, sich nach Feierabend von engagierten Bürgern und Umweltgruppen kritische Fragen anhören zu müssen.

Ein Ausweg aus diesem Dilemma kann nur darin liegen, dass eine mündige Zivilgesellschaft sich in Freiheit auf sich selbst besinnt, ihre Kräfte neu entdeckt, sich der Manipulation widersetzt und so gestärkt in der Lage ist, die derzeitige Übermacht der Wirtschaft wirkungsvoll in ihre Grenzen zu weisen. Und dazu wäre sie in der Lage, wenn sie es nur verstünde, offen auszusprechen, dass der «Kaiser keine Kleider anhat».

Weiße Korruption und die Macht der Lobbyisten

Ein seit Langem schwelendes Problem ist in Deutschland die fast vollständige Vermischung von Politik und Wirtschaft. Die Nebeneinkünfte von Laurenz Meyer und Hermann-Josef Arentz, die als führende Politiker auf der Gehaltsliste des Energieriesen RWE standen, sind nur die prominentesten Beispiele für ein Phänomen, das als «weiße Korruption» weite Bereiche der Politik auf allen Entscheidungsebenen erfasst hat. RWE pflegt hier eine alte Firmentradition, schließlich waren es ihre Gründer, die bereits ab 1903 diese Form der Bestechung entwickelt und zur Blüte gebracht hatten, indem sie Bürgermeister in Beiratsgremien des Unternehmens einbanden und damit folgsam machten (siehe S. 68f.).

Heute gehört es immer mehr zur politischen Selbstverständlichkeit, dass Mandatsträger einen oder mehrere Nebenjobs haben – ausüben wäre der falsche Begriff –, die sie zum Diener vieler Herren machen. Als Berater oder Aufsichtsräte sind sie in Konzerninteressen verstrickt, zugleich sollen sie als gewählte Abgeordnete die Interessen der Bürger vertreten und verstehen es, mit dieser Schizophrenie bravourös umzugehen.

Zwar verbieten die Paragrafen 331 bis 335 des deutschen Strafgesetzbuchs Bestechung, Vorteilsnahme und Vorteilsgewährung. Rechtlich betrachtet liegt aber dann keine Korruption vor, wenn der Politiker angibt, für seine finanziellen Zuwendungen eine Gegenleistung erbracht zu haben, zum Beispiel im Rahmen eines Beratervertrags, einer Mitgliedschaft in einem Beirat oder Aufsichtsrat. Diese schwerwiegende Lücke in der Gesetzeslogik darf jedoch nicht darüber hinwegtäuschen, dass solche Praktiken genau die Merkmale von Bestechung aufweisen und dem Allgemeinwohl sogar in mehrfacher Hinsicht großen Schaden zufügen. Der «multifunktionale» Politiker wird von mehreren Interessenparteien gleichzeitig bezahlt und muss so gesehen zwangsläufig früher oder später einen Interessenverrat begehen.

Zu denjenigen, die das Prinzip der Verflechtung von Politik und Wirtschaft geradezu personifizieren, gehört zum Beispiel Werner Müller, der von 1998 bis 2002 Wirtschaftsminister der rot-grünen Regierung war. Müller ist in der Energiebranche kein Unbekannter. Von 1973 bis 1997 war er für Unternehmen wie RWE, Veba und Kraftwerke Ruhr AG tätig und ist heute Vorstandsvorsitzender der Ruhrkohle AG (RAG). In die Schlagzeilen geriet er, als er das Verbot des Bundeskartellamts für die Übernahme der Ruhrgas AG durch die E.ON nicht hinnehmen wollte und seinen Staatssekretär Alfred Tacke – inzwischen Vorstandsvorsitzender des Stromversorgungsunternehmens STEAG – anwies, die Fusion durch Erteilung einer Ministererlaubnis nach § 42 des Gesetzes gegen Wettbewerbsbeschränkungen zu ermöglichen.

Am 27. März 2001 wurde ein Gutachten vorgestellt, das Werner Müller bei Professor Hans-Jürgen Ewers, damals Rektor der TU Berlin und nach eigener Darstellung Experte für Deregulierung, über den deutschen «Wassermarkt» in Auftrag gegeben hatte. Deregulierung müsse, so Professor Ewers, als Reregulierung der Überregulierung verstanden werden. Wegen «zahlreicher Indizien für eine Ineffizienz der kommunalen Wasserversorgungsunternehmen» führe letztlich kein Weg an der Liberalisierung der Wasserversorgung vorbei. In der freien Wirtschaft sei jedermann dem Wettbewerb ausgesetzt. Insofern sei es «völlig unverständlich», dass sich die Wasserwerke vom Wettbewerbsprinzip ausnehmen wollen. Die deutsche Wasserwirtschaft müsse «der disziplinierenden Kontrolle durch den Kapitalmarkt unterworfen» werden. Dort würden unfähige Manager durch Entlassung oder feindliche Übernahme abgestraft. Nur dieses ständige Damoklesschwert würde «das mangelhafte Preis-Leistungsverhältnis in der deutschen Wasserwirtschaft» signifikant verbessern. Flankierend zum disziplinierenden Element des direkten Wettbewerbs sei die zwangsweise Einführung eines Benchmarking[54] erforderlich. Die Studie von Professor Ewers hat als Vorstoß in Richtung Wasserprivatisierung bis heute ihre Spuren hinterlassen.

Offensichtlich ist es längst Normalität geworden, was erst Ende 2006 an die Öffentlichkeit drang: In den Bundesministerien und sogar im Kanzleramt haben in den letzten vier Jahren etwa hundert externe Mitarbeiter aus Unternehmen und Verbänden «mitgearbeitet». So konnten Beschäftigte des Verbands öffentlicher Banken und der Deutschen Börse AG an der «Fortentwicklung» des Kreditwesengesetzes, des Finanzdienstleistungs-

aufsichtsgesetzes und der Umsetzung der Finanzmarkt-
richtlinie mitarbeiten, also an Gesetzes- und Verord-
nungsentwürfen, von denen sie selber betroffen sind
und profitieren. Äußerst beliebt ist eine Mitarbeit im
Bundeswirtschaftsministerium, wo sich Vertreter von
BASF, Bayer, dem Verband der Chemischen Industrie
und dem Verband Deutscher Maschinen- und Anlagen-
bauer die Klinke in die Hand geben. Besonders pikant
erscheint dies, wenn man berücksichtigt, dass das Wirt-
schaftsministerium die Bundesrepublik in den WTO-
Verhandlungen vertritt und damit bei der Ausarbeitung
der GATS- und anderer Abkommen mitwirkt.

Wie sich aus einer Liaison von Politik, Wirtschaft
und NGOs eine äußerst produktive Dreiecksbeziehung
entwickeln kann, lässt sich durch eine Initiative illustrieren, die von Heidemarie Wieczorek-Zeul ausging,
der deutschen Bundesministerin für wirtschaftliche
Zusammenarbeit und Entwicklung. Auf der Internationalen Süßwasserkonferenz in Bonn im Jahre 2001
hatte die Ministerin eine internationale Untersuchung
angekündigt, in der die bisher gemachten Erfahrungen
mit der Wasserprivatisierung ausgewertet werden sollten. Zwei Jahre später, also gegen Ende 2003, wurde der
sogenannte Multistakeholder Review (MSR) aus der
Taufe gehoben. Zu diesem Zeitpunkt war aber bereits die
unschuldige Frage nach den Erfahrungen mit Wasserprivatisierung nicht mehr gerechtfertigt, weil die Fakten, die zu einer negativen Einschätzung führen, bereits
auf dem Tisch lagen.

Dennoch wurde eine internationale Arbeitsgruppe
gebildet – mit einschlägig bekannten Namen. Mit im
Boot sind die Gesellschaft für Technische Zusammen-

arbeit GTZ (siehe S. 48ff.), die Organisationen Assemae, Consumers International, Environmental Monitoring Group, PSIRU und die RWE AG, damals noch einer der größten Wasserkonzerne weltweit. Wie ausgerechnet ein Konzern mit klarem Privatisierungsinteresse bei einer solchen Studie hilfreich sein soll, kann nur das Bundesministerium beantworten. Auch die politischen Stiftungen wie Heinrich-Böll-Stiftung oder Friedrich-Ebert-Stiftung sind oft an solchen zweischneidigen Initiativen beteiligt. Im konkreten Fall hatte zum Beispiel die Böll-Stiftung in Kooperation mit der Groß-NGO «Brot für die Welt» durch eine internationale Wasserveranstaltung Werbung für den Multistakeholder Review (MSR) gemacht und zur Teilnahme eingeladen.

Das operative Tagesgeschäft beim MSR liegt bei einer englischen Organisation namens WaterAid, die sich regelmäßig als Nicht-Regierungs-Organisation ausgibt. Formal stimmt das auch, nur verschweigt WaterAid, dass sie ausgerechnet von Wasserkonzernen subventioniert wird. WaterAid wurde 1981 von der englischen Wasserindustrie gegründet, wird von selbiger finanziell unterstützt, ebenso von der englischen Regierung und der EU.

Im Rahmen des Multistakeholder Review hatte WaterAid auch andere Aktivitäten entwickelt. Im Jahr 2004 wurde über verschiedene internationale Verteiler ein erster Zwischenbericht versandt. Dabei hatte mich besonders der Anhang interessiert, in dem die Liste der Multistakeholder-Review-Teilnehmer aufgeführt war, unter ihnen auch Maude Barlow aus Kanada, eine der bekanntesten Wasserkämpferinnen sowie Trägerin des Alternativen Nobelpreises. Kurze Zeit später sagte mir Maude Barlow, dass sie keineswegs Mitglied beim Multistakeholder Review sei, dass sie lediglich ihre E-Mail-Adresse angegeben hatte, um weitere Informationen zu erhalten. Daraus wurde dann im Zwischenbericht eine «Mitgliedschaft», was angesichts der Reputation von Maude Barlow der Studie eine extrem hohe Glaubwürdigkeit verleiht.

Die Vermutung liegt nahe, dass es beim Multistakeholder Review in Wirklichkeit darum geht, weltweit Wasseraktivisten einzubinden, den Mainstream zu beeinflussen sowie Informationen und Adressen zu sammeln.

Eine andere Art der Vermischung von Zivilgesellschaft und Politik fand im Januar 2004 auf dem Weltsozialforum in Mumbai (Indien) statt. Das Weltsozialforum (WSF) ist mit über 100 000 Teilnehmern das derzeit größte Treffen zivilgesellschaftlicher Organisationen. Laut der Charta of Principles des Sozialforums sind Politiker hier nur als Privatpersonen zugelassen. In einem Workshop von Diverse Women for Diversity, einem international organisierten Frauen-Netzwerk, sprach unplanmäßig Kerstin Müller (Bündnis 90/Die Grünen), zu dieser Zeit Staatsministerin im Auswärtigen Amt in der rot-grünen Bundesregierung, ein paar nette Grußworte. Diese lösten zunächst lediglich Erstaunen aus, das aber in Verärgerung umschlug, als nach der Rückkehr aus Indien in deutschen Zeitungen zu lesen war, dass Kerstin Müller als offizielle Vertretung der Bundesregierung auf dem Weltsozialforum gewesen sei. Sie wusste ihren Auftritt in Mumbai klug zu nutzen. In einem Interview mit der *Stuttgarter Zeitung* wiederholte sie zunächst ganz korrekt die Thesen der

Globalisierungskritiker, münzte dann aber die gesamte Kritik ins Gegenteil um, indem sie sagte, die WTO-Konferenzen seien unbedingt mit Erfolg weiterzuführen – was nichts anderes heißt, dass weitere Liberalisierung und Privatisierung nötig sei, um der Dritten Welt helfen zu können. Eine Ohrfeige für die meisten Teilnehmer des Weltsozialforums, die ja gerade eine Reduzierung oder Abschaffung der WTO und ihrer Maßnahmen verlangen. Meine Sorge ist, dass die Summe solcher Interventionen auch die ursprüngliche Intention des Weltsozialforums bis zur Unkenntlichkeit entstellen könnte.

Die geschilderten Vorgänge sind keine Einzelfälle. In der Praxis ist es einem engagierten Normalbürger kaum möglich, immer und überall solche Verstrickungen zwischen NGOs, Politik und Wirtschaft ausfindig zu machen. Besonders bei großen Organisationen und Initiativen sollten die Mitglieder die strategischen Ziele kritisch überprüfen und gegebenenfalls gegen versteckte Vereinnahmung vorgehen. Beißhemmungen und ungewollte Einflussnahme lassen sich nur durch finanzielle Unabhängigkeit vermeiden – und den Mut, mit geringer finanzieller Ausstattung zu arbeiten. Dazu gehört Klarheit darüber, welche Ziele wirklich verfolgt werden sollen.

DAS NEOLIBERALE KOMPLOTT – DIE ROLLE INTERNATIONALER HANDELSABKOMMEN UND INSTITUTIONEN

Nach Analyse der Strategien zum kommerziellen «Missbrauch» des Trinkwassers kann man es nicht deutlich genug aussprechen: Es handelt sich um eine globale Plünderung natürlicher Ressourcen und Lebensgrundlagen zum Vorteil weniger Akteure und zum Nachteil fast aller Menschen. Wenn man sich verdeutlicht, dass die Konzerninteressen einzig und allein auf Gewinnsteigerung ausgerichtet sind, werden sämtliche «Diskussionen» über das Pro und Kontra einer Wasserprivatisierung gegenstandslos. Daran ändert auch die Schönfärberei nichts, mit der die Konzerne über Werbekampagnen immer wieder versuchen, die Bevölkerung von den angeblichen Vorteilen der Privatisierung zu überzeugen.

Hier ist allerdings anzumerken, dass jegliche Kritik an einer «Privatisierung» genau genommen nicht auf die private Rechtsform an sich abzielt, sondern vielmehr gegen Institutionen, Personen und Vorgehensweisen gerichtet ist, die die Grundversorgung, insbesondere die Trinkwasserversorgung dem Profitstreben multinationaler Konzerne ausliefert. Treffender wäre es daher, die Problematik mit den Begriffen «Anonymisierung» und «Kommerzialisierung» zu beschreiben.

Eine private Rechtsform muss nicht zwingend die Plünderung des Wassers auslösen – etwa wenn die Wasserversorgung zwar privatrechtlich in Form einer Genossenschaft organisiert ist, die Bewohner der Gemeinde aber gleichzeitig deren Eigentümer sind. Entscheidend ist, dass die uneingeschränkte Verfügungsgewalt und Eigentümerschaft in den Händen derer liegt, die in der betreffenden Gemeinde auch tatsächlich leben. Nur unter dieser Voraussetzung überwiegt das Interesse an einer auf Dauer gesicherten Grundversorgung.

Die Kommerzialisierung des Trinkwassers ist eng verbunden mit internationalen Institutionen wie WTO, IWF und Weltbank, die eine neoliberale Gesinnung und eine Freihandelsdoktrin im Sinne der Konzerne vertreten und die vor allem auch über die dazu notwendigen Durchsetzungsmechanismen verfügen. Ihre Rolle soll hier genauer unter die Lupe genommen werden.

Privatisierungsdruck und Demokratieverlust durch Internationalisierung

Nach dem Zweiten Weltkrieg bestand unter den Industriestaaten ein Konsens, dass das friedliche Zusammenleben der Nationen und der freie Handel gefördert werden sollten.

Erste Bemühungen gab es bereits während der Atlantik-Konferenz, die Ende 1941 – also noch während des Zweiten Weltkriegs – auf Initiative von Franklin D. Roosevelt und Winston Churchill stattfand. Die in diesem Zusammenhang verabschiedete Atlantik-Charta sollte eine Art Nachkriegsprogramm für eine neue, bessere Weltordnung werden. In ihr fanden sowohl friedenssichernde Anliegen ihren Ausdruck – Deutschland hatte gerade die Sowjetunion überfallen – als auch wirtschaftliche Aspekte des Welthandels und des Zugangs zu Rohstoffen. Es folgten die Moskauer Erklärung, die Konferenz von Dumbarton Oaks und die Konferenz von Jalta, auf der 1945 die Charta der Vereinten Nationen vereinbart wurde. Diese wurde im Juni 1945 in San Francisco von 50 Staaten unterzeichnet.

Zu dieser Zeit standen völkerrechtliche Fragen, die Verabschiedung der Menschenrechte und vor allem die Verwirklichung von Frieden nach den Grausamkeiten des Zweiten Weltkriegs im Mittelpunkt der Bemühungen. Allerdings waren die Vereinten Nationen schon damals mit einem Makel behaftet, der sich bis in die Gegenwart drastisch auswirkt: dem Veto-Recht der Supermächte! Die *Vereinten Nationen (United Nations, UN oder UNO)* bilden heute einen Zusammenschluss von 192 Staaten und sind als globales, uneingeschränktes Völkerrechts-subjekt anerkannt.

Schon kurze Zeit später, im Oktober 1947, wurde das *GATT-Abkommen (General Agreement on Tariffs and Trade)* von 23 Staaten angenommen und trat am 1. Januar 1948 in Kraft. Es beinhaltete einen Kodex von Handels-praktiken und ein Verzeichnis über Zollreduzierungen, von denen man sich in der Zeit des Wiederaufbaus wirtschaftlichen Aufschwung erhoffte. Das Abkommen soll-te allerdings einen vorläufigen Charakter haben und mög-lichst bald in eine internationale Handelsorganisation, die *ITO (International Trade Organization)* überführt wer-den. Zu diesem Zweck wurde in Havanna von der UNO eine Konferenz einberufen, an der 53 Länder aus Ost und West teilnahmen, unter ihnen auch die Sowjetunion. Im März 1948 kam es schließlich zur Unterzeichnung der Sat-zung der ITO, der sogenannten Havanna-Charta, die aber vornehmlich wegen des vom US-Kongress ausgehenden Widerstandes nie ratifiziert wurde und somit auch nicht in Kraft trat. Insbesondere die westlichen Regierungen befürchteten eine Übermacht der Entwicklungsländer und die USA einen Verlust an Souveränität. So blieb es bei den GATT-Runden, einem Dauer-Provisorium, das bis zur Gründung der WTO 1995 fortbestehen sollte.

Die Sowjetunion und die Länder in deren Machtbereich waren dem GATT-Abkommen nicht beigetreten und hatten sich darauf festgelegt, einen eigenen Wirtschaftsblock zu bilden. Insofern sind diese Entwicklungen Teil des Kalten Krieges.

Später formierte sich die *Bewegung der blockfreien Staaten (Non Aligned Movement, NAM)* durch die maßgebliche Initiative des jugoslawischen Präsidenten Tito, des ägyptischen Staatschefs Nasser, des indischen Premiers Nehru sowie durch Zhou Enlai (Volksrepublik China) und des Gastgebers der ersten Konferenz, die 1955 im indonesischen Bandung stattfand, dem damaligen indonesischen Präsidenten Sukarno. Dabei verabschiedeten 29 Staaten verschiedene Resolutionen wie zum Beispiel zur Verurteilung des Ost-West-Konfliktes, zur Abrüstung, zur friedlichen Koexistenz und zum Verbot von Kernwaffen. Sie verurteilten Kolonialismus und Rassendiskriminierung und forderten Gleichberechtigung und Gleichbehandlung der Dritten Welt gegenüber den ehemaligen Kolonialmächten. Mit der Auflösung der Machtblöcke nach dem Zerfall der Sowjetunion verlor diese Bewegung an Bedeutung.

Bei diesen Ausführungen soll keineswegs ein vollständiges Geschichtsbild gezeichnet, sondern vielmehr das Ringen um eine Weltordnung verdeutlicht werden. Es ging um nichts Geringeres als um die Frage, ob ein Primat der Menschenrechte gegenüber wirtschaftlichen Interessen durchgesetzt werden kann. Die gegenwärtig dominierenden Institutionen wie WTO, Weltbank und

Internationaler Währungsfonds lassen keinen Zweifel offen: Die Priorität von einseitig wirtschaftlichen Interessen hat sich fast aller Bereiche des Lebens bemächtigt und es werden keine Mittel gescheut, ihnen notfalls auch militärisch, wie zuletzt der Überfall auf den Irak gezeigt hat, Geltung zu verschaffen.

Der Internationale Währungsfonds (IWF)

Der *Internationale Währungsfonds (IWF)* ist eine 1944 gegründete und seit 1946 tätige Sonderorganisation der Vereinten Nationen mit Sitz in Washington D.C. Gemeinsam mit seiner Schwesterorganisation, der Weltbankgruppe, ging er aus den sogenannten Bretton-Woods-Konferenzen in New Hampshire (USA) hervor, die den Wiederaufbau des Weltwirtschaftssystems nach dem Zweiten Weltkrieg zum Gegenstand hatten.

Der IWF beschäftigt zurzeit etwa 2600 Mitarbeiter in 140 Ländern und umfasst 184 Mitgliedsstaaten, deren Stimmgewicht sich nach ihrer Kapitaleinlage richtet. Allein die 25 EU-Mitgliedsstaaten verfügen insgesamt über 31,89 Prozent der Stimmen,[55] aber auch die USA können mit ihrem Stimmanteil von 17,1 Prozent alle wichtigen Entscheidungen, die 85 Prozent Zustimmung erfordern, blockieren. Obwohl der IWF eine Unterorganisation der Vereinten Nationen ist, wird er von Kapitalmehrheiten und nicht von demokratisch legitimierten Organen regiert.

Formal betrachtet gehört zu den Aufgaben des IWF die Förderung der internationalen Zusammenarbeit in der Währungspolitik, eine Ausweitung des Welthandels, die Stabilisierung von Wechselkursen, Kreditvergabe, technische Hilfe und Überwachung der

Geldpolitik. In der heutigen Realität stellt sich seine Rolle allerdings anders dar. Unter dem Deckmantel einer internationalen Finanz- und Hilfsorganisation hat sich der IWF zusammen mit Weltbank und WTO zu einer neoliberalen Planierraupe entwickelt. Im Rahmen sogenannter Strukturanpassungsprogramme (Structural Adjustment Programs, SAPs) vergibt er zusammen mit der Weltbank Kredite, die immer häufiger mit Bedingungen verknüpft sind wie Senkung der Sozialausgaben, Steigerung des Exports, Kürzung der Staatsausgaben, Liberalisierung und Privatisierung von Bildung, Bankenwesen, Wasserversorgung und anderen Bereichen der Daseinsvorsorge – ohne Rücksicht auf die besondere Situation einer Volkswirtschaft. Die kreditabhängigen Länder verlieren durch diese Art der «Hilfe» die Kontrolle über ihre entsprechenden Politikfelder.

Damit wird der IWF zu einem Werkzeug der Industrienationen, die in erster Linie die Wirtschaftspolitik der Dritten Welt kontrollieren wollen und weniger von der Absicht einer humanitären Hilfeleistung geleitet sind. Beispiele dafür gibt es reichlich: die Wasserkriege in Cochabamba (Bolivien), die unrühmliche Rolle des IWF bei der Ostasienkrise von 1997[56] oder dessen maßgeblicher Beitrag zur Argentinien-Krise, bei der die Rezepte des IWF zur Privatisierung mustergültig umgesetzt wurden und 2001/2002 zum Totalbankrott des zweitgrößten lateinamerikanischen Landes und zum Rücktritt des Präsidenten Fernando de la Rúa führten.

Die Kreditvergaben haben aber noch einen weiteren Nebeneffekt: Oft geraten die Nehmerländer langfristig in eine Schuldenfalle, aus der sie ohne einen echten Schuldenerlass nicht mehr herauskommen und dadurch zunehmend erpressbar werden. Dabei werden die Ressourcen der betroffenen Nationen immer mehr zur Verhandlungsmasse. Besonders die Wasserversorgung ist dabei ein Objekt der Begierde.

Weltbank

Die *Weltbank,* auch *Internationale Bank für Wiederaufbau und Entwicklung* genannt, mit Sitz in Washington D.C. wurde ähnlich wie der Internationale Währungsfonds (IWF) 1944 im Rahmen der Bretton-Woods-Konferenzen gegründet. Das in der Satzung niedergelegte Hauptziel der Weltbank ist die Hilfe beim Wiederaufbau und der Entwicklung der damals 151 Mitgliedsstaaten durch Bereitstellung von Investivkapital zu günstigen Konditionen. Private Auslandsinvestitionen sollten durch Garantien oder Beteiligungen an Krediten gefördert werden.

Heute ist die Weltbank weit komplexer organisiert als zu Zeiten ihrer Gründung und besteht genau genommen aus fünf Einzelorganisationen,[57] die über effiziente Mechanismen zur Durchsetzung ihrer Entscheidungen verfügen. Gegenwärtig sind 184 Länder Mitglied der Weltbankgruppe, die mehr als 100 Länderbüros mit über 8000 Mitarbeitern betreibt. Die Stimmrechte innerhalb der Weltbank, die eine privatwirtschaftliche Einrichtung ist, sind ähnlich wie beim IWF proportional zu den Kapitaleinlagen der Mitgliedsländer verteilt. Auch die fünf Direktoren werden von den fünf größten Geberländern bestimmt. Die reichen Länder können somit ungehindert ihre nationalen Interessen durchsetzen.

Laut ihrer Selbstdarstellung legt die Weltbank «den Schwerpunkt darauf, den ärmsten Menschen und Ländern zu helfen.» «Unser Traum ist», wie sie 2006 auf ihrer Website verkündet, «eine Welt, die frei von Armut ist.» Die Wirklichkeit sieht dagegen weniger edelmütig aus.

In der Vergangenheit hat sich die Weltbank zusammen mit dem Internationalen Währungsfonds (IWF) und der Welthandelsorganisation (WTO) zu einer der schärfsten Antriebskräfte weltweiter Liberalisierungs- und Privatisierungstendenzen entwickelt. Sie hat damit immer wieder die Probleme ärmerer Länder verschärft statt sie zu lindern. So hat sie beispielsweise Pipelines finanziert, durch die über Jahrzehnte hinweg enorme Umweltschäden angerichtet wurden, oder Tiefbrunnen (Rohrbrunnen) in armen Ländern, die zwar Wasser zur Verfügung stellten, letztlich aber, bedingt durch ein Absinken des Grundwasserspiegels, zu einer enormen Versteppung führten. Die Leidensgeschichten von Millionen Familien, die durch Großstaudammprojekte ihr Zuhause verloren haben, gehen auf Initiativen und Finanzierungen der Weltbank zurück.

Die Kreditvergabe der Weltbank und ihrer Unterorganisationen ist streng an ihre *Private-Sector-Development-Strategie* gekoppelt, mit der die Privatisierung vieler Bereiche der Daseinsvorsorge und speziell der Wasserversorgung erzwungen wird. Einmal in die Schuldenfalle getappt, ist es den ärmeren Ländern kaum noch möglich, ihr wieder zu entkommen. Verallgemeinernd lässt sich sagen, dass die Weltbank die Not der ärmeren Länder auszunutzen versteht, um mit ihrer Kreditvergabe marktwirtschaftlich konformes Verhalten der Nehmerländer zugunsten von Großkonzernen zu erzwingen.

Um das Bild zu vervollständigen, muss auch gesagt werden, dass die Weltbank, ungeachtet ihrer humanitären Vorzeige-Parolen, mit großer kaufmännischer Sorgfalt auf die Rendite achtet, die mit jedem «investierten» Dollar durch «Armutsbekämpfung» erzielt wird. Seit 1947 hat sie nur Gewinne eingefahren. Und ihre Unterorganisation IFC[58] ist an vielen «Hilfsprojekten» wirtschaftlich beteiligt.

Was das Wasser anbelangt, hat die Weltbank noch eine weitere unrühmliche Funktion: Seit den Neunzigerjahren erarbeitet und forciert sie Konzepte zur Einführung eines Handels mit Wasser-Rechten. Die politischen Rahmenbedingungen sollen nach ihrem Willen in dem Sinne geändert werden, dass die Rechte an Wasser-Ressourcen weltweit an multinationale Konzerne übertragen werden können. Damit wäre es den Konzernen möglich, mit Wasser Geld zu verdienen, ohne dass diese sich operativ betätigen müssten.

GATT-Abkommen

Mit dem *GATT-Abkommen (General Agreement on Tariffs and Trade/Allgemeines Zoll- und Handelsabkommen),* das 1948 in Kraft getreten ist, sollte eine Verbesserung des Lebensstandards, eine steigende Güterproduktion sowie Vollbeschäftigung durch Abbau von Zöllen und Handelsbarrieren beim Warenverkehr erreicht werden. Tatsächlich sind die Ergebnisse durch den Irrglauben an ein stetiges Wirtschaftswachstum nach der keynesianischen Lehre[59] und die Zerstörung der Binnenmärkte ärmerer Länder für den größten Teil der Bevölkerung eher negativ ausgefallen.

Welthandelsorganisation (WTO)

Die *World Trade Organization WTO (Welthandelsorganisation),* deren Sekretariat seinen ständigen Sitz in Genf hat und die derzeit 630 reguläre Mitarbeiter beschäftigt, wurde während der letzten GATT-Runde (Uruguay-Runde) gegründet und trat im Januar 1995 zusammen mit dem GATS-Abkommen in Kraft (siehe S. 144). Sie stellt derzeit in der Hierarchie internationaler Rechtsprechung faktisch die oberste Instanz dar, befasst sich mit der Regelung von Handels- und Wirtschaftsbeziehungen und regiert in alle Lebensbereiche ihrer derzeit 150 Mitgliedsstaaten hinein. Ihre Ziele sind die Liberalisierung, Deregulierung und Privatisierung des Handels und der Dienstleistungen, die Durchsetzung von Patentrechten sowie der Abbau von Handelshemmnissen beim Warenverkehr auf allen Ebenen: Ein Programm, das den landläufigen Vorstellungen von «neoliberaler Politik» entspricht.

Die WTO ist eine nahezu weltumfassende Organisation, deren Mitglieder mehr als 90 Prozent des Welthandelsvolumens erwirtschaften. Nicht-Mitgliedsländer sind Russland (Beitritt vermutlich 2007), weitere Staaten der ehemaligen Sowjetunion sowie mehrere Länder des Nahen Ostens.

Als Einzige unter den internationalen Organisationen verfügt die WTO – im Gegensatz zur UNO – über effiziente Durchsetzungsmechanismen, mit denen sie ihre Liberalisierungsagenda verwirklichen kann. Bei Handelsstreitigkeiten kann das WTO-Streitbeilegungsgremium (Dispute Settlement Body) angerufen werden, dessen Entscheidungen verbindlich sind. Jährlich werden vom DSB bis zu 40 Verfahren verhandelt. Prominentester Fall war bislang der Stahlstreit zwischen den USA und der EU. Bei Nichtbefolgung drohen Strafmaßnahmen, in der Regel in Form von Sanktionen oder Bußgeldern.

Wie bereits erwähnt, steht WTO-«Recht» in der Rechtshierarchie über dem EU-Recht und dieses wiederum über nationalem Recht. Eine Tatsache, die viele politische Entscheider erschreckenderweise bis heute noch nicht hinreichend wahrgenommen und verstanden haben. So kann die WTO ungehindert in die hoheitliche Verwaltung der Staaten hineinregieren und ihr Votum muss in nationales Recht umgesetzt werden, das bis in den Bereich kommunaler Selbstverwaltung hineinwirkt. So ermöglicht das WTO-Reglement, dass ein Konzern gegen ein Land klagen kann, wenn dieses zum Beispiel die Konzession für eine Wasserversorgung nicht ausschreibt oder selbige in eigener Regie betreiben will.

Wie ernst solche Klagemöglichkeiten zu nehmen sind, zeigt ein Vorstoß der USA gegen die EU bei der WTO-Schiedsstelle wegen restriktiver Haltung gegenüber dem Einsatz gentechnisch veränderter Organismen. Das von 1997 bis 2004 geltende EU-Moratorium, so die WTO-Entscheidung, sei ein Handelshemmnis und verstoße gegen geltende internationale Handelsregeln. Ähnlich wurde im Streit um den Einsatz von Masthormonen in der Rinderhaltung verfahren. 1998 entschied die WTO zugunsten der USA, die gegen das EU-Einfuhrverbot geklagt hatten. Zum Ausgleich dürfen die USA nun jährlich 117 Millionen US-Dollar Strafzölle auf Lieferungen von EU-Waren erheben. An diesen wenigen Beispielen zeigt sich, wie sehr der wirtschaftliche Terror und die Unterwanderung staatlicher Souveränität durch die WTO bereits vorangeschritten ist.

Multilateral Agreement on Investment (MAI)

Ein weiteres Abkommen, das *Multilateral Agreement on Investment (MAI)*, wird unter Kritikern auch «Ermächtigungsgesetz für Konzerne» genannt. Es wurde im Rahmen der GATT-Runden 1995 unter strikter Geheimhaltung entworfen und hatte zum Ziel, Konzernen Schadensersatzansprüche gegenüber einer Regierung zu ermöglichen, wenn in deren Land Proteste stattfinden oder höhere Arbeitnehmer- oder Umweltschutzgesetze in Kraft treten, die sich für die Unternehmen nachteilig auswirken. Der Schadensersatzanspruch für den Konzern sollte sich dabei nach der Gewinnschmälerung richten. Daneben war unter anderem ein abgabenfreier Transfer von Kapital, Dividenden und Gewinnen im Bereich der MAI-Mitgliedsländer geplant.

1997 wurde der Inhalt der Verhandlungen durch eine Indiskretion bekannt, was letztlich zu einem wachsenden Widerstand und zum Scheitern des Abkommens bei den WTO-Verhandlungen 1999 in Seattle führte. Seitdem wird jedoch immer wieder versucht, Grundelemente des MAI in die Regelwerke großer Wirtschaftsgemeinschaften und der aktuellen WTO-Abkommen aufzunehmen.

GATS-Abkommen

Das *GATS-Abkommen (General Agreement on Trade in Services/Allgemeines Abkommen über den Handel mit Dienstleistungen)* ist ein aus den GATT-Verhandlungen hervorgegangenes internationales und multilaterales Vertragswerk unter dem Dach der Welthandelsorganisation WTO, das die Liberalisierung und Privatisierung des grenzüberschreitenden Handels mit Dienstleistungen zum Ziel hat. Es trat zusammen mit der Gründung der WTO im Januar 1995 in Kraft.

In der letzten Runde der GATT-Verhandlungen, der Uruguay-Runde, die von 1986 bis 1994 stattfand, beschlossen die Mitgliedsstaaten, neben dem Warenverkehr auch den Handel mit Dienstleistungen zu liberalisieren, weil sich die reichen Länder und ihre Konzerne dadurch hohe Profite versprachen. Mit Dienstleistungen sind Bereiche gemeint wie Gesundheitswesen, Bildung, Museen, Transport, Verkehr, Post, Telekommunikation, Hafenbetrieb, Strom, Gas, Müllentsorgung, Abwasser – und natürlich die Trinkwasserversorgung.

Zu den wesentlichen Prinzipien des GATS-Abkommens gehört die «Inländerbehandlung». Es verpflichtet die Mitgliedsstaaten, ausländische (private) Anbieter den einheimischen gleichzustellen. Selbst für einen gemeinnützigen Verein, eine Genossenschaft oder ein kleines ortsansässiges Unternehmen bedeutet dies gegebenenfalls, bei der Bewerbung um einen Auftrag gegen einen internationalen Konzern antreten zu müssen. Damit regiert das GATS-Abkommen tief in die kommunale Selbstverwaltung hinein und raubt so die Möglichkeit der Selbstbestimmung im Bereich der Daseinsvorsorge. Multinationale Konzerne haben zudem die Möglichkeit, «strategische Angebote» abzugeben, die unterhalb der tatsächlichen Kosten liegen, um so einen Mitbewerber zu verdrängen.

Nach Verlautbarungen der WTO wird der Bereich der Daseinsvorsorge und damit auch die Wasserversorgung durch die GATS-Abkommen, es handelt sich um ein sehr umfangreiches Regelwerk, in keiner Weise berührt. Ausgenommen seien nämlich solche Dienstleistungen, «die in Ausübung staatlicher Gewalt erbracht werden». Dies ist jedoch Augenwischerei, weil die Einschränkung gilt, dass «diese Dienstleistungen weder zu kommerziellen Zwecken noch im Wettbewerb mit einem oder mehreren Anbietern erbracht werden». Damit wird der vorherige Satz ad absurdum geführt, denn im GATS-Abkommen wird der Begriff «kommerzielle Zwecke» nicht näher definiert und unterliegt damit einer unbeschränkten interpretatorischen Willkür der WTO-Schiedsstelle. Und über die Auslegung der Floskel «in Ausübung staatlicher Gewalt» besteht weder unter WTO-Mitgliedern noch im WTO-Sekretariat Einigkeit. Jede Dienstleistung wird in irgendeiner Form vergütet, sei es direkt oder über Steuern. Somit lassen sich die GATS-Regeln letztlich in allen Bereichen der Daseinsvorsorge anwenden.

Um die Liberalisierung von Dienstleistungen weiter zu forcieren, wurde 2001 auf der WTO-Ministerkonferenz in Doha (Katar) die sogenannte Doha Development Agenda beschlossen, wonach alle Staaten bis Juni 2002 ihre Marktöffnungsforderungen *(requests)* stellen und bis zum März 2003 ihre Öffnungsangebote *(offers)* unterbreiten sollten. Im Rahmen der *requests* hatte die EU von insgesamt 109 Ländern Marktöffnungen verlangt, von denen 94 Länder als Entwicklungs- oder Schwellenländer bezeichnet werden können. Durch eine Indiskretion – gerade die Pläne der WTO mit hohem Konfliktpotenzial werden streng geheim gehalten – kam heraus, dass ausgerechnet die EU, Heimat der aggressivsten Wasserkonzerne, von 72 Ländern die Marktöffnung für Wasserdienstleistungen forderte, nachdem sie die Wasserversorgung überhaupt erst in die GATS-Abkommen eingebracht hatte. Dies wird verständlich, wenn man bedenkt, dass die großen internationalen Wasserkonzerne wie Suez, Veolia oder RWE und viele kleinere wie EnBW ihren Sitz in Europa haben.

Pascal Lamy, 2003 noch Handelskommissar der EU und Vertreter aller EU-Länder bei den GATS-Verhandlungen, antwortete bei einem Interview in der *Süddeutschen Zeitung* am 10. März 2003 auf die Frage: «Haben Sie Vorschläge gemacht, den Wassermarkt in Europa zu öffnen? Hat es Anfragen aus anderen Ländern gegeben?» mit den Worten: «Wir haben keine Anfragen. Aber ich mache Angebote. Weil *ich*[60] ein Interesse daran habe, dass die Wasserversorgung geöffnet wird.»

Ein weiterer Inhalt der GATS-Abkommen ist der sogenannte «Notwendigkeitstest», auch Notwendigkeitsklausel genannt. Danach muss ein Nationalstaat nachweisen können, dass seine Auflagen etwa zu Umweltfragen die für Handel und Gewerbe «geringstmögliche handelsverzerrende Option beziehungsweise Einschränkung darstellt». Auch hier ist der Interpretationsspielraum nahezu unbegrenzt. Der Gedanke, dass eine WTO-Schiedsstelle über die Wirksamkeit dessen entscheidet, was ein Land als notwendig zu erachten hat, und sich damit über den politischen Willen der Bevölkerung hinwegsetzen kann, erscheint geradezu absurd. Dieser Anspruch ist weder demokratisch legitimiert noch lässt er sich durch die WTO-Doktrin, wonach freier Handel für ein friedliches Zusammenleben der Menschen unverzichtbar sei, begründen.

Besonders bedenklich ist hier, dass diese vertraglich eingegangenen Verpflichtungen so gut wie nicht zu widerrufen sind. Sollte ein Land sich dennoch aus den Schlingen des GATS-Abkommens beziehungsweise aus einer Marktöffnungszusage befreien wollen, so ist dies nur durch weitere Liberalisierung in anderen Bereichen möglich. Konkret bedeutet dies: Wenn ein Land seinen Strommarkt geöffnet hat und dies aus bestimmten Gründen rückgängig machen will, muss es alternative Marktöffnungsangebote in anderen Bereichen vorlegen und die übrigen WTO-Mitgliedsstaaten müssen zustimmen.

Bei der Wasserprivatisierung geht der stärkste Liberalisierungsdruck von Europa aus. 1999 wurde von Sir Leon Brittain, dem Vorgänger von EU-Handelskommissar Pascal Lamy, das *European Services Forum (ESF)* gegründet, eine industrielle Lobbygruppe, die europäische Dienstleistungskonzerne aus den Bereichen Bildung, Wasser, Energie, Müllentsorgung, Transport oder Banken direkt an den GATS-Verhandlungen beteiligte und deren Interessen einbrachte – ganz im Unterschied zu nationalen Parlamenten oder zivilgesellschaftlichen Gruppierungen, denen gegenüber die meisten Verhandlungsinhalte geheim gehalten wurden und werden. Daraus erklärt sich die massive Kritik an der WTO, die nach Überzeugung vieler faktisch bereits die Rolle einer «Weltregierung» einnimmt, und zwar zur ausschließlichen Durchsetzung von Wirtschaftsinteressen.

TRIPS-Abkommen

Ein weiteres Abkommen unter dem Dach der WTO ist das 1995 in Kraft getretene *TRIPS-Abkommen (Agreement on Trade-Related Aspects of Intellectual Property Rights/Übereinkommen über handelsbezogene Aspekte der Rechte des geistigen Eigentums)*. Es regelt Rechtsgebiete wie Urheberrecht, Markenrecht, Geschmacksmuster, Lizenzen, Schutz von Firmengeheimnissen, Softwarepatente sowie zahlreiche weitere Patentbereiche auf internationaler Ebene und legt Anforderungen für nationale Rechtssysteme fest, um sicherzustellen, dass Maßnahmen und Verfahren zur Durchsetzung der Rechte an geistigem Eigentum nicht zu Schranken für den «rechtmäßigen Handel» werden. Gemeint ist damit natürlich der Freihandel im Sinne der neoliberalen WTO-Politik.

Die Mechanismen sind ähnlich wie bei den GATS-Abkommen: Das Regelwerk und seine Interpretationen dienen besonders den wirtschaftlich starken Ländern und den Interessen mächtiger Konzerne. Alle Bestimmungen sind für die WTO-Mitgliedsländer bindend und werden nötigenfalls mit Hilfe von Sanktionsmechanismen durchgesetzt. Besonders umstritten ist die Patentierbarkeit von technischen Vorgängen, Substanzen aus der Natur (zum Beispiel das Patentieren von traditionellen Reissorten) oder auch gentechnisch verändertem Saatgut, weil damit in der Konsequenz Millionen von Kleinbetrieben dem Patentinhaber gegenüber tributpflichtig werden.

Es gibt kaum Bereiche, die von der neuerlichen Patentanmeldungsflut nicht betroffen sind, wobei diese allerdings fast nur von den reichen Ländern beziehungsweise den dort ansässigen Firmen ausgeht. Das Gefährliche der TRIPS-Abkommen liegt besonders in der Unklarheit der Formulierungen, die es Interpretationskünstlern ermöglichen, auch die absurdesten Dinge zum Patent anzumelden wie zum Beispiel Substanzen des in Indien heimischen Neembaums, einer jahrtausendealten Heil- und Kulturpflanze. Unter Berufung auf das TRIPS-Abkommen melden beispielsweise auch Flaschenwasserkonzerne «ihr» Wasser zum Patent an, nachdem sie ihm zuerst Mineralien entzogen und danach andere Mineralien oder Spurenelemente wieder neu zugesetzt haben.

Die hier aufgeführten Institutionen und Abkommen sind in keiner Weise geeignet, die zunehmenden Probleme in der Welt wie Hunger oder Umweltzerstörung und einer sich immer weiter öffnenden Kluft zwischen Arm und Reich zu lösen. Ganz im Gegenteil: Sie sind ein wesentlicher Teil des eigentlichen Problems.

Den Institutionen Weltbank, IWF und WTO fehlt die nötige demokratische Qualität und Legitimation. Besonders gravierend wirken sich die Demokratiedefizite bei der WTO aus, die faktisch eine Art Weltregierung darstellt, weil ihre Entscheidungen über allen nationalen Beschlüssen stehen. Die Machtübertragung der Mitgliedsstaaten auf die WTO wurde zwar von gewählten Politikern vollzogen. Doch es steht in fundamentalem Widerspruch zum Wesen der Demokratie, in der ein Beschluss dann rückholbar sein muss, wenn der Souverän es will. Von daher kann es nicht angehen, dass ein Mandatsträger die ihm übertragene Macht nach eigenem Gutdünken an Dritte weitergibt, weil sich damit die Demokratie selbst liquidiert. Das Ohnmachtsgefühl und der Zorn gegenüber der WTO beruht wesentlich auf einem illegitimen Machttransfer, der von einer politischen Elite vollzogen wurde, die eine öffentliche Diskussion über staatsrechtliche und Verfassungsfragen stets zu unterbinden weiß und die Beteiligung der Bürger an politischen Entscheidungen durch Referenden beziehungsweise Volksentscheide auf Bundesebene bis heute verhindert hat. Im Einvernehmen mit Funktionären und Wirtschaftsbossen oder sogar auf deren Initiative haben die politisch Handelnden bewusst den Machtzuwachs der WTO forciert, weil sie über diesen Zwischenschritt Ziele erreichen konnten, die sich auf nationalstaatlicher Ebene nicht hätten durchsetzen lassen.

WTO, Weltbank und IWF sind aufgrund der beschriebenen Strukturen nicht reformierbar. Die Mitgliedsstaaten sollten nach Wegen suchen, wie sie aus diesen Institutionen austreten beziehungsweise wie sie diese auflösen können.

Die Europäische Union

Die Europäische Union ist mit ihren Organen, Richtlinien und Dekreten durchaus vergleichbar mit Weltbank, IWF und WTO. Deshalb wird in Kritikerkreisen die EU auch die kleine WTO genannt. Dabei hatte ursprünglich alles ganz «harmlos» angefangen. Nach dem Ende des Zweiten Weltkriegs trat 1952 die *Europäische Gemeinschaft für Kohle und Stahl* in Kraft, auch Montanunion genannt. Auf Initiative des französischen Außenministers Robert Schuman sollte mit der Vergemeinschaftung von damals kriegswichtigen Gütern wie Kohle und Stahl eine gegenseitige Kontrolle erreicht und Zollschranken sollten abgebaut werden.

Schon wenige Jahre später, im März 1957, wurde in Rom der Vertrag zur Gründung der *Europäischen Wirtschaftsgemeinschaft EWG* unterzeichnet. Dabei ging es allerdings nicht mehr nur um den Abbau von Zollschranken, sondern um Größeres: die Abgabe von Souveränität zugunsten einer europäischen beziehungsweise supranationalen Institution, die in der Rechtshierarchie über den Nationalstaaten steht, von oben in diese hineinregiert und dies zunehmend tut. Der EWG-Vertrag (heute EG-Vertrag) zählt zu den primären Rechtsquellen innerhalb des europäischen Rechts.

Bereits damit war der Weg geebnet zu einer 1992 mit dem Vertrag von Maastricht gegründeten Europäischen Union, die über die Köpfe der Bürger hinweg Wirtschaftsinteressen vertritt und deren demokratische Legitimation äußerst dürftig ist. Für den größten Teil der Bevölkerung war damals allerdings die Tragweite solcher Verträge nicht klar. Mit der geplanten EU-Verfassung, die 2005 am Veto der Niederlande und Frankreichs scheiterte, wäre es möglich gewesen, die Konzerninteressen noch unverblümter durchzusetzen.

Das Demokratiedefizit resultiert aus der verfassungswidrigen Verlagerung der staatlichen Souveränität auf die EU, einer supranationalen Institution, die noch nicht einmal bei der Gewaltentrennung den Standard der meisten ihrer Mitgliedsländer erreicht. Nach dem deutschen Grundgesetz ist eine solche Übertragung von Hoheitsrechten beziehungsweise eine faktische Auflösung der Bundesrepublik Deutschland und ihrer Verfassung nur durch eine Entscheidung des Volkes selbst möglich.[61]

Letztlich sollte aber weder Wortlaut noch Interpretation des Grundgesetzes für eine Bewertung dieser Praxis den Ausschlag geben, denn es sind die Prinzipien einer Demokratie schlechthin, die ad absurdum geführt werden, wenn gewählte Politiker die ihnen übertragene Macht einfach an Dritte weitergeben und damit der eigentliche Souverän, das Volk, seiner Entscheidungshoheit ohne sein Einverständnis beraubt wird. Das Demokratiedefizit der EU ist unübersehbar, die EU-Bürokratie wird immer aufgeblasener und teurer und liefert das Milieu für «Betrug und Bestechung».[62] Die wirklichen Machthaber und Drahtzieher in der EU sind neben den politischen Eliten die Lobbyisten der Großkonzerne. Mehr als 15 000 von ihnen sind in Brüssel akkreditiert; sie haben fast uneingeschränkten Zugang zur EU-Machtzentrale und lassen ungehindert ihre Vorstellungen in Gesetze und Richtlinien einfließen.[63]

Auswirkung auf das Wasser hat auch die EU-Rechtsprechung, an die alle Mitgliedsstaaten gebunden sind. Der Europäische Gerichtshof hat in einem Grundsatzurteil vom 11. Januar 2005 entschieden, dass Kommunen europaweit ausschreiben müssen, sobald ein Privatunternehmen an einem städtischen Betrieb beteiligt ist. Dieses Urteil gilt für alle Liefer- und Dienstleistungsaufträge mit einem Schwellenwert von 200 000 Euro und für Bauaufträge über 5 Millionen Euro.[64] Den betroffenen Städten ist es damit nicht mehr möglich, entsprechende Aufträge an ihre eigenen oder an ortsansässige Betriebe zu vergeben. Ebenso fatal ist der Umstand, dass 60 bis 80 Prozent der EU-Richtlinien und der EU-Rechtsprechung direkte oder indirekte Auswirkungen auf die Kommunen haben und diese die Richtlinien umsetzen müssen, ohne auch nur den geringsten Einfluss auf die EU-Legislative ausüben zu können.

Die Öffnung der EU-Märkte fördert eine europaweite Fusion von Gas-, Strom- und Wassermultis. Dabei entstehen private Monopole; Preisabsprachen können kaum noch verhindert werden, auch nicht durch ein – mittlerweile zahnloses – Kartellamt. Die Auswirkungen sind heute bereits allerorten spürbar. Selbst bei einer unbefangenen Betrachtung der Liberalisierungpolitik ist nicht zu übersehen, dass sie im Ergebnis sehr bald ins Gegenteil umschlägt, weil jeder Konzern versuchen wird, gerade den freien Wettbewerb, der ständig angebetet wird, zu seinem eigenen wirtschaftlichen Vorteil zu unterbinden.

Es ist zweifelsohne sinnvoll, multilaterale Abkommen zu treffen. Dabei ist aber die Frage entscheidend, ob es sich um undurchschaubare Mechanismen handelt zum Vorteil weniger oder um vom Volk getragene Vereinbarungen zum Nutzen aller. Für Abkommen jedenfalls, die souveräne Staaten im Sinne des Allgemeinwohls vereinbaren, sind gigantomane Prunkbauten in Brüssel und Straßburg ebenso überflüssig wie ein Apparat hochbezahlter EU-Bürokraten und Politiker oder Institutionen, die gesetzgeberisch tätig werden. Die Realität der Europäischen Union ist heute weniger von den Idealen von Freiheit, Gleichheit und Brüderlichkeit geprägt als vielmehr von den Eliten aus Politik und Wirtschaft, die sich zu einem räuberischen Streifzug zusammengefunden haben.

Wem die EU-Bürokratie wirklich nützen soll, zeigt sich am ehesten im vorerst gescheiterten EU-Verfassungsvertrag, der sich auf mehreren hundert Seiten mit wirtschaftlichen Rahmenbedingungen und militärischen Planspielen befasst. Mit seinem Inkrafttreten wäre der neoliberale Freihandel in den Verfassungsrang erhoben worden.

Artikel 28 des deutschen Grundgesetzes gewährt den Kommunen das Recht der Selbstverwaltung. Schon heute wirken sich aber über 80 Prozent der EU-Entscheidungen direkt auf die Gemeinden aus, wodurch das verfassungsmäßige Recht, «alle Angelegenheiten der örtlichen Gemeinschaft im Rahmen der Gesetze in eigener Verantwortung zu regeln», ausgehebelt wird. Schon heute definiert die EU Dienstleistungen von wirtschaftlichem Interesse und schreibt vor, in welchen Fällen eine Kommune ausschreibungspflichtig ist. Wenn die EU immer häufiger über ihre Richtlinien den Kommunen vorschreibt, wie sie ihre Wasserversorgung zu erbringen haben, dann dient dies ausschließlich den Konzerninteressen und nicht dem Wohl der Allgemeinheit.

Das Grundgesetz kann nach Artikel 146 nur durch das Volk außer Kraft gesetzt beziehungsweise durch ein anderes Verfassungswerk ersetzt werden. Da aber bereits durch die eingegangenen EG- beziehungsweise EU-Verträge, die auch Verfassungsverträge genannt werden, Institutionen geschaffen wurden, die in der Rechtshierarchie über dem Grundgesetz stehen und diesem in ihrer Intention in entscheidenden Punkten zuwiderlaufen, hat eine nicht zulässige Auflösung im Sinne von Artikel 146 bereits stattgefunden.

Die EU wäre nur dann reformierbar, wenn über Volksentscheide in den Mitgliedsstaaten unmittelbar auf jede Frage bezüglich ihrer Machtbefugnisse Einfluss genommen werden könnte. Da dies nicht der Fall ist, muss die Machtübertragung an die EU (und ebenso an die WTO) als ein Staatsstreich betrachtet werden, gegen den im Sinne von Artikel 20.4 des Grundgesetzes Widerstand nicht nur erlaubt, sondern dringend geboten erscheint. Um diese Legitimationslücke zu schließen und um dem Vorwurf einer autoritären Machtausübung zu entgehen, hat Bundeskanzlerin Angela Merkel im Rahmen der Deutschen EU-Ratspräsidentschaft Geniales vollbracht. Anlässlich des 50. Jahrestages der Unterzeichnung der Römischen Verträge hatte sie am 25. März 2007 mit der «Berliner Erklärung» blumig die Wohltaten der EU beschrieben, aber mit keinem Wort erwähnt, dass sich bei dieser Zusammenkunft die Staatschefs auf eine Wiederaufnahme der Ratifizierung des EU-Verfassungsvertrages geeinigt hatten. Deutlich wurde dies erst beim EU-Gipfel am 23. Juni 2007 in Brüssel, als die kosmetische Überarbeitung und anschließende Ratifizierung des EU-Verfassungsvertrages beschlossen wurde.

Mit welcher Schärfe die EU in der Wasserfrage auftritt, machte EU-Umweltkommissar Stavros Dimas deutlich, als er am 18. Juli 2007 ein Konzept gegen Wassermangel vorlegte. Wasser sei vielerorts zu billig. Der Preis müsse steigen, damit es effizient genutzt werde. Sollten die Staaten bis 2010 dem nicht nachkommen, werde die Kommission gegen säumige Länder klagen und gesetzliche Maßnahmen ergreifen. Eine Erhöhung der Wasserpreise wiederum käme den europäischen Wasserkonzernen zugute[65] – wohl kaum ein Zufall, eher das Ergebnis einer effizienten Lobbyarbeit.

Die Bundesrepublik Deutschland spielt in Bezug auf die Wasser-Kommerzialisierung eine Doppelrolle. Sie ist Täter und Opfer zugleich. Täter, weil sie im Rahmen der neoliberalen WTO- und EU-Agenda eine treibende Kraft darstellt. Auch bei der Politik der Weltbank und des IWF nimmt Deutschland mit seinem hohen Stimmanteil eine führende Rolle ein. Konkret besteht die Strategie der Bundesregierung darin, mittels Institutionen wie EU und WTO Marktöffnungen durchzusetzen und parallel dazu mit ihren «Ausführungsorganisationen» wie der Gesellschaft für Technische Zusammenarbeit (GTZ), dem Deutschen Entwicklungsdienst (DED), der KfW Entwicklungsbank, der Hermes AG oder ihrem diplomatischen Corps deutsche Wirtschaftsinteressen durchzusetzen.

Auf der anderen Seite sind deutsche Kommunen und damit auch die Bürger in der Opferrolle, weil die Auswirkungen neoliberaler Politik vor der eigenen Haustür nicht Halt machen. Für deutsche Konzerne ist der heimische Markt ebenso begehrenswert wie der ausländische und Unternehmen aus anderen Ländern wollen bei der Privatisierung deutscher Infrastruktur ebenfalls zum Zuge kommen. Die Folgen sind in vielen deutschen Städten bereits deutlich spürbar. In Berlin stiegen die Wasserpreise um 50 Prozent in nur sechs Jahren; 2000 Mitarbeiter der ehemals städtischen Betriebe wurden bisher entlassen. Hinzu kommt, dass das Land Berlin den «Investoren», RWE und Veolia, eine Renditegarantie von 8 Prozent auf das eingesetzte Kapital garantiert hat. Für die Dienstleistungskonzerne ist der deutsche Markt aber auch deshalb von Bedeutung, weil sie – gerade im Wassergeschäft – auf das Know-how und die Erfahrung heimischer Wasserwerker angewiesen sind, um mit deren Wissen ausländische Märkte erobern zu können.

Wie das funktioniert, sieht man in Berlin: Mit der Teilprivatisierung der Berliner Wasserbetriebe (BWB) 1999 wurde ein Global Player erschaffen, der mittlerweile zu den zehn größten im Geschäft gehört, die Berlinwasser Gruppe oder auch Berlinwasser Holding AG. Das Land ist mit 50,1 % beteiligt, die Konzerne RWE und Veolia mit 49,9 %, haben aber trotz Minderheitsbeteiligung das Sagen. Neben der Versorgung Berlins mit Trinkwasser ist die Holding über ihre Tochter Berlinwasser International AG mittlerweile weltweit tätig.

Privatisierungsbilanz – eine Schreckensbilanz

In den vergangenen Jahren und Jahrzehnten hat die deutsche Bundesregierung nach innen wie nach außen bei der Durchsetzung einer neoliberalen Agenda und dem Ausverkauf öffentlichen Eigentums eine zentrale Rolle gespielt, unabhängig von ihrer jeweiligen politischen Couleur. Auch die rot-grüne Koalition war nicht gewillt, mit der Privatisierungsdoktrin der christlich-liberalen Vorgängerregierung zu brechen. In einer Rede vor dem Chicago Council on Foreign Relations vom 26. Februar 2004 brachte Ex-Bundeskanzler Gerhard Schröder das neoliberale Credo auf eine knappe Formel, als er feststellte, dass «ein freier Welthandel entscheidende Impulse für Wachstum und Beschäftigung gibt.

Deswegen treten wir für eine weitere Liberalisierung des Waren- und Dienstleistungsverkehrs ein.»

Andere Bundespolitiker blasen ins gleiche Horn. Dr. Uschi Eid, ehemalige grüne Staatssekretärin im Bundesministerium für wirtschaftliche Zusammenarbeit und Entwicklung (BMZ), hat unter der rot-grünen Bundesregierung ihr Möglichstes getan, um deutschen Konzerninteressen mit dem Instrumentarium des Ministeriums – beispielsweise mit Hilfe der Gesellschaft für Technische Zusammenarbeit (GTZ) – weltweit den Weg zu ebnen, und ist sehr «an der Beteiligung der Privatwirtschaft» interessiert: «Wir wissen auch, dass dort erhebliche Chancen für Unternehmen liegen. [...] Gleichwohl wissen Sie und ich, dass dies nicht ausgereicht hat, um bei großen internationalen Ausschreibungen deutsche Anbieter zum Erfolg, das heißt letztlich zum Zuschlag, zu bringen. Ich bedaure dies sehr.»[66]

Die Wasserversorgung stand aber auch in anderer Hinsicht im Visier der rot-grünen Bundesregierung. Im März 2002 hatte sie, ausgehend von einem Beschluss des Bundestages zu Beginn des Jahres 2002,[67] ihren Bericht *Modernisierung für die deutsche Wasserwirtschaft und für ein stärkeres internationales Engagement der deutschen Wasserwirtschaft* vorgelegt.[68] Darin sprach sich das Bundeswirtschaftsministerium für eine «Flurbereinigung» der über 6000 Wasserversorgungsbetriebe in Deutschland aus, deren Kleingliedrigkeit den Konzernen seit jeher ein Dorn im Auge war. Der Bericht plädierte für die Bildung schlagkräftiger Unternehmen, die auf dem Weltwassermarkt den dort agierenden Global Player Paroli bieten sollten.

Ein Beispiel, wie die Bundesregierung das Ziel einer «Flurbereinigung» verfolgt, ist das Konzept der «Anreizregulierung», mit der auf Druck der Bundesnetzagentur (BNA) die Durchleitungsgebühren gesenkt werden sollen. Der Präsident der BNA, Matthias Kurt (SPD), verspricht sich von dieser Maßnahme eine Senkung der Strompreise[69] und möchte den Netzbetreibern ein «Fitness-Programm» verordnen, mit dem die Durchleitungsgebühren mittelfristig bis zu 40 Prozent reduziert werden sollen.[70] In der Praxis wird von allen Kommunen und Netzbetreibern verlangt, dass sie einen Erfassungsbogen mit 16 000 Eingabefeldern ausfüllen, dessen Fragen bis ins Jahr 1945 zurückreichen. Schon dies zwingt viele kleinere Betreiber in die Knie, weil ein solcher Aufwand für sie nicht zu verkraften ist. Man schätzt, dass in den über 700 kommunalen Stadtwerken die Hälfte der 140 000 Arbeitsplätze bedroht sind und mit einer Abnahme der Erhaltungsinvestitionen zu rechnen ist. Kleinere Stadtwerke müssten verkauft werden.

Zwar ist bei der «Anreizregulierung» das Wasser nicht explizit genannt, im Ergebnis ist aber auch die Wasserversorgung betroffen, weil diese in kleineren Stadtwerken zusammen mit Strom und Gas unter einem Dach betrieben wird. Ein weiterer Negativeffekt wird sich für den kommunalen Haushalt bemerkbar machen. Quersubventionierungen, wie sie bisher aus den Überschüssen der Netzentgelte für die Unterstützung stark defizitärer Bereiche wie öffentlicher Nahverkehr, Schwimmbäder oder Kultureinrichtungen erfolgt sind, würden entfallen.

Ein anderes Beispiel, wie die heimliche Privatisierung öffentlicher Einrichtungen vom Bund vorangetrieben wird, zeigt ein kleines Heftchen, das im Dezember 2004 von der SPD-Bundestagsfraktion herausgegeben wurde, mit dem unspektakulären Titel *Öffentlich-Private Partnerschaften. Neue Chancen für öffentliche Leistungen*. Dahinter verbirgt sich ein Modell der Privatisierung, die im Prinzip schon als Public Private Partnership bekannt war, nun aber durch gesetzliche Vorgaben noch massiver vorangetrieben werden sollte. Am 1. Juli 2005 passierte das ÖPP-Beschleunigungsgesetz (ÖPP = Öffentlich-Private Partnerschaften) den Bundestag und im September 2005 trat es in Kraft.

In der Broschüre wird den klammen Kommunen eingeredet, dass sie aus eigener Kraft nicht mehr in der Lage seien, ihren Verpflichtungen – etwa der Renovierung von Schulen – nachzukommen. Private Betreiber, die in der Regel das Objekt erwerben und an die Kommune zurückvermieten, würden – so der Tenor – effizienter arbeiten; das Einsparpotenzial läge bei 10 bis 20 Prozent. In Wirklichkeit nimmt die Kommune erhebliche Nachteile in Kauf, weil sie sich über einen langen Zeitraum hinweg verpflichtet, die finanziellen Forderungen des Privatunternehmens zu bedienen.

Der Verlockung einer kurzfristigen Entlastung, die die Kommune vorübergehend aufatmen lässt, stehen Kosten gegenüber, die auf die gesamte Laufzeit bezogen in der Regel wesentlich höher liegen und nicht anders als bei einer Kreditaufnahme auch auf zukünftige Generationen verlagert werden. Daneben muss ein zunehmender Gestaltungsverlust in Kauf genommen werden.

Der Inhalt des ÖPP-Beschleunigungsgesetzes wurde

von einem Team von 40 Bürokraten, 60 Vertretern aus der Privatwirtschaft sowie Herrn Kornelius Kleinlein, einem kommerziellen Berater vom internationalen US-Anwaltskonzern Hogan & Hartson, der mit seinen über 1000 Anwälten und seinem Büro in Berlin über exzellente internationale Beziehungen verfügt, erarbeitet.[71]

Erwähnenswert ist, dass Herr Kleinlein seine «gesetzgeberische Kompetenz» dem SPD-Projektleiter unentgeltlich angetragen hatte – ein Schelm, wer Böses denkt! Einmal bei der Arbeit, hatte Herr Kleinlein auch gleich die Änderung der Bundeshaushaltsordnung (BHO) angeregt, die eine Privatisierung von öffentlichem Eigentum erschwerte, solange es noch benötigt wird. Mit dem ÖPP-Beschleunigungsgesetz könne auch der Weg frei werden zum Verkauf von Fernstraßen, Verwaltungsgebäuden, Schulen und Infrastruktureinrichtungen.

Allerdings war das ÖPP-Beschleunigungsgesetz keineswegs erst der Anfang für den Ausverkauf von Bundesvermögen. Bereits während der Regierung Helmut Kohls hatten die Verkaufsaktivitäten drastisch zugenommen und wurden von Rot-Grün übergangslos weitergeführt: 2003 wurden die letzten Telekom-Anteile verkauft, die Privatisierung der Post wurde in den 90er-Jahren eingeleitet und ist jetzt abgeschlossen; im Jahre 2000 wurde die Bundesdruckerei verkauft, Ausweise und andere Dokumente werden jetzt von einer privaten Firma gedruckt.

Franz Müntefering, unlängst wegen seiner Heuschrecken-Kritik in die Schlagzeilen gekommen, verkaufte schon 1998 als Bundesverkehrsminister 295 Autobahntankstellen, Gasthöfe und Motels; der «Grüne Punkt», das Duale System Deutschland, wurde vom

Finanzinvestor KKR (Kohlberg Kravis Roberts & Co.) übernommen, einem aggressiven Private Equity Fonds. Nach einem Wertgutachten von PwC (Pricewaterhouse-Coopers) wurde der «Grüne Punkt» für 260 Millionen Euro verkauft. Den tatsächlichen Wert schätzen Insider auf über 1,4 Milliarden Euro.[72]

Gesundheitsministerin Ulla Schmidt verkaufte die 82 000 Wohnungen der Bundesversicherungsanstalt für Angestellte, die unter dem Dach der gemeinnützigen Wohnungsgesellschaft GAGFAH verwaltet wurden, an die Fortress Investment Group für 3,5 Milliarden Euro. Die Deutsche Bank hatte nicht ganz zufällig eine Studie angefertigt, aus der hervorgeht, dass sich Ende 2005 noch drei Millionen Wohnungen in öffentlichem Eigentum befinden. Eine ideale Zielscheibe für große Finanzinvestoren wie Blackstone, Cerberus, Fortress oder Terra Firma Capital Partners.

Als schärfste Privatisierungsinstanz in der Bundespolitik kann jedoch das Bundeswirtschaftsministerium angesehen werden. Von hier kamen und kommen fortwährend neue Vorstöße in Richtung Liberalisierung und Privatisierung. Im August 2005 hatte es einen *Wasserleitfaden* herausgegeben zur Herausbildung leistungsstarker kommunaler und gemischtwirtschaftlicher Unternehmen der Wasserver- und Abwasserentsorgung.[73] Unter der Überschrift «Internationales Engagement» wird auf «die Herausforderungen des internationalen Wassermarktes eingegangen, denen sich auch kommunale Unternehmen in Zukunft nicht werden entziehen können.» Und weiter wird darauf hingewiesen: «Es ist ein wichtiges Anliegen der Bundesregierung, dass das internationale Engagement der deutschen Wasserwirtschaft zur Umsetzung der Millenniumsziele ausgebaut wird und damit auch verstärkt Chancen für den heimischen Markt genutzt werden.»

Bei den Millenniumszielen handelt es sich um eine 8-Punkte-Resolution, die 189 Staats- und Regierungschefs im Jahr 2000 auf der UN-Millenniumsgipfelkonferenz in New York verabschiedet haben. Diese soll bis 2015 umgesetzt werden und einen Beitrag für eine gerechtere Welt und für die Verbesserung der Lebensumstände aller Menschen leisten. Das Millenniumsziel Nr. 7 bezieht sich konkret aufs Wasser: Die Zahl der Menschen, die über keinen nachhaltigen Zugang zu gesundem Trinkwasser verfügen, soll um die Hälfte gesenkt werden. Was zunächst einleuchtend klingt, ist in Wirklichkeit nichts anderes als Wirtschaftsförderung mit Steuergeldern unter dem Deckmantel humanitärer Hilfe und entpuppt sich bei genauerer Betrachtung als eine der größten Vernebelungskampagnen der Gegenwart, bei der den Konzernen der Weg zu der Wasserversorgung in der Dritten Welt geebnet werden soll.[74]

Aber auch nach dem Ende der rot-grünen Regierungskoalition geht es, was den Zugriff auf die Wasserversorgung anbelangt, munter voran. Am 13. Juni 2006 sprach Bundeswirtschaftsminister Michael Glos (CSU) auf der Haupttagung des Bundesverbandes der deutschen Gas- und Wasserwirtschaft (BGW) und der Deutschen Vereinigung des Gas- und Wasserfaches e.V. (DVGW) in Dresden und unterstrich dabei «die Verantwortung Deutschlands für die Lösung der globalen Wasserkrise und unsere Rolle auf dem internationalen Wassermarkt». Zugleich führte er aus, dass die kleinteilige

Struktur der deutschen Wasserwirtschaft überwunden werden müsse, da dieses Biedermeier den heutigen Anforderungen nach Effizienz und Wettbewerbsfähigkeit nicht mehr gerecht werde. Es sei auch endlich die Lockerung des Örtlichkeitsprinzips anzugehen, das die kommunalen Unternehmen an ihren Standort fesselt. Eine Abkehr vom starren Örtlichkeitsprinzip würde auch ein größeres internationales Engagement der Unternehmen ermöglichen.

Auch die Abwasserbeseitigung, die seit Langem auf dem Wunschzettel der Konzerne steht, war Gegenstand seiner Ausführungen: Es sei nun endlich die Übertragung der Abwasserbeseitigungspflicht auf private Dritte in den jeweiligen Landeswassergesetzen rechtlich umzusetzen. Und was den derzeitigen Verzicht auf Umsatzsteuer bei der Abwasserentsorgung betrifft, forderte Glos: «Diese steuerliche Ungleichbehandlung zwischen Trink- und Abwassersektor[75] dürfte allerdings den kritischen Augen der EU-Wettbewerbshüter und der in den Abwassermarkt drängenden privaten Unternehmen nicht ewig standhalten.» – Auffallend ist bei diesen Zitaten, dass wiederum fast ausschließlich über wirtschaftliche Interessen gesprochen wird, nicht aber über die Bedürfnisse der Bürger im täglichen Leben.

Auch über den Verkauf der Autobahnen wird immer lauter nachgedacht und der Börsengang der Bundesbahn scheint beschlossene Sache zu sein, wenn es nicht noch im letzten Moment gelingt, erheblichen Widerstand zu erzeugen. Viel bleibt dann nicht mehr übrig. Auch ein Verkauf der mit 3440 Tonnen weltweit zweitgrößten staatlichen Goldreserven wird nicht mehr ausgeschlossen. Wenn die Weltbank weiter den Handel mit Wasser-rechten vorantreibt, werden bald vielleicht auch die Flüsse beziehungsweise die Wasserentnahmerechte zum Kauf angeboten, wie es in der Dritten Welt heute schon stellenweise geschieht.

Der Ausverkauf von öffentlichem Eigentum bringt letztlich nur Vorteile für die Finanzinvestoren, die damit hohe Renditen erwirtschaften. Die rapide steigende Verschuldung von Bund und Ländern lässt sich damit nicht stoppen. Dagegen steht ein unwiederbringlicher Verlust an faktischer Gestaltungsmöglichkeit und staatlicher Souveränität.

Die Weltbank bedachte die Bundesregierung für ihre Politik im Herbst 2005 mit lobenden Worten: Deutschland sei «eines der wirtschaftsfreundlichsten Länder der Welt, Deutschland habe viel dafür getan, die Tätigkeiten von Unternehmen zu erleichtern, es müsse aber noch viel tun, um zu den weltweit besten, Neuseeland, Singapur und den USA, aufzuschließen».[76]

Ein solches Lob spornt an. Im Entwurf des neuen Grundsatzprogramms der CDU ist unter Punkt 165 zu finden: «Wir müssen mehr Freiheit und Wettbewerb ermöglichen. Dies heißt vor allem, Märkte zu öffnen und offen zu halten, unlauteren Wettbewerb zu unterbinden und der Konzentration wettbewerbsgefährdender wirtschaftlicher Macht entgegenzuwirken. Wir wollen staatliche Subventionen begrenzen und abbauen sowie weiterhin Wirtschaftsbetriebe mit staatlicher Beteiligung privatisieren. Insbesondere auch für die kommunale Ebene gilt: Der Staat soll nur dann tätig werden, wenn eine Leistung nicht ebenso durch Private erbracht werden kann.»[77] Damit ist ausgedrückt, dass mehr oder weniger alles privatisiert werden soll, weil letztlich selbst alle hoheitlichen Aufgaben von Aktien-gesellschaften erledigt werden können.

In einem anderen Kapitel des gleichen Programm-entwurfs ist zu lesen: «Unsere Politik beruht auf dem christlichen Verständnis vom Menschen und seiner Verantwortung vor Gott. Das christliche Verständnis vom Menschen gibt uns die ethische Grundlage für ver-antwortliche Politik.» Das Nebeneinander von marktra-dikalen Reformbemühungen und christlichem Men-schenbild scheint innerhalb der Partei wenig Anstoß zu erregen.

Antworten auf die häufigsten Argumente der Privatisierungsanhänger

Die Auseinandersetzung um die Wasserversorgung und um die Daseinsvorsorge im Allgemeinen spielen sich im Wesentlichen auf kommunaler Ebene ab. Im Nachfolgenden sollen die typischen Argumente im täglichen Kampf um die Wasserversorgung analy-siert und kritisch betrachtet werden:

Die Stadt muss ihre Wasserversorgung verkaufen oder private Investoren beteiligen, um ihren Haus-halt zu konsolidieren.
Die Ursachen für die Verschuldung der Kommunen müssen analysiert und behoben werden. Der Ver-kauf öffentlichen Eigentums ist nicht die Lösung der Finanzprobleme, sondern eine ihrer Ursachen, denn mit dem Verkauf sind auch Einnahmeverluste verbun-

den (Konzessionsgebühren, Durchleitungsentgelte et cetera). Mit den einmaligen Einnahmen aus der Privatisierung der Infrastruktur können Haushalts-defizite kurzfristig gedämpft, langfristig aber nicht vermieden werden. Ein Konzern, also ein kommer-zieller Versorger wird die Erhaltungsinvestitionen absenken und die Wasserpreise erhöhen. Die Spät-folgen, wenn beispielsweise ein Konzern der Stadt nach Jahren ein marodes Netz zurücklässt, wie in London zu beobachten war (Betreiber: RWE Thames Water), zahlt der Bürger ebenso wie die Milliarden-gewinne, die der Konzern einfährt.

(2) · **Die Stadt muss ihre Wasserversorgung verkaufen oder zumindest ein Public-Private-Partnership-Modell anstreben, weil sie in einem modernen Europa effizienter und wettbewerbsfähiger werden muss.** Auch dieses Argument, das gebetsmühlenartig wie-derholt wird, entbehrt jeder Grundlage. Eine Stadt müsste nur dann, wenn EU oder WTO eine Liberali-sierung erzwingen, bei der Erbringung der Grund-versorgung mit anderen Wettbewerbern konkurrie-ren. Ohne Liberalisierungsdruck gibt es aber keinen Grund dafür.

(3) · **Die Stadt benötigt das Expertenwissen der Energiekonzerne.** Gerade in Deutschland gibt es hochqualifiziertes Fachpersonal in einer feingliedrig strukturierten Wasserwirtschaft, die höchste Qualität erzeugt. Es verhält sich genau umgekehrt: Die Konzerne sind auf das Know-how der Wasserwerke angewiesen, um mit diesem Wissen international Märkte erobern zu kön-nen. Wesentlich höher zu bewerten ist der Verlust an Know-how infolge eines Verkaufs, durch den sich die Kommunen in die Abhängigkeit der Privatanbie-ter begeben.

(4) • **Privatwirtschaft ist billiger und arbeitet besser.**

Bis heute sind keine Fälle bekannt geworden, weder in Deutschland noch international, bei denen in Folge einer Privatisierung das Wasser qualitativ besser oder billiger geworden wäre. Über einen langen Zeitraum kostet eine Privatisierung die Kommune ohnehin weitaus mehr als der Betrieb in Eigenleistung. Aufgrund ihrer Bonität kann die Stadt zudem zinsgünstige Kommunal-Kredite in Anspruch nehmen, wenn sie Geld braucht, und sie muss im Gegensatz zu einem Konzern keine Rendite erwirtschaften. Sie kann nach dem Kostendeckungsprinzip arbeiten.

(5) • **Es existiert ein Investitionsstau und die Privatwirtschaft will investieren.**

Investitionen sind kein Selbstzweck. Ein Unternehmen wird nur dann investieren, wenn es sich dadurch Gewinne verspricht. In Fällen, bei denen eine Investition nicht aus wirtschaftlichem Kalkül erfolgt, kann sie regulatorisch erzwungen worden sein oder es wurden von der öffentlichen Hand Gewinngarantien gegeben wie beispielsweise in Berlin, wo eine Kapitalrendite von 8 Prozent zugesichert wurde – zum Nachteil der Bürger!

(6) • **Ein Konzern agiert ökologisch verantwortungsbewusst, weil der Umweltschutz in seinem eigenen Interesse liegt.**

Das steht zwar so in den Hochglanzbroschüren. In Wirklichkeit aber besteht das Ziel eines Konzerns ausschließlich darin, Gewinne zu erwirtschaften und zu steigern. In Berlin wurden Grundstücke verkauft, obwohl sie in einem Wasserschutzgebiet lagen und für einen vorbeugenden Grundwasserschutz vorgehalten wurden. Und am Beispiel von London lässt sich aufzeigen, dass die Wasserverschwendung und Wasserverschmutzung durch extrem hohe Leitungs-

verluste den Betreiber nur dann interessierten,
wenn der dadurch verursachte finanzielle Schaden
– zum Beispiel durch eine Geldstrafe – größer war
als die Kosten für die Instandsetzung. Aber selbst
hohe Strafen bei Umweltdelikten in mehreren Fällen
konnten RWE Thames Water nicht zu einem Umden-
ken bewegen.

 **Private Anbieter müssen eingebunden werden,
damit sich die deutsche Wasserwirtschaft auch
international erfolgreich betätigen kann.**
Es gibt für die deutschen Wasserwerke nicht den
geringsten Grund, auf dem internationalen Wassermarkt mitzumischen und im Ausland Geld zu verdienen. Ihre Aufgabe sollte einzig und allein sein, die
Grundversorgung für die Bürger in hoher Qualität
sicherzustellen.

(8) **Private Multi-Utility-Konzerne können Strom,
Gas- und Wasserleitungen effektiv in einem Strang
zusammenfassen.**
Dass öffentliche Betriebe dies nicht ebenso gut
leisten können, erscheint wenig einleuchtend. Aber
selbst wenn es so wäre: Ein Konzern wird einen
Effizienzgewinn für die Erhöhung seiner Kapitalrendite verwenden und nicht ohne Weiteres an den
Endkunden weitergeben.

**Weitere Einwände gegen eine Wasserprivatisierung
auf kommunaler Ebene:**
 Bei knappen Ressourcen ist Sparsamkeit geboten.
Ein kommunales Wasserwerk hat kein Interesse
daran, den Wasserverbrauch zu steigern. Bei einem
kommerziellen Anbieter sind gegenteilige Interessen maßgebend, weil ein höherer Verbrauch für ihn
mehr Gewinn bedeutet.

Lewnd wie können sie das erreichen?

- Ökologisch ist es sinnvoll, die Wasserentnahme auf verschiedene Wasservorkommen zu verteilen, um den Verbrauch mit der Neubildungsrate des Wassers besser in Einklang zu bringen. Sobald wirtschaftliche Interessen dominieren, wird man hingegen versuchen, die Zahl der Entnahmestellen aus Kostengründen so gering wie möglich zu halten. Privatisierung bedeutet stets Zentralisierung.

- Konzerne halten im günstigsten Fall die vorgegebenen Grenzwerte ein, haben aber kein Interesse an darüber hinausgehenden Qualitätssteigerungen.

- Bei der Privatisierung der Daseinsvorsorge kann der Solidargedanke nicht mehr verwirklicht werden. Ein kommerzieller Anbieter wird bei der Gebührenerhebung keine sozialen Kriterien einfließen lassen oder eine Preisdifferenzierung vornehmen – etwa zugunsten schlecht gestellter Familien oder Geringverdiener.

- Mit der Privatisierung geht der Verlust einer demokratischen Kontrolle über ein lebenswichtiges Gut einher. Jede Privatisierung war bisher mit der Geheimhaltung von Verträgen, Gutachten und Prüfergebnissen verbunden. Dieser Mangel an Transparenz untergräbt die Demokratie und stellt den Staat an sich in Frage, weil Information und das Wissen über Fragen der Daseinsvorsorge Grundlage für verantwortliche Teilhabe sind. Geheimhaltung bei Privatisierungsprojekten, bei denen es um Milliardenbeträge geht, ist zudem der beste Nährboden für Korruption.

- Ein privater Betreiber wird dazu neigen, die traditionelle Einrichtung einer Notwasserversorgung zu umgehen, weil dies für ihn zu höheren Kosten führen würde. Unter einer Notwasserversorgung versteht man Wasserressourcen, also Flüsse, Seen, Quellen

Regulierung kann dabei helfen

oder Brunnen, die zwar nicht genutzt, aber dennoch dauernd gepflegt werden, damit im Notfall, zum Beispiel bei einer Verseuchung der Hauptquelle, auf die alternative Versorgung zurückgegriffen werden kann.

Gegenläufige Interessen bei Verbrauchern und Konzernen bestehen vor allem auch dann, wenn Letztere sich im Geschäft mit Flaschenwasser betätigen, bei dem exorbitante Gewinnsteigerungen möglich sind. Hier könnte sich ein strategisches Interesse bemerkbar machen, die Qualität des Leitungswassers zu reduzieren, um dadurch den Flaschenabsatz steigern zu können. Die Folgen wären höhere Kosten für die Verbraucher sowie eine exorbitante Umweltverschmutzung durch Millionen von Plastikflaschen.

Informationsvermittlung

Der erste Schritt im Kampf gegen die Kommerzialisierung der Wasserversorgung ist das Einholen und Vermitteln von Informationen zur Wasserproblematik auf allen Ebenen. In Schulen können Projekttage oder Projektwochen durchgeführt werden, Bürgerinitiativen können Informationsveranstaltungen und Podiumsdiskussionen unter Beteiligung von Fachleuten aus anderen Städten und Ländern durchführen. Authentische Begegnungen mit Betroffenen oder Aktivisten sind oft noch hilfreicher, weil Erfahrungsberichte den Zuhörer leichter erreichen als Argumente. Zu den möglichen Vorgehensweisen gehört auch der Dialog mit Gemeinderäten aller Fraktionen, der Kontakt zur Presse, das Verteilen von Infomaterial oder das Organisieren eines Bürgerentscheids.

Arbeit in der Zivilgesellschaft

Nach meiner Erfahrung ist es von entscheidender Bedeutung, dass die politische Arbeit so weit wie möglich von Bürgerinitiativen ausgeht und weniger im Rahmen von Groß-NGOs stattfindet, die strukturell dazu neigen, Hierarchien und Funktionärsstrukturen aufzubauen. Größere NGOs haben einen hohen Finanzbedarf, einen ausgeprägten Selbsterhaltungstrieb und neigen zu «Elefantenhochzeiten», also zur Verschmelzung zu sogenannten Dachverbänden, verbunden mit der Erwartung, wirkungsvoller auftreten zu können. Eine klare strategische Ausrichtung wird mit zunehmender Größe immer schwieriger, weil die Schnittmenge der Gemeinsamkeiten dabei zwangsläufig immer kleiner werden muss – mit der Folge einer Sowohl-als-auch-Mentalität und politischer Bedeutungslosigkeit. So haben zum Beispiel Groß-NGOs die Vernichtung von Gen-Feldern verurteilt, weil dadurch die Verhandlungen zwischen Funktionären und den politischen Eliten gestört wurden. Eine Möglichkeit für Mitglieder von Groß-NGOs, dennoch ein möglichst hohes Maß an Selbstständigkeit zu bewahren, besteht darin, kleine Ortsverbände zu gründen, die unabhängig agieren.

Eine Bürgerinitiative bietet einen geeigneten Rahmen für die erfolgreiche Durchsetzung von Bürgerinteressen, weil sich alle gesellschaftlichen Gruppen daran beteiligen können und eine breite Meinungsvielfalt möglich ist. Im Gegensatz zu Groß-NGOs ist in echten Bürgerbewegungen eher die Möglichkeit gegeben, persönlichen Überzeugungen treu zu bleiben, ohne dass diese von Funktionärsdenken oder einem kollektiven Meinungszwang verdrängt werden. Es geht darum, sich selbst als handelndes Subjekt mit eigener Verantwortung wahrzunehmen, von dem entscheidende Veränderungen in der Welt ausgehen können. Es ist ein Irrglaube, dass die Größe einer Organisation maßgebend ist.

Rückabwicklung

Wo öffentliches Eigentum bereits verkauft wurde, sollten die Möglichkeiten einer Rückabwicklung geprüft werden. Diese kann sich allerdings schwierig gestalten, weil vertragliche Regelungen nicht ohne Weiteres einseitig außer Kraft gesetzt werden können. Selbst wenn der Verkauf von öffentlichem Eigentum geltendem

Recht widerspricht, führt dies nicht automatisch zur Nichtigkeit des Vertrags.

Dass Rückabwicklungen dennoch möglich sind, beweisen Beispiele aus dem In- und Ausland: In Cochabamba (Bolivien) ist es gelungen, dem US-Konzern Bechtel die Wasserversorgung wieder zu entreißen; auch in zahlreichen anderen lateinamerikanischen Ländern sind derzeit Prozesse im Gang mit dem Ziel, den privaten Wasser-Riesen Suez des Landes zu verweisen. 1995 wurde die Wasserversorgung von Grenoble (Frankreich) rekommunalisiert, nachdem sich herausgestellt hatte, dass die Verkaufsbereitschaft des damaligen Bürgermeisters Jean Jaques Prompsey mit hohen Bestechungsgeldern gefördert wurde.

Aber auch in Deutschland finden sich Beispiele: In Potsdam wurde der Verkauf der Wasserversorgung im Juni 2000 vom damaligen Bürgermeister Matthias Platzeck (SPD) rückabgewickelt, weil der private Berliner Betreiber Eurawasser (ein Tochterunternehmen von Suez) die Preise drastisch erhöht hatte und noch weiter erhöhen wollte. Die Verträge wurden, wie so oft, von Beraterfirmen ausgehandelt; die Geschäftsführung wurde Eurawasser überlassen, obwohl das Unternehmen nur über einen Minderheitsanteil von 49 Prozent verfügte.

Die Stadtwerke Ulm bewirtschaften in Herbrechtingen, Langenau und Blaubeuren seit Längerem ihre Gas- und Wassernetze wieder in eigener Regie und rückwirkend zum 1. Januar 2006 hat das Winzerdorf Hagnau am Bodensee zusammen mit den technischen Werken Friedrichshafen seine Gemeindewerke rekommunalisiert. Wenn 2011 der Konzessionsvertrag ausläuft, wollen die Hagnauer auch ihr Stromnetz von EnBW zurückkaufen. Auch die Stadt Ahrensburg schwamm gegen den Privatisierungsstrom und ging mit ihrer rekommunalisierten Gasversorgung im Oktober 2006 ans Netz, nachdem 2003 der Konzessionsvertrag mit der E.ON Hanse AG abgelaufen war und ein langer Rechtsstreit mit dem Energieriesen zugunsten der Stadt beendet werden konnte.

Roland Schäfer, Bürgermeister der Stadt Bergkamen und Präsident des Deutschen Städte- und Gemeindebundes (DStGB), ist erfahrener Rekommunalisierer und prüft auslaufende Konzessionsverträge genau, bevor er sie verlängert: «Wenn eine Stadt die Möglichkeit hat, beispielsweise mit der Stromversorgung Geld zu verdienen oder den Bürgern niedrigere Gebühren anzubieten, sollte sie diese Gelegenheit wahrnehmen», empfiehlt der DStGB-Präsident. Die Bilanz seiner Stadt zeigt auch, dass Gebührensenkungen bis zu 25 Prozent möglich sind. Die Ruhrgebietsstadt hat inzwischen ihre Stromversorgung, die Straßenreinigung und vor wenigen Wochen auch die Abfallentsorgung rekommunalisiert. Als Nächstes will Schäfer die Wasserversorgung auf den Prüfstand stellen. Auch Reimer Steenbock, Geschäftsführer des Gemeinde- und Städtebundes Rheinland-Pfalz, arbeitet in die gleiche Richtung und will die Kommunen in seinem Bundesland für das Thema (Re-)Kommunalisierung sensibilisieren.

In Berlin sammelt derzeit ein Bündnis verschiedener Initiativen wie der «Berliner Wassertisch», die Berliner Mietergemeinschaft, der Donnerstagskreis der SPD-Linken und andere Unterschriften für ein Volksbegehren zur Rekommunalisierung der Berliner Wasserbetriebe

(BWB). Dazu soll zunächst per Volksbegehren die Publikationspflicht in der Berliner Wasserwirtschaft durchgesetzt werden, um damit die Offenlegung des geheimen Konsortialvertrags mit RWE und Veolia erzwingen zu können. Nach Prüfung einer möglichen Sittenwidrigkeit soll eine Nichtigkeitsklage gegen den Vertrag erfolgen. Der direkte Weg einer Rekommunalisierung scheint kaum möglich, weil Veolia und RWE dabei entgangene Gewinne in Rechnung stellen könnten, was eine enorme Haushaltsrelevanz erzeugen und damit ein Bürgerbegehren unzulässig machen würde.

Aber auch die Verantwortlichen in den Gemeinden haben damit begonnen, über eine Rekommunalisierung nachzudenken. Nachdem über Jahre hinweg die Kommunen eine Privatisierung ihrer Strom-, Gas- und Wasserversorgung betrieben haben, scheint sich nun eine gegenläufige Entwicklung abzuzeichnen.

Eine Rückabwicklung kann über einen Gemeinderatsbeschluss oder über einen Bürgerentscheid erfolgen. Dies ist bei einer Minderheitsbeteiligung wie in Potsdam einfacher als bei einem Komplettverkauf wie in Stuttgart.

Stuttgart ist sicherlich einer der größten Problemfälle, weil die Stadt ihre komplette Infrastruktur verkauft hat. Aber auch hier bieten sich Möglichkeiten. Eine Konzession könnte nach ihrem Ablauf – in Stuttgart wäre dies frühestens 2011 der Fall – einem anderen Anbieter übertragen werden. Das Stuttgarter Wasserforum versucht derzeit, politische Mehrheiten für eine Rückabwicklung zu gewinnen, weil in Baden-Württemberg die Hürden für einen Bürgerentscheid fast unerreichbar hoch sind.

Den «Stromrebellen» von Schönau ist es jedenfalls 1997 auf diesem Weg gelungen, ihre Stromversorgung zurückzukaufen und in einem langwierigen Rechtsstreit einen angemessenen Kaufpreis zu erzwingen. Die von Privatunternehmen geforderten Entschädigungen im Falle einer Rückabwicklung sind oftmals ungerechtfertigt. Der Wert der Anlage muss, so verlangt es das Energiewirtschaftsgesetz, gutachterlich – das heißt objektiv und unabhängig – ermittelt werden.

Wenn eine einvernehmliche Lösung nicht möglich ist, sollte versucht werden, den Weg einer Enteignung zu gehen. Diese ist gemäß Artikel 14.3 des Grundgesetzes an den Begriff des Allgemeinwohls gekoppelt. Da die kommunale Wasserversorgung einen – wenn nicht den zentralen – Bestandteil der Daseinsvorsorge bildet, dürfte eine Argumentation, die sich auf das Allgemeinwohl bezieht, mehr als gerechtfertigt sein. Bedenkt man, dass Bauern auf den Fildern bei Stuttgart zugunsten einer privaten Messegesellschaft enteignet wurden, müsste dies im Interesse einer öffentlichen Wasserversorgung allemal möglich sein.

Cross-Border-Leasing (CBL)

Cross-Border-Leasing-Verträge sind Scheingeschäfte zum Zweck der Steuerumgehung mit einer Laufzeit von 99 Jahren. Sie stellen ein immenses Risiko für die Städte dar, das nicht wirklich überschaubar ist. Durch die neue Gesetzeslage in den USA seit Herbst 2004 haben die dort ansässigen Vertragspartner ihre steuerliche Abschreibungsmöglichkeit verloren und werden nun versuchen, den daraus resultierenden Ertragsverlust etwa durch den Nachweis von Vertragsverletzungen der deutschen Kommune zu kompensieren. Weitere Risiken resultieren für die Kommune beispielsweise aus dem Verlust der

Verfügungsgewalt über die Anlage, aus dem immerhin denkbaren Fehlen von Kapital, um die Rückkaufoption wahrzunehmen (siehe S. 114ff.). Deshalb sollte eine Rückabwicklung von CBL-Verträgen unverzüglich und möglichst im gegenseitigen Einvernehmen erfolgen, auch wenn dies mit einem Gesichtsverlust für die verantwortlichen Politiker verbunden ist.

Rechtliche Möglichkeiten

Wenn etwas politisch nicht gewollt ist, kann sich die Durchsetzung einer Forderung auf dem Rechtsweg schwierig gestalten. Dennoch sollen bestehende Möglichkeiten ausgeschöpft werden, weil oft schon die öffentliche Auseinandersetzung mit strittigen Fragen eine bewusstseinsbildende Wirkung hat.

Bei der *Verschmutzung und Verseuchung* des Wassers – zum Beispiel mit radioaktiven Substanzen – sollten die Verantwortlichen strafrechtlich belangt werden. Ein finanzielles Risiko ergibt sich für den Anzeigeerstatter daraus nicht, weil Straftaten sogenannte Offizialdelikte sind und von der Staatsanwaltschaft von Amts wegen verfolgt und ermittelt werden müssen. Bei der Verseuchung des Wassers und der Umwelt kommen die Paragrafen 324 bis 330d im 29. Abschnitt des Strafgesetzbuchs (Straftaten gegen die Umwelt) in Betracht.

Auf zivilrechtlicher Ebene bestehen bei Verunreinigung des Wassers gute Klagemöglichkeiten gegen den Verursacher mit § 22.2 des Wasserhaushaltsgesetzes (WHG), wonach dieser zu Schadensersatz verpflichtet ist, wenn einem anderen daraus ein Schaden entsteht.[78]

Dagegen ist das Vorgehen gegen *Korruption* auf rechtlichem Wege (§§ 331 bis 335 StGB) schwierig bis unmöglich, weil ein Politiker lediglich angeben muss, eine Leistung für die erhaltenen Zahlungen erbracht zu haben wie zum Beispiel «Beratungen» oder die Teilnahme an Beiratssitzungen. Wird eine solche «Leistung» vergütet, ist dagegen fast keine Handhabe möglich.

Werden Verträge geheim gehalten, besteht die Möglichkeit einer Anzeige wegen Untreue gemäß Paragraf 266 StGB. Politiker werden vom Bürger gewählt und bezahlt und sie leisten einen Eid, der sie verpflichtet, Bürgerinteressen zu vertreten. Bei *Geheimhaltung* auf Verlangen des Käufers werden dessen Forderungen über die legitimen Interessen der Bürger gestellt.

Geheimhaltung ist mittlerweile so weit verbreitet, dass man schon fast von einem Gewohnheitsrecht sprechen kann. Umso mehr ist Widerstand geboten, weil es die Demokratie aushöhlt und letztlich zerstört, wenn Angelegenheiten von öffentlichem Interesse zur Verschlusssache werden. Diese demokratiefeindliche Praxis sollte daher in einem weit höheren Ausmaß als bisher kritisiert und bekämpft werden. Wichtig ist, die Wahrnehmung für diese Problematik auf breiter Ebene zu sensibilisieren.

Bei Rechtsfragen handelt es sich durchweg um eine sehr komplexe Materie. Einen entscheidenden Erfolg erzielte jüngst die ÖDP (Ökologisch-Demokratische Partei) in Passau mit dem sogenannten Transparenz-Urteil (Passau-Urteil), das vom Bayerischen Verwaltungsgerichtshof am 8. Mai 2006 bestätigt wurde. Danach müssen Entscheidungen städtischer GmbHs offengelegt und die Verschwiegenheitspflicht der Stadträte gegenüber der Öffentlichkeit muss aufgehoben werden. «Einer Kommune», so die Urteilsbegründung der Richter, «und ihren Gesellschaften, welche ihre Bürger lediglich als unmündige Störenfriede ansehen, die sowieso nicht wissen, was richtig ist [...], fehlt der Respekt vor dem Souverän.»[79]

Ein *Akteneinsichtsrecht* lässt sich bei Zivilverfahren aus § 299 Absatz 1 der Zivilprozessordnung (ZPO) und bei Strafverfahren aus § 147 der Strafprozessordnung (StPO) ableiten, ebenso aus § 187 der Abgabenordnung (AO), aus §§ 35a und b des Bundesverfassungsgerichtsgesetzes (BVerfGG), aus § 84 des Energiewirtschaftsgesetzes beziehungsweise des Gesetzes über die Elektrizitäts- und Gasversorgung (EnWG), aus § 29 des Verwaltungsverfahrensgesetzes (VwVfG), aus § 49 des Gesetzes über Ordnungswidrigkeiten (OWiG) sowie aus § 72 des Gesetzes gegen Wettbewerbsbeschränkungen (GWB).

Hilfreich sind auch die Aarhus-Konvention,[80] das seit 1994 geltende Umweltinformationsgesetz (UIG) und das am 1. Januar 2006 in Kraft getretene Informationsfreiheitsgesetz. Es soll grundsätzlich den freien Zugang zu allen in den öffentlichen Verwaltungen existierenden Informationen gewähren (Öffentlichkeitsprinzip) und in erster Linie der demokratischen Meinungs- und Willensbildung dienen. Politisch aktive Bürger sollten davon in allen Situationen Gebrauch machen.

Diese wenigen Angaben können vielleicht dabei helfen, in dem einen oder anderen Fall das Akteneinsichtsrecht durchzusetzen.

Im Grundgesetz der Bundesrepublik Deutschland wird die *Selbstverwaltung der Kommunen*, was die Erbringung der Daseinsvorsorge und damit auch die Wasserversorgung einschließt, in Artikel 28.2 festgeschrieben. Nun ist diese Festlegung, die auch in Band 66 der Urteile des Bundesverfassungsgerichts ihren Niederschlag findet, nicht direkt einklagbar, sondern eher als sogenannter Programmsatz zu bewerten. Auch fehlt im Gesetzestext eine hinreichende Definition, welche Leistungen die Formulierung «alle Angelegenheiten der örtlichen Gemeinschaft» umfasst. Trotzdem ist es sinnvoll, immer wieder mit diesem Artikel zu argumentieren, weil sich darin die Absicht ausdrückt, mit der der Gesetzgeber die Erbringung der Daseinsvorsorge in die Hände der Kommunen gelegt hat.

In Artikel 28.1 wird geregelt, dass «in Gemeinden an die Stelle einer gewählten Körperschaft auch die *Gemeindeversammlung* treten kann», deren Beschluss rechtliche Bindewirkung hat. Für die Weiterentwicklung direkt-demokratischer Elemente wäre es wichtig, sich mit dieser Möglichkeit auseinanderzusetzen.

Besonders in kleinen Gemeinden mit geringer Einwohnerzahl bietet sich eine Beschlussfassung per Gemeindeversammlung an, weil hier die Kommunikation mit der Bürgerschaft einfacher ist als in Großstädten, weniger Gegenwind von politischen Mandatsträgern zu erwarten ist und die Verfilzungen mit Wirtschaftsunternehmen in der Regel geringer sind als in Großstädten. Die Durchsetzung von Beschlüssen der Gemeindeversammlung wäre ein Erfolg auch im Hinblick auf die Herausbildung einer verbesserten demokratischen Kultur.

Paragraf 1.3 der Gemeindeordnung für Baden-Württemberg (GO) besagt, dass «die verantwortliche Teilnahme an der bürgerschaftlichen Verwaltung der Gemeinde [....] Recht und Pflicht des Bürgers» ist. Schon die formale Privatisierung eines städtischen Betriebs wie die Umwandlung in eine GmbH steht dazu im Widerspruch, weil eine GmbH dem Bürger gegenüber keine Rechenschaftspflicht mehr hat, sondern nur noch gegenüber ihrer eigenen Gesellschafterversammlung. Wenn Politiker behaupten, dass sie in den Aufsichtsräten die Bürgerinteressen vertreten, erscheint dies als wenig überzeugend, weil sie die Rechtsform der GmbH zur Geheimhaltung verpflichtet. Es ist wichtig, dass sich möglichst viele Bürger in diesen Fragen auf das Passau-Urteil beziehen und permanent die volle Transparenz der Vorgänge auch dann einfordern, wenn der Betrieb in der Rechtsform einer GmbH organisiert ist.[81]

Paragraf 107.1 GO schreibt vor, dass Energielieferverträge mit Privatunternehmen nur dann abgeschlossen werden dürfen, wenn «die berechtigten wirtschaftlichen Interessen der Gemeinde und ihrer Einwohner gewahrt sind».

Nach den Paragrafen 20.1 und 2 GO unterrichtet der Gemeinderat «die Einwohner durch den Bürgermeister über die allgemein bedeutsamen Angelegenheiten der Gemeinde und sorgt für die Förderung des allgemeinen Interesses an der bürgerschaftlichen Verwaltung. Dabei sollte es selbstverständlich sein, dass eine vollständige Information erfolgt.

In letzter Zeit haben auch die Auseinandersetzungen um das *Abwasser* zugenommen. Besonders in ländlichen Gegenden werden Einwohner an große, oft überdimensionierte Kläranlagen zwangsangeschlossen. Hier ist es sinnvoll, sich mit dem Wasserhaushaltsgesetz zu befassen, das als Bundesgesetz über Landesgesetzen und den Gemeindeordnungen steht und wonach Abwasser so zu beseitigen ist, «dass das Wohl der Allgemeinheit nicht beeinträchtigt wird». Dem Allgemeinwohl kann auch die Beseitigung von häuslichem Abwasser durch dezentrale Anlagen entsprechen. Abwasserbeseitigung im Sinne dieses Gesetzes umfasst das «Sammeln, Fortleiten, Behandeln, Einleiten, Versickern, Verregnen und Verrieseln von Abwasser sowie das Entwässern von Klärschlamm in Zusammenhang mit der Abwasserbeseitigung» (§ 18a WHG).

In diesem Zusammenhang sei auch auf ein Urteil des Verwaltungsgerichts Arnsberg verwiesen, das einem umweltbewussten Bürger ausdrücklich das Recht zusprach, seine Waschmaschine mit Regenwasser zu betreiben.[82] Die Stadt Meschede, deren Satzung zum Bezug des Wassers aus der städtischen Wasserversorgung verpflichtet, wollte ihm dies verbieten.

Für die Durchsetzung von Bürgerinteressen ist die Möglichkeit eines *Bürgerentscheids* auf kommunaler Ebene sowie die Möglichkeit eines *Volksentscheids* auf Landesebene von fundamentaler Bedeutung. Hier wären zunächst einige Hürden zu beseitigen, damit eine realistische Chance auf Erfolg besteht. Ein Positiv-Beispiel ist das Bundesland Bayern, weil es bundesweit die bürgerfreundlichsten Quoren aufweist. Das Quorum definiert den prozentualen Anteil der Stimmberechtigten, die für die Durchführung eines Volksbegehrens oder Volksentscheids beziehungsweise Bürgerbegehrens oder Bürgerentscheids notwendig sind.

Mit einem Bürgerentscheid kann nicht nur eine Privatisierung verhindert, sondern auch gezielt auf die Neuvergabe einer Konzession an einen anderen Anbieter hingearbeitet werden. Derzeit versuchen einige Konzerne, durch «freundliche Gespräche» schon vor Ablauf der Konzession eine Verlängerung zu erwirken, um dem Risiko einer Konzessionsvergabe an Mitbewerber zu entgehen. Besonders die EnBW übt sich in Baden-Württemberg derzeit fleißig in dieser Disziplin.

Ein erfolgreicher Bürgerentscheid hat dieselbe rechtlich bindende Wirkung wie ein Gemeinderatsbeschluss, seine Wirkung behält er jedoch nur für drei Jahre. Negativ-Kataloge in den Bundesländern und Hauptsatzungen der Städte, die bestimmte Begehren – vor allem kommunale Finanz-, Haushalts- und Personalangelegenheiten – nicht zulassen, sind in einer Demokratie inakzeptabel und sollten reduziert oder gänzlich gestrichen werden. Wenn in einer Demokratie «alle Staatsgewalt vom Volke ausgeht» (Artikel 20.2. des Grundgesetzes), müssen die Kernfragen eines Volksentscheids, seine Sinnhaftigkeit, seine Zulässigkeit und seine Ausgestaltung auch vom Volk entschieden werden – ein Postulat, das der herrschenden Politik gegenüber noch durchgesetzt werden muss.

Die am weitesten entwickelte Form einer direkten Demokratie stammt aus Brasilien. Seit Ende der Achtzigerjahre wird in Porto Alegre, der 1,3 Millionen Einwohner zählenden Hauptstadt des Bundesstaates Rio Grande do Sul, ein Orcamento Participativo (Bürgerhaushalt) praktiziert. Dazu treten die Bürger einmal jährlich in den jeweiligen Stadtteilen zusammen, beraten und entscheiden über anstehende Infrastrukturmaßnahmen, aber auch über den Haushalt. Ebenso bürgernah ist auch die Wasserversorgung von Porto Alegre geregelt und wird bereits international beachtet. Die Erfolge sind unübersehbar: Die Korruption wurde massiv eingedämmt, die

Infrastruktur hat sich erheblich verbessert, die Kluft zwischen Arm und Reich wurde verringert, das Bildungsniveau hat sich im Vergleich zu anderen Städten verbessert und die Zufriedenheit der Bürger wächst. Das Modell wurde mittlerweile von vielen südamerikanischen Städten übernommen und zeigt, wie wichtig eine faktische Entscheidungsmacht der Bürger auf kommunaler Ebene ist.

Gibt es eine ideale Rechtsform für die Wasserversorgung?

Eine immer wieder aufgeworfene Frage von Bürgerinitiativen ist die nach der idealen Rechtsform für die städtische Wasserversorgung.

Der Begriff der Privatisierung ist zunächst missverständlich, weil er meist auf die Überführung eines öffentlichen in ein privates Monopol angewendet wird. Richtiger wäre es, die Leistungserbringung der Daseinsvorsorge durch Konzerne als *Anonymisierung* zu betrachten, weil abgesehen von Geschäftsinteressen kein Bezug zu der betreffenden Stadt und ihrer Bevölkerung besteht. Das entscheidende Kriterium bei der Frage nach der geeigneten Rechtsform ist die tatsächliche Eigentümerschaft. Wenn bei einer Genossenschaft, gGmbH oder AG die Eigentümer identisch sind mit der Einwohnerschaft der Kommune, ist ein erstrebenswerter Zustand erreicht, weil dabei das Interesse an einer guten und gerechten Versorgung überwiegt. Diesem Aspekt sollte oberste Priorität zukommen. Praktisch kann dies zum Beispiel durch die Vergabe von Anteilsscheinen an die Einwohner geschehen. Wird die Eigentümerschaft hingegen auf Nicht-Einwohner übertragen, überwiegt das Rendite- und Spekulationsinteresse.

Jede Rechtsform, die die Kontrolle der Wasserversorgung in die Hände der Einwohner legt, bietet eine geeignete Grundlage zur Verteidigung des *Subsidiaritäts*- und des *Solidarprinzips*. Beim Subsidiaritätsprinzip geht es darum, dass alle Dinge auf der Ebene entschieden werden, auf der sie angesiedelt sind. So muss die Wasserversorgung unmittelbar von den betroffenen Bürgern dem Örtlichkeitsprinzip folgend vor Ort verwaltet werden und nicht anonym von einer entfernt gelegenen Konzernzentrale. Das Solidarprinzip gewährleistet einen gerechten Interessensausgleich, indem es mit einer entsprechenden Preisgestaltung Mittellose begünstigen wird, während es Großverschmutzer hingegen stärker belasten kann. In wieweit eine bestimmte Rechtsform vor dem Zugriff von WTO und EU schützen kann, bleibt vorerst unklar, weil auch nicht vorausgesagt werden kann, welche Schritte und Maßnahmen sich diese Institutionen zur Durchsetzung weiterer Liberalisierung und Privatisierung noch einfallen lassen.

Kritisch zu bewerten ist eine *städtische GmbH* oder *Aktiengesellschaft*, wenn sie nicht unmittelbar von den Einwohnern kontrolliert werden kann, weil mit ihr demokratische Spielregeln außer Kraft gesetzt werden und sie oft nur dazu dient, Privatisierung, Entlassungen und Ausverkauf vorzubereiten. Zumindest mit ein wenig Skepsis sollte auch der ansonsten interessante *Herten-Fonds*[83] betrachtet werden, bei dem Anteile der Stadtwerke Herten mit einer festen Verzinsung von 5 Prozent der Öffentlichkeit zum Kauf angeboten wurden. Dieses Konzept ist zwar einem Verkauf an einen Großkonzern vorzuziehen, es weist im Kern aber in die falsche Richtung, weil es durch die Gewinnausschüttung an die individuellen Profitinteressen der Anleger appelliert und damit einer Gemeinwohlorientierung zuwiderläuft.

Besondere Aufmerksamkeit sollte auch den *Wasserzweckverbänden* und den *Wasserentnahmerechten* zukommen. Auch auf diese richtet sich die Begehrlichkeit der Konzerne, die neben dem Besitz der kommunalen Infrastruktur auch die Verfügungsgewalt über die eigentlichen Wasserressourcen anstreben. So hat sich beispielsweise der EnBW-Konzern mit dem Kauf der gesamten Stuttgarter Energieversorgung 33 Prozent der Anteile an den Zweckverbänden Bodenseewasserversorgung und Landeswasserversorgung Baden-Württemberg einverleibt. Das bedeutet in der Konsequenz eine Privatisierung der Zweckverbände durch die Hintertür.

Anbieterwechsel und Kaufboykott

Ein wirkungsvolles Druckmittel, über das jeder Bürger verfügt, besteht in der Änderung des Kaufverhaltens. So können die vier größten in Deutschland agierenden Stromlieferanten – RWE, E.ON, Vattenfall und EnBW – in Schach gehalten werden, wenn möglichst viele Verbraucher einen Anbieterwechsel vornehmen. Mit dieser Maßnahme kann die Übermacht der Konzerne etwas eingeschränkt und die Anbieter regenerativer Energien können gestärkt werden. Empfehlenswerte Ökostromanbieter sind EWS Schönau, Greenpeace Energy, NATURpur Energie und LichtBlick.[84] Ein solcher Anbieterwechsel ist jederzeit ohne großen Aufwand überall in Deutschland möglich.

Nach der Öffnung des Gasmarkts dürfen auch unterschiedliche Gas-Anbieter in die vorhandenen Netze einspeisen. Sinngemäß gilt hier das Gleiche: zu einem kleineren, unabhängigen oder kommunalen Anbieter wechseln, um die Übermacht der Konzerne zu brechen.

Beim Wasser ist die Nutzung des Leitungsnetzes von verschiedenen Anbietern aus hygienischen Gründen nicht möglich. Dennoch wirkt sich der Wechsel zu anderen Strom- und Gasanbietern auch auf die Wasserversorgung aus, weil sich dadurch die Machtverhältnisse verschieben und einer Marktdominanz oder Monopolstellung entgegengewirkt werden kann. Dieses Verhalten kann sich auf einen Kaufboykott der Produkte von Konzernen ausweiten, die durch rücksichtslose oder schädliche Geschäftspraktiken auffallen.

Auch bei den Flaschenwassermultis ist ein Kaufboykott ein wirkungsvolles Mittel, zumal überall alternative Produkte angeboten werden, die meist auch noch preisgünstiger sind. Die bekanntesten unter den Multis, die weltweit tätig sind und insbesondere in den Entwicklungsländern durch schädliche Praktiken auffallen, und ihre wichtigsten Marken sind:

Nestlé (Acqua Panna, San Pellegrino, Perrier, Vittel, Contrex, Aquarel, Pure Life, Fürst Bismarck, Harzer Grauhof);

Danone (Volvic, Badoit, Evian);

Coca Cola (Bonaqa, Dasani, Kinley, Ice Mountain);

Pepsi (Aquafina).

UMWELTRELEVANTE ASPEKTE DER
WASSERVERSORGUNG

Die Schuld an der heraufziehenden Wasserkrise kann nicht alleine der Politik oder den Konzernen angelastet werden. Sie wird zu einem wesentlichen Teil auch von unserem eigenen Umgang mit dem Trinkwasser beeinflusst. Eine nahe liegende und zugleich einfache Lösung bestünde darin, den Wasserverbrauch zu reduzieren. Tipps wie beim Waschen öfter den Wasserhahn zudrehen, am Toilettenspülkasten eine Stopp-Taste installieren, Badewasser nachnutzen und so weiter sind Binsenweisheiten, doch damit lassen sich mit wenigen Handgriffen enorme Trinkwassermengen einsparen ohne Einbußen an Lebensqualität.

Landwirtschaft
Der größte Wasserverbraucher mit über 70 Prozent ist die Landwirtschaft. Bei ihr liegt auch das größte Einsparpotenzial. Eine nachhaltige Wirtschaftsweise kleinbäuerlicher Betriebe wird bereits in vielen Teilen der Erde praktiziert und bildet damit ein Gegenmodell zu einer industrialisierten, einseitig profitorientierten Landwirtschaft, die mit ihrem immensen Land- und Wasserbedarf zu einem ernsten Problem für Mensch und Umwelt geworden ist. Falsche Bewässerungstechniken, marode Leitungen, die Züchtung von Hochertragssorten und eine enorme landwirtschaftliche Überproduktion führen dazu, dass riesige Flächen verseppen und veröden. Gleichzeitig sterben täglich Tausende von Menschen an Nahrungs- und Wasser-

mangel, eine Heimsuchung, die heutzutage objektiv gesehen vermeidbar wäre.

Während die Industriestaaten Freihandel predigen und einfordern, gewähren sie im Widerspruch dazu Agrarsubventionen in Höhe von über 300 Milliarden Euro jährlich, woran allein der EU-Agrarhaushalt mit 40 Milliarden Euro beteiligt ist. Diese Subventionen werden in erster Linie an Großgrundbesitzer und Konzerne vergeben und nicht etwa an nachhaltig wirtschaftende Kleinerzeuger. Die Auswirkungen sind verheerend: Agrarprodukte werden zu Dumpingpreisen exportiert, mit der Folge, dass Kleinbauern in den Entwicklungsländern ihre Existenz verlieren.

Dies kann nur dann verhindert werden, wenn auch bei der Vergabe von Agrarsubventionen der gesellschaftliche Nutzen über die Forderungen der Agro-Konzerne gestellt wird. Der Anbau von Monokulturen und Hochertragssorten mit ihrem hohen Wasserverbrauch könnte dadurch eingedämmt werden, ohne die Ernährungssicherheit zu gefährden. Zugleich sollte der Anbau solcher Pflanzen gefördert werden, die bei gleichem Nutzen weniger Wasser verbrauchen wie zum Beispiel Mango- und Tamarindenbäume oder trockenresistente Fruchtsorten. Olivenhaine oder Weinberge kommen in der Regel ohne Bewässerung aus, ganz im Gegensatz zur heutigen agro-industriellen Praxis. Auch Getreidesorten können unter dem Aspekt eines niedrigen Wasserverbrauchs ausgewählt werden.[85]

Von hoher Bedeutung sind die Bewässerungstechniken in der Landwirtschaft. Wie bei der Infrastruktur einer Stadt ist es auch hier wichtig, marode Leitungen zu ersetzen, um Wasserverluste zu vermeiden. Wenn bewässert werden soll, ist ein Rückgriff auf traditionelle Wasserspeichersysteme wie Sickerbrunnen, Auffangbecken und Dämme, also Lowtec-Lösungen, sinnvoll. Das Sammeln und Speichern von Regenwasser zur Bewässerung von Pflanzen ist für die Vegetation und für die gesamte Umwelt besonders «bekömmlich», weil damit die Versalzung der Böden vermindert werden kann.

Aber auch moderne Bewässerungsmethoden wie Tropfenbewässerung *(drop water irrigation),* bei der den Pflanzen nur das tatsächlich benötigte Wasser zugeführt wird, können sinnvoll sein. Ähnlich funktioniert die gleiche Bewässerungsmethode unterirdisch, dabei werden die Pflanzen direkt an ihrer Wurzel versorgt, was zu geringeren Verdunstungsverlusten führt.

Eine hohe Gefährdung des Wassers durch konventionelle Landwirtschaft ist auch durch Überdüngung mit Stickstoff gegeben – von den Konzernen durchaus erwünscht, weil mit dem Verbrauch auch die Gewinne steigen. Nach Angaben der US National Oceanographic and Atmospheric Administration (NOAA) führt dieser Nährstoffeintrag zu einer drastischen Reduzierung des Sauerstoffgehalts und dadurch zu einem Massensterben von Meerestieren, wie zum Beispiel im Golf von Mexiko. Dort hat eine «Todeszone» bereits die Größe von über 20 000 Quadratkilometern. Seit den 60er-Jahren des 20. Jahrhunderts haben sich solche Todeszonen weltweit mehr als verdreifacht.[86]

Für den Verzicht auf *genmanipuliertes Saatgut* gibt es viele triftige Gründe – der Schutz des Wassers gehört dazu, weil auch hier ein bisher nicht absehbares Gefährdungsrisiko besteht. Bei den am häufigsten angebauten «patentierten» Pflanzen der Saatgut-Multis – den sogenannten Roundup-Ready-Nutzpflanzen – wird zum Beispiel das weltweit am meisten verkaufte Totalherbizid Roundup Ultra des US-Chemiegiganten Monsanto zur Unkrautbekämpfung eingesetzt. Es besteht aus Glyphosat, Polyoxyethylamine (POEA) sowie Cosmo Flux 411F und vernichtet alle Nutz- und Nahrungspflanzen – mit Ausnahme solcher, die genmanipuliert und dadurch gegen das Herbizid Roundup resistent sind. Damit soll jegliches «Unkraut» vernichtet und zum Einsatz sogenannter Roundup-Ready-Nutzpflanzen genötigt werden.

Seit Jahren wird in Kolumbien, um nur ein Beispiel zu geben, im Rahmen des «Plan Colombia» das Land von Flugzeugen aus mit Roundup besprüht, um angeblich die Koka-Pflanze auszurotten, eine jahrtausendealte Kulturpflanze. Der Nebeneffekt besteht in der Verseuchung der Umwelt und des Wassers, der Gefährdung von Tieren und Menschen sowie der Vernichtung anderer Nutzpflanzen. Als weitere Begleiterscheinung des Einsatzes von Roundup wurde nach diversen Berichten eine Krebs erzeugende und Missbildungen hervorrufende Wirkung beobachtet. In dieser Hinsicht ist das Herbizid mit dem Umweltgift Dioxin vergleichbar, das durch den Einsatz im Vietnamkrieg (Agent Orange) und bei der Seveso-Katastrophe 1976 zu trauriger Berühmtheit gelangte. In einer Pressemeldung vom Januar 2007 teilte Monsanto mit: «Innovative Landwirtschaft setzt sich durch.»

Die Liste umweltschädigender Gifte ließe sich beliebig erweitern; ihnen ist gemeinsam, dass sie in nicht hinnehmbarer Weise das Trinkwasser kontaminieren.

Kurzum: Bei den meisten Herbiziden ist davon auszugehen, dass sie nicht nur ihre gewollte Wirkung entfalten, also «Unkraut» vernichten, sondern ebenso das

Trinkwasser vergiften und möglicherweise krebserregend und erbschädigend wirken sowie die Fruchtbarkeit von Menschen und Tieren herabsetzen. Deshalb sollte der Einsatz solcher Produkte schnellstmöglich verringert oder besser ganz vermieden werden. Dass Chemiegiganten wie Monsanto, Syngenta, Dow Chemical oder Bayer ständig die Ungefährlichkeit ihrer Produkte beteuern, liegt in der Natur der Sache. Gefährliche Totalherbizide sind unter anderem Bromacil, MCPA, Antrazin, Hedonal, Tordon, EFFIGO, Clopyralid , Diuron, das aus dem Vietnamkrieg bekannte Agent Orange, Roundup Ready mit dem Wirkstoff Glyphosat, Picloram und Paraquat.

Im Übrigen wäre es gut, auf die richtige Wortwahl zu achten. Gemeinhin werden solche Stoffe «Pflanzenschutzmittel» bezeichnet. Richtiger wäre hingegen der Begriff «Vernichtungsmittel». «Pestizid» leitet sich aus den lateinischen Begriffen *pestis* (Seuche, Verderben) und *caeder* (töten) ab.

Eisenbahn und Gleisanlagen

Seit Jahrzehnten werden Gleisanlagen mit verschiedenen hochgiftigen Totalherbiziden besprüht, um einen Pflanzenbewuchs im Schotterbett zu verhindern. Zum Einsatz kommen Produkte wie Hedonal, Bromacil, Tordon, Diuron und weitere. Die ständige mittelbare Verseuchung des Trinkwassers durch die «Spritz-Züge» der Bahn, die diese Herbizide versprühen, ist enorm. Das deutsche Steckennetz weist eine Länge von über 74 000 Kilometern auf und pro Kilometer werden bei einem Einsatz circa 5 kg versprüht. Über das lose Schotterbett können die Gifte ungehindert in den Boden gelangen und damit in den Wasserkreislauf.

Ein Freund von mir, der fast 20 Jahre gegen diese Wasserverseuchung gekämpft hatte, konnte keine Verurteilung der Verursacher erreichen, wie es eigentlich nötig wäre, wurde aber selbst wegen Beleidigung verurteilt. Er hatte den Präsidenten der Bundesanstalt für Land- und Forstwirtschaft (BBA) verbal angegriffen, weil dieser sich erneut für den Einsatz des seit 1996 verbotenen hochgiftigen Herbizids Diuron ausgesprochen hatte. Die Frage nach einer umweltverträglichen Behandlung der Gleisanlagen ist weiterhin ungeklärt.

Radioaktivität

Eine besondere Gefahrenquelle für das Wasser stellen radioaktive Substanzen dar. Nuklearabfälle aus Kernkraftwerken werden in stillgelegten Bergwerken – angeblich – zwischengelagert. Bekannt geworden durch die Proteste gegen die Castor-Transporte ist das Lager Gorleben.

Weniger bekannt ist das Zwischenlager Asse 2 bei Wolfenbüttel, das mittlerweile zu einem Endlager umdeklariert wurde. In dem ehemaligen Salzbergwerk sind 102 Tonnen Uran, 87 Tonnen Thorium und knapp 12 Kilo Plutonium in über 125 000 Fässern eingelagert. Zwischen 1967 und 1978 wurde hier schwach- bis mittelaktiver Abfall entsorgt unter der fahrlässigen Beteuerung, dass das Lager quasi auf unbegrenzte Zeit sicher sei. Doch seit 1988 dringt Wasser ein, derzeit etwa 12 000 Liter täglich. Der Schacht droht «abzusaufen».

Nun will man das Bergwerk schließen, mit Magnesiumchlorid-Lauge fluten und weiter «beobachten». Dabei ist fest davon auszugehen, dass die radioaktiven Substanzen in das Trinkwasser gelangen. Sie lösen Krebs und

Missbildungen aus. Eine Bergung der Fässer, so heißt es, sei äußerst gefährlich, würde sich über Jahre hinziehen und über 2 Milliarden Euro kosten.[87] Auf Bundesebene sind für das Debakel derzeit Bundesforschungsministerin Annette Schavan (für das «Forschungsbergwerk») und Bundesumweltminister Sigmar Gabriel (für Endlagerfragen) zuständig.

Die Grünen im niedersächsischen Landtag haben nun gegen Umweltminister Hans-Heinrich Sander und die GSF, den Betreiber des Endlagers, Strafantrag bei der Staatsanwaltschaft Braunschweig wegen unerlaubten Umgangs mit radioaktiven Stoffen gestellt. Sie wollen dadurch eine Schließung des Bergwerks nach dem Atomrecht erzwingen, wonach die Öffentlichkeit am Verfahren beteiligt werden müsste. Ein Vorgehen, das man besonders von den Grünen erwartet hätte, als sie auf Bundesebene in der Regierungsverantwortung waren. Ähnlich gelagert ist die private Klage von Irmela Wrede beim Verwaltungsgericht, die so ebenfalls ein atomrechtliches Verfahren erzwingen will.[88]

Derzeit müssen sich Politiker auch in Baden-Württemberg, Sachsen-Anhalt und Nordrhein-Westfalen mit ähnlichen Problemen, wenn auch kleineren Ausmaßes, herumschlagen. Nach einer Erhebung des Bundesinstituts für Risikobewertung (BfR) waren mehr als 30 Proben von Mineralwassern aus diesen Bundesländern mit mehr als 15 Mikrogramm Uran belastet und lagen damit oberhalb des Grenzwertes. Die höchsten Werte lagen bei über 70 Mikrogramm.

Den Wasserabfüllern wurde zunächst geraten, sich aus anderen Quellen zu versorgen, und den Müttern wurde empfohlen, keine Babynahrung mit einem Flaschenwasser anzurühren, welches einen zu hohen Wert an Radioaktivität aufweist.[89]

Industrie

Hinter der Landwirtschaft ist die Industrie der zweitgrößte Wasserverbraucher. Es würde zu weit führen, alle Produktionsmethoden auf den Prüfstand zu stellen. Hier soll die Feststellung genügen, dass immer mehr sinnlose und kurzlebige Konsumgüter produziert werden, was einen unnötigen Wasserverbrauch und – schlimmer noch – eine unnötige Wasserverschmutzung verursacht.

Besorgniserregend ist die Situation derzeit in China. Durch ein explodierendes Wirtschaftswachstum sind einige Flüsse so sehr verschmutzt, dass jeglicher Hautkontakt mit dem Wasser vermieden werden muss. Über internationale Abkommen müssten wirkungsvolle Durchsetzungsmechanismen zur Reinhaltung von Flüssen, Seen, der Meere und des Grundwassers erreicht werden.

Siedlungswasserwirtschaft

Ein weiterer Wasserverbraucher sind private Haushalte und Betriebe im Bereich der Siedlungswasserwirtschaft, die den Umgang mit Trinkwasser, Brauchwasser, Abwasser und Regenwasser für Haushalte und Kleingewerbe organisiert. Ein sparsamer Umgang und das Vermeiden von Verunreinigung können auch hier zur Schonung der Ressourcen beitragen.

In Deutschland liegt der durchschnittliche Wasserverbrauch pro Kopf und Tag bei circa 130 Litern, in den USA sogar bei über 200 Litern. Auf dem afrikanischen Kontinent stehen vielen Menschen weniger als zwei Liter pro Tag zur Verfügung. Auch beim Wasserverbrauch zeigt sich der Unterschied zwischen einer kommunalen und einer von Konzernen betriebenen Wasserversorgung. Während die öffentliche Hand zu sparsamem Verbrauch anregen kann, ist der private Versorger zur Steigerung seiner Profite verständlicherweise an einem hohen Verbrauch interessiert.

Hinsichtlich der Wasserverschmutzung beziehungsweise Kontamination besteht ein weites Spektrum an Gefährdungen. Von zunehmender Bedeutung ist die Verunreinigung des Wassers durch Medikamente wie Betablocker oder den Schmerzmittelwirkstoff Diclofenac, durch Hormone wie das künstliche Östrogen Ethinylestradiol (EE2), hormonähnlich wirkende Substanzen aus der Kunststoffindustrie, Röntgenkontrastmittel, und andere Chemikalien. Diesen Stoffen ist gemeinsam, dass sie in der Regel mit der üblichen Filtrationstechnik kaum zurückzuhalten sind. Bei den Hormonen kommt hinzu, dass sie zu einer Verweiblichung des Fischbestandes und anderer Wassertiere führen. Einige Wissenschaftler gehen davon aus, dass durch diese auch beim Menschen die Fruchtbarkeit männlicher Spermien über den Trinkwasserkreislauf herabgesetzt wird. In den Entwicklungsländern gibt die Verunreinigung des Trinkwassers durch Bakterien und Viren und den dadurch verursachten Erkrankungen großen Anlass zur Sorge.

Überlegungen zur Bewältigung von Umweltproblemen im Bereich der Siedlungswasserwirtschaft

- Arzneimittel sollten auf keinen Fall ins Abwasser gegeben, sondern sachgerecht entsorgt werden.
- Die Filtration in Klärwerken sollte diesen Aspekten Rechnung tragen und durch Mikrofiltration und Aktivkohlefilter verbessert werden. Auch in dieser Frage ist wieder der Privatisierungsaspekt von Bedeutung: Das öffentlich betriebene Klärwerk, das nach dem Kostendeckungsprinzip arbeitet, kann auch sehr aufwändige Klärverfahren durchführen, während der private Betreiber versuchen wird, den Aufwand aus Kostengründen so gering wie möglich zu halten. Als Kompensation für eine minderwertige Aufbereitung des Wassers wird in vielen Fällen einfach die Chlorzufuhr beim Frischwasser erhöht.
- Ein anderer sinnvoller Weg ist die Filtration über Schilfgraskläranlagen (bewachsene Bodenfilter), wie sie heute noch in ländlichen Gegenden üblich sind. Solche einfachen, natürlichen Kläranlagen können Krankheitserreger wirkungsvoll vermindern und Viren oder pathogene Keime wie zum Beispiel Coli-Bakterien oder Fäkalstreptokokken eliminieren. Offenbar sind sie sogar in der Lage, Arzneimittel und speziell Hormone herauszufiltern. Wie wirkungsvoll natürliche und einfache Methoden sein können, kann auch am Beispiel eines Sandfilters aufgezeigt werden. Schon bei einer Korngröße von 0,1 mm ist es möglich, Viren und Bakterien zu filtern. Das Wasserhaushaltsgesetz (WHG), ein Bundesgesetz, stellt in § 18a dezentrale Kläranlagen auf eine Stufe mit den zentralen Klärwerken. Damit besteht die Möglichkeit, sich gegen einen Zwangsanschluss an die Zentralkanalisation zur Wehr zu setzen. Ein solches Verfahren kann jedoch schwierig werden,

weil das WHG zwar ein Bundesgesetz ist, jedoch von den Ländern in Landesgesetze umgesetzt wurde, die in ihrer Ausrichtung voneinander abweichen können. Es ist davon auszugehen, dass EU-Bürokratie, Konzerne und mit ihnen verflochtene Politiker versuchen werden, auch den Bereich des Abwassers, der bislang streng als hoheitliche Aufgabe gesehen wurde, zu liberalisieren und zu privatisieren.

- Das Schweizer Wasserforschungsinstitut der Eidgenössischen Technischen Hochschule Zürich (ETH) arbeitet an einer neuen Methode der Trinkwasserreinigung: Beim dem «Solare Trinkwasserdesinfektion» (SODIS) genannten Verfahren werden beim natürlichen Aufheizen des Wassers durch die Sonne Cholera-Erreger, Viren und Fäkalbakterien abgetötet. Die Eidgenossen haben bei dieser Methode vor allem Entwicklungsländer im Blick, wo alle 15 Sekunden ein Kind an mangelnder Wasserhygiene stirbt.

- Aus einer Reihe vielversprechender Ansätze, dem steigenden Wasserverbrauch Herr zu werden, soll das aus Schweden stammende Konzept einer Trockentoilette genannt werden, bei der mit Sägemehl «gespült» wird. Der schwedische Ingenieur Uno Winblad argumentiert dabei gegen Wassertoiletten und die durch sie verursachte Wasserverschwendung: Die vom Menschen jährlich produzierten 50 Liter Fäkalien und circa 500 Liter Urin werden mit bis zu 30 000 Litern wertvollem Trinkwasser in die Kanalisation gespült. Da es weder möglich noch ratsam ist, die ganze Welt mit Wassertoiletten auszurüsten, plädiert Winblad für das Trocknen von Fäkalien, wobei aus dem Urin zusätzlich noch Phosphat, Kalium und Ammonium gewonnen und für die Landwirtschaft eingesetzt werden kann.

In ähnlicher Weise arbeitet Hans Huber, Chef von Huber Technology, einer Pionierfirma in Berching in der Oberpfalz. Seine Hightech-Separations-Toilette ist so konstruiert, dass «Gelbwasser» (Urin) und «Braunwasser» (Schmutzwasser ohne fäkale Feststoffe und Urin) getrennt und später als Dünger eingesetzt werden können. Diese Art der Nährstoffrückgewinnung ist hygienisch völlig unbedenklich.

- Generell ist zu prüfen, wo Doppelrohr-Anschlüsse verlegt werden können mit dem Ziel einer separaten Versorgung mit Trink- und Brauchwasser. Es gibt unzählige Nutzungen, bei denen keine Trinkwasser-Qualität erforderlich ist: Toilettenspülung, Gartenbewässerung, Autowaschen, Kühlwasser in der Industrie und in Kraftwerken, Wasser als technischer Ballast, Zierteiche und vieles mehr. Dabei könnte auch die Regenwassernutzung über die Gartenbewässerung hinaus eine größere Bedeutung bei der Brauchwassernutzung erlangen. Ähnlich wie bei der Nutzung von Solar- und Windenergie könnte hier ein neuer Geschäftszweig entstehen mit Tausenden von Arbeitsplätzen.

- Wenn das Regenwasser in Zisternen gesammelt wird, bedeutet dies auch eine Verminderung der Hochwassergefahr, die in den letzten Jahrzehnten deutlich zugenommen hat. Die hemmungslos fortschreitende Flächenversiegelung, die zu Hochwasserkatastrophen nicht unerheblich beiträgt, weil sie das Regenwasser ungehindert abfließen lässt, beeinträchtigt auch die Grundwasserneubildung. In einem natürlichen Wasserkreislauf ist es nötig, dass eine ausreichende Wassermenge im Boden versickert.

- Für die Neubildung und Qualität des Grundwassers ist auch die Ausweisung von Wasserschutzgebieten im Einzugsbereich von Wasserwerken erforderlich. Viele Städte haben die Bedeutung des Grundwasserschutzes inzwischen erkannt und damit begonnen, Flächen zu renaturieren oder nur noch an Bio-Bauern zu verpachten, um so den Eintrag von Kunstdünger oder Pestiziden zu vermeiden. Auch der vorbeugende Grundwasserschutz steht tendenziell einer Privatisierung entgegen, weil Wasserkonzerne bestrebt sind, dafür vorgehaltene Flächen zu verkaufen, um kurzfristige Gewinne einzufahren.

- Schon aus Gründen des Wasserschutzes sollte wegen des radioaktiven Abfalls und der Unfallgefahr dringend auf Kernkraftwerke verzichtet werden, ebenso wie auf die militärische Nutzung von Waffen, von denen radioaktive Strahlung ausgeht (Atombomben, Uranmunition et cetera).

Umweltaspekte auf globaler Ebene

Wenn bereits in den wasserreichen Regionen Mitteleuropas Sparsamkeit im Umgang mit dem Trinkwasser geboten ist, muss dies für andere Regionen der Welt umso mehr gelten. Dies betrifft auch die Maßnahmen zur Reinhaltung des Trinkwassers. Dabei soll auf einige Formen der Wasserverschmutzung besonders hingewiesen werden, die sich nicht mehr regional begrenzen lassen, sondern die Versorgungssituation der gesamten Menschheit betreffen.

Dazu gehören auch die Auswirkungen der zunehmenden *Freisetzung radioaktiver Substanzen* in der Umwelt verursacht durch Nuklearwaffen, Kernkraftwerke, Endlagerstätten, Uran-Geschosse *(depleted uranium),* wie sie von den USA verwendet werden, und gesunkene Atom-U-Boote, die am Meeresgrund verrotten.

Allein die russische Flotte verfügte über mehr als 200 Atom-U-Boote, von denen inzwischen mehr als hundert ausgemustert sind. Viele davon liegen auf dem Meeresboden. Das U-Boot K 219, das vor den Bermuda-Inseln auf Grund liegt, hat neben seinen Reaktoren auch 32 Atomsprengköpfe und zwei Torpedos an Bord. Andere U-Boot-Wracks liegen im Hafen von Murmansk, immer noch mit hochradioaktivem Material an Bord.

Diese Problematik ist auch für das Trinkwasser von immenser Bedeutung, weil die Ummantelungen der in den Weltmeeren auf Grund liegenden Reaktoren und Atomwaffen im Laufe der Zeit durchrosten und das radioaktive Material freigesetzt wird. Nach und nach gelangt die Radioaktivität über die Verdunstung und beim Abregnen der Wolken in die Biosphäre und damit auch in den Süsswasserkreislauf. So sind Meerwasser und Trinkwasser letztlich in einem einzigen Wasserkreislauf miteinander verbunden.

Um bei Russland zu bleiben: Seit 1957 war die Insel Nowaja Semlja Testgebiet für Kernwaffenversuche; hier detonierte die größte jemals gezündete Wasserstoffbombe. Insgesamt wurden in Nowaja Semlja 132 Kernwaffenversuche durchgeführt, 86 davon in der Atmosphäre, 43 unterirdisch und drei unter Wasser. Im Umkreis der Insel wurden zahlreiche außer Dienst gestellte Atom-U-Boote versenkt. Bei der ohnehin hohen radioaktiven Verseuchung beschloss man, hier ein atomares Endlager einzurichten. In der Barentssee wurden zahlreiche ausgediente Brennelemente versenkt sowie Hunderte Tonnen radioaktiver Abfall.

Weltweit gibt es zurzeit mehr als 440 *Kernkraftwerke*. Der radioaktive Müll stellt die Menschheit vor ein kaum zu lösendes Problem und die Liste technischer Pannen und Umweltdelikte, bei denen radioaktive Substanzen freigesetzt und die oft erfolgreich vertuscht werden, ist nahezu endlos. So wurde in der Öffentlichkeit bis heute kaum registriert, dass aus dem russischen Chemiekombinat Majak, wo während der Sowjetzeit der Hauptanteil des kernwaffenfähigen Plutoniums für die Atomwaffenproduktion gewonnen wurde, regelmäßig flüssige radioaktive Abfälle in den Fluss Tetscha abgeleitet wurden. Zu den vielen Unfällen, die sich auf dem Majak-Gelände ereigneten, gehört auch die Kyschtym-Katastrophe im Jahr 1957, neben dem Reaktorunfall in Tschernobyl eine der gravierendsten nuklearen Havarien in der Geschichte der Menschheit.

Auch der Einsatz von *Uranmunition* ist mittlerweile zur Normalität geworden. Während des Krieges in Serbien, Bosnien und im Kosovo, aber auch in den beiden Golfkriegen wurde sie von der US-Armee tonnenweise verschossen. Allein in der Umgebung von Basra übertrifft die radioaktive Strahlung die natürliche Erdstrahlung inzwischen um das 30 000-fache.

Die besondere Brisanz bei jeglicher Verseuchung der Umwelt mit radioaktiven Substanzen besteht darin, dass sich die Strahlung so gut wie nicht eleminieren lässt, weder durch Hitze oder Kälte noch durch Druck oder Filtration. Hinzu kommt, dass die Halbwertszeiten – diejenigen Zeitspannen, in denen die Menge eines bestimmten radioaktiven Nuklids auf die Hälfte zurückgeht – enorm sind: So hat, um nur einige Beispiele zu nennen, Thorium^{232} eine Halbwertszeit von 14 Milliarden Jahren, bei Uran^{238} sind es 4,47 Milliarden Jahre und bei Plutonium^{239} 24 110 Jahre.

Die Frage der Endlagerung ist nach mehr als 50 Jahren der Nutzung von Kerntechnologien noch immer ungeklärt und erscheint auch kaum lösbar. Es ist nach heutigem physikalischem Verständnis nicht möglich, hochgiftige Stoffe über längere Zeiträume hermetisch von der Umwelt abzuschirmen, damit sie nicht in die Biosphäre gelangen. Selbst der Sachverständigenrat für Umweltfragen, ein Gremium, das den Bundesumweltminister berät, betrachtet es in seinem Bericht für das Jahr 2000 als fraglich, ob es jemals möglich sein wird, eine sichere Endlagerung von Atommüll zu realisieren.

Die einzig mögliche Konsequenz daraus wäre, zum frühestmöglichen Zeitpunkt die militärische wie auch die «friedliche» Nutzung von Kernenergie einzustellen. Auch sollte geklärt werden, wer im strafrechtlichen Sinne für die aus ihr resultierenden Umweltschäden zur Verantwortung zu ziehen ist. Es mutet geradezu menschenverachtend an, wenn Vermögensdelikte von Gerichten aufs Schärfste geahndet werden – offenbar eine Art Überkompensation –, während schwerste Verbrechen gegen die Umwelt und das Leben auf der Erde durch die Freisetzung radioaktiver Stoffe noch nicht einmal als Offizialdelikt verfolgt werden.

Auch andere *Umweltkatastrophen* gehen meist mit einer Verseuchung des Wassers einher. Bei steigendem Bedarf an Bodenschätzen und zunehmender Industrialisierung gerade in Ländern mit niedrigen Umweltschutz- und Sicherheitsstandards nimmt die Zahl der Unfälle und das Ausmaß der Verschmutzung auf bedrohliche Weise zu. So kam es im Januar 2000 in Rumänien zu einer Katastrophe, nachdem ein Damm des Schlammbeckens eines Bergwerks gebrochen war und eine Cyanid-

Brühe in mehrere Flüsse – Lapus, Somesul, Theiss und Donau – gelangte. Das Cyanid, ein Salz des Zyanwasserstoffs, wird dazu verwendet, Gold aus metallhaltigem Gestein herauszuwaschen.

Ein anderes Industriegift ist Perfluoroctansulfonat (Pfos) welches in Textilien, Teppichen, Ledermöbeln, Farben, Papier, Verpackungen und Kosmetika eingesetzt wird. In verschiedenen Flüssen kam es bereits zu erhöhten Werten, die Speisefische zu Sondermüll mutieren ließen und den Müttern die Empfehlung bescherte, doch lieber Flaschenwasser für ihre Kinder zu benutzen.

Im April 2003 brach die von der deutschen WestLB finanzierte SOTE-Ölpipeline in Ecuador und verseuchte das Cayambe-Coca-Naturschutzgebiet im Páramo, ebenso die Trinkwasserversorgung von Quito bei Papallacta, den Sucos-Fluss, die Thermalquellen von Papallacta und den Papallacta-See. Solche Unfälle wiederholen sich ständig und unzählige andere Katastrophen wie Havarien von Tankern und Chemieunfälle kommen hinzu. Man schätzt, dass allein in China weit über 60 Prozent der Flüsse so stark verschmutzt sind, dass ihr Wasser ungenießbar ist. Bei den meisten Umweltkatastrophen tragen die Industriestaaten mit ihrem enormen Ressourcen-Bedarf einen erheblichen Teil der Schuld, weil sie weltweit an der Realisierung riskanter und umweltgefährdender Projekte beteiligt sind und diese über die Weltbank und andere Institutionen finanzieren und absichern. Auf internationaler Ebene wäre es dringend nötig, wirkungsvolle Maßnahmen zur Vermeidung solcher Umweltverseuchungen zu verabschieden und mit Durchsetzungsmechanismen zu versehen.

Bereits 40 000 *Großstaudämme* gibt es weltweit. Neben den verheerenden sozialen Folgen durch Umsiedlung von Millionen von Menschen beziehungsweise Entsiedlung ganzer Landstriche ist die negative Auswirkung der Dämme auf die Wasserversorgung erheblich. Über die stark erweiterten Verdunstungsflächen durch Stauseen gehen Millionen von Kubikmetern Süßwasser verloren mit dem Ergebnis, dass die Unterläufe der Flüsse immer weniger Wasser führen. Ein weiteres Problem besteht darin, dass die Selbstreinigungskraft der Flüsse verloren geht und die mitgeführten Giftstoffe sich hinter den Staumauern ablagern. Früher oder später wird es notwendig sein, solche Großstaudämme zurückzubauen.

Großprojekte wie der Ilisu-Staudamm in der Türkei werden erst möglich durch deutsche Export-Beihilfen wie die der KFW-Bank, durch Hermesbürgschaften oder durch Bürgschaften anderer Länder. Daher muss auch der Protest gegen Großstaudamm-Projekte auf internationaler Ebene weiter mobilisiert werden. In Indien wird derzeit an den Narmada-Staudämmen gearbeitet, einem der größten Wasserbauvorhaben überhaupt. Kernstück ist der Sardar-Sarovar-Damm, gegen den die Bewohner von über 245 Dörfern, die überflutet werden sollen, erbitterten Widerstand leisten.

Mit dem Kampf um das Trinkwasser geht in zahlreichen Fällen auch ein *Angriff auf Demokratie und Menschenrechte* einher. Als der chinesische Maisbauer Fu Xiancai im Sommer 2006 in deutschen Medien den Drei-Schluchten-Damm am Jangtse kritisierte, fand er sich wenig später zum Krüppel geschlagen im Krankenhaus wieder. Hier ist besondere Wachsamkeit auch den westlichen Industrienationen gegenüber geboten, die gerade bei Ländern wie China die Frage der Menschenrechte wirtschaftlichen Interessen unterordnen.

Großstaudammprojekte stehen auch oft in einem unmittelbaren Zusammenhang mit bewaffneten Konflikten, auch wenn dies in den Medien kaum erwähnt wird, und die Frage der Wasserverteilung könnte in Zukunft vermehrt Anlass zu kriegerischen Auseinandersetzungen geben. Wenn beispielsweise mit dem GAP-Projekt in der Türkei das Wasser von Euphrat und Tigris den Anrainerstaaten Syrien und Irak «abgegraben» wird, ist Gewalt vorprogrammiert. Auch der Israel-Palästina-Konflikt ist zu einem guten Teil ein Konflikt um das Wasser des Jordan, des Litani, der Quellen auf den Golanhöhen und um andere Wasserressourcen.

Ähnlich umweltschädigend wie die Großstaudämme ist das sogenannte River-Linking, das Verbinden oder Umleiten natürlicher Flüsse durch künstliche Kanäle. In Brasilien kämpfen derzeit Bürger gegen die Umleitung des Rio São Francisco; ein Bischof trat in den Hungerstreik und erklärte, sein Leben für das des Flusses geben zu wollen. In Indien wird über ein Großprojekt nachgedacht, mit dem fast alle bedeutenden Flüsse des Subkontinents miteinander verbunden werden sollen, einschließlich Ganges und Brahmaputra. Zu seiner Verwirklichung müssten 100 Großstaudämme gebaut werden. Ohne internationale Einmischung wird sich ein solches aberwitziges Projekt kaum stoppen lassen.

Die Wasserversorgung ist auch durch das *Abschmelzen der Gletscher* infolge der stetigen Klimaerwärmung bedroht. Ein Teufelskreis hat begonnen. Durch den Ausstoß von Kohlendioxyd und anderen klimawirksamen Gasen entsteht ein Treibhauseffekt, der die durchschnittlichen Temperaturen ansteigen lässt. Gletscher und Polkappen schmelzen und das darin gebundene Süßwasser fließt ungenutzt in die Flüsse und damit ins Meer. Die durch Klimaveränderung entstandenen Umweltschäden haben bereits bedrohliche Ausmaße angenommen. Überschwemmungen, Hitzewellen, Dürrekatastrophen und Stürme haben in den letzten Jahren Schäden in Milliardenhöhe verursacht. Da Öko-systeme im Allgemeinen träge reagieren, müssten die CO_2-Emissionen unverzüglich und weltweit drastisch gesenkt werden.

Auch der zunehmende Vertrieb von *Flaschenwas-ser* hat sich zu einem internationalen Problem aus-geweitet: Allein die Menge an Plastikmüll, der durch Abermillionen Wasserflaschen verursacht wird, stellt eine hochgradige Umweltverschmutzung dar. Hinzu kommt, dass das Geschäft mit Flaschenwasser zu den profitabelsten Geschäftszweigen gehört und die Kon-sumbereitschaft der Verbraucher durch Werbung wei-ter gesteigert wird. Problematisch wird der Handel mit Flaschenwasser auch dann, wenn Konzerne versuchen, aus einer Quelle auch noch den letzten Tropfen heraus-zuholen, ohne in irgendeiner Weise auf die Umwelt, die Neubildungsrate des Wassers, auf die Versteppung der Landschaft oder auf die heimische Bevölkerung Rück-sicht zu nehmen.

Lösungsansätze auf internationaler Ebene

Entwicklungshilfe in der Dritten Welt sollte immer unter dem Vorbehalt betrachtet werden, dass sie zu wirklich nachhaltigen Effekten führen muss und nicht von Wirt-schaftsinteressen bestimmt ist, die den Menschen ihre

Selbstbestimmung nimmt und sie ihrer Lebensgrundlagen beraubt.

Besonders in Entwicklungsländern sollten daher traditionelle oder moderne Lowtec-Lösungen bevorzugt werden, die die Betroffenen selbstständig handhaben können, damit zur naturgegebenen Abhängigkeit vom Wasser nicht eine künstlich geschaffene technische und finanzielle Abhängigkeit hinzukommt. Auf keinen Fall sollte aber eine Art der Entwicklungshilfe akzeptiert oder mitgetragen werden, die zu einer Privatisierung beziehungsweise zum Ausverkauf der örtlichen Infrastruktur und der Ressourcen führt. Gerade bei einem nachholenden Wirtschaftswachstum, wie es derzeit in China stattfindet, sollte der Reinhaltung des Trinkwassers eine stärkere Aufmerksamkeit geschenkt werden.

Ein Ansatz, der sowohl ökologisch wie auch sozial heilsam wirkt, ist das Konzept der *Lokalisierung* (auch *Subsistenzwirtschaft*) als Antwort auf die zerstörerischen Effekte der Globalisierung. Im Bereich der Wasserwirtschaft bedeutet dies, einer dezentralen Wasserversorgung den Vorzug zu geben, die von den Verbrauchern direkt kontrolliert werden kann. Auch die regionale Entwicklung der Landwirtschaft nach dem *Subsistenzprinzip,* die sich an den konkreten Bedürfnissen der betroffenen Menschen orientiert, intensiviert die Beziehung zum Boden und zu den Erzeugnissen und fördert ein natürliches Interesse an guter Qualität und nachhaltiger Produktion.[90]

Kriterien für die internationale Zusammenarbeit von NGOs und Netzwerken

Bei der internationalen Zusammenarbeit von zivilgesellschaftlichen Organisationen besteht die Gefahr, dass Groß-NGOs den Diskurs bestimmen und Selbsterhaltungsstrategien zum zentralen Motiv werden. Deshalb ist es wichtig, Räume für Begegnungen zu schaffen, in denen sich alle diejenigen treffen können, die an der Gestaltung ihrer Umwelt interessiert sind und sich nicht dem politischen Mainstream unterwerfen wollen.

Ebenso darf die Frage der Finanzierung politischer Arbeit und die aktive oder passive Einflussnahme durch Sponsoring nicht zur Falle werden. Im Zweifelsfall ist es besser, sich auf das vorhandene Geld und die Initiative der Beteiligten zu beschränken. Ein Positiv-Beispiel ist die Art und Weise, wie die Bolivianer über ihre Nachbarschafts-Komitees ohne Großorganisationen und mit geringen Geldmitteln ihren Widerstand gegen die Wasserprivatisierung zum Erfolg geführt haben.

Genauso wichtig sind unabhängige Konferenzen, die nicht von Sponsoren oder von Groß-NGOs, politischen Stiftungen oder anderen verlängerten Armen der Politik und Wirtschaft unauffällig gesteuert werden. Die Unterwanderung der Zivilgesellschaft ist gegenwärtig ein Problem von enormem Ausmaß. Ein Beispiel für eine schädliche Kampagne ist die Kooperation zwischen Lidl und dem Fair-Trade-Label «Transfair», die weniger dem fairen Handel als der Imagepflege des Billig-Sortimenters dient. Veranstaltungen wie das «Weltwasserforum», an dessen Gründung internationale Wassermultis wie

Suez beteiligt waren, geben sich zwar unabhängig, können aber keine neutrale Plattform für den Austausch über Fragen der Wasserversorgung bieten. Bei der Beteiligung an Konferenzen und Projekten sollte man daher stets darauf achten, wer diese finanziert und welche Intentionen mit ihnen verbunden sind. Vielfach handelt es sich um Scheinveranstaltungen.

Abzulehnen ist daher auch die Mitarbeit am «Multistakeholder Review»,[91] mit dem die Wasserprobleme im Sinne der Millenniumsziele 2015 gelöst werden sollen. Dieses Projekt ist konzerngesteuert und hat alles andere als einen gerechten Zugang zum Wasser im Sinn (siehe S. 122ff.).

Auf internationaler Ebene gibt es aber auch Beispiele, die Mut machen und zeigen, wie sich etwas positiv verändern lässt. In den *Niederlanden* wurde ein Wassergesetz verabschiedet, wonach im ganzen Land die Wasserversorgung nur von der öffentlichen Hand betrieben werden darf. Die Wasserversorgung in den Niederlanden gehört zu den effizientesten und nachhaltigsten in der Welt, und das ohne private Beteiligung.

In vielen Städten der Welt konnten Wasser-Privatisierungsverträge aufgelöst und das Wasser wieder in die Verfügungsgewalt der Bürger gebracht werden. Gerade in lateinamerikanischen Ländern, in denen der Beutezug der Wasserkonzerne schon früh begonnen hat, wurden aus den Erfahrungen der Privatisierung Lehren gezogen, denen sich die Verantwortlichen hierzulande beharrlich verweigern. Auseinandersetzungen mit internationalen Institutionen, Regierungen und Konzernen haben dort zu einer Mobilisierung der Bürger geführt und zu einem wachsenden Bewusstsein für demokratische Strukturen, denen gegenüber politische Entscheidungsprozesse in Deutschland und anderen europäischen Ländern als rückständig erscheinen müssen.

Eine zentrale Frage ist bei diesen Auseinandersetzungen die nach dem Eigentum am Wasser. Uruguays Bevölkerung hat im Oktober 2004 mit 64,4 Prozent der Stimmen einem Verfassungszusatz zugestimmt, wonach die Wasserversorgung im Land nur öffentlich, partizipativ und nachhaltig betrieben werden darf. In Bolivien hat der 2005 gewählte Präsident Evo Morales das Amt eines Wasserministers geschaffen und es mit dem Wasseraktivisten Abel Mamani besetzt, der die Proteste in El Alto und La Paz mitorganisiert hatte. In Porto Alegre und weiteren Städten Lateinamerikas wird mit dem «Bürgerhaushalt» (Orcamento Participativo) eine Form der direkten, lebendigen Demokratie praktiziert, bei der die Bewohner Einfluss auf ihre Wasserversorgung nehmen können. Diese Form der unmittelbaren Begegnung und Entscheidung bringt etwas Hoffnungsvolles und Zukünftiges mit sich.

Alternative Methoden der Wasserversorgung

Bereits heute wird darüber nachgedacht, auf welche Weise Wasser «organisiert» werden soll, wenn die verfügbaren Ressourcen verbraucht oder verschmutzt sind. Es erscheint mir an dieser Stelle nicht sinnvoll, einzelne Konzepte wertend zu beurteilen, weil dazu bisher kaum Erfahrungen vorliegen und eine Bewertung auch von einer konkreten Situation oder Notlage abhängig gemacht werden sollte.

Eine gewisse Bedeutung haben bereits *Meerwasserentsalzungsanlagen* erlangt, mit denen Salzwasser mittels Membrantechnologie zu Trinkwasser aufbereitet wird. Die deutsche Firma Aqua Society wiederum hat ein Modul zur Trinkwassererzeugung entwickelt, mit dem die Luft bis zum Taupunkt abgekühlt und das entstehende Kondenswasser in einem Auffangbehälter gesammelt, gefiltert und mineralisiert wird.

Ein anderer Ansatz besteht im Transport von Trinkwasser in großem Stil. So wurden Überlegungen angestellt, Eisberge aus der Antarktis in trockene Gebiete zu schleppen, um dort die Trinkwasserversorgung sicherzustellen. Niederländische Geoforscher des Omegae-Konsortiums haben im Jahr 2005 große Grundwassermengen 50 bis 100 Meter unter dem Meeresboden entdeckt und wollen es mit Bohrinseln fördern. Derzeit wird an einem Pilotprojekt gearbeitet, mit dem die Megametropole Jakarta in Indonesien auf diese Weise mit Trinkwasser versorgt werden soll. Eine vergleichsweise einfache Methode, die schon heute praktiziert wird, besteht darin, Süßwasser in riesigen, von Schiffen gezogenen Plastikschläuchen über weite Strecken zu transportieren.

All diese Konzepte sind aber mit Vorsicht zu genießen und dürfen nicht darüber hinwegtäuschen, dass im Sinne der Nachhaltigkeit Wasser nur in dem Maße verschmutzt werden darf, wie es wieder gereinigt werden kann oder sich auf natürliche Weise regeneriert. Dazu bedarf es nicht nur technischer Lösungen zur Wassergewinnung und -verteilung, sondern vor allem der Einsicht, dass das Trinkwasser keine Handelsware ist, die sich in beliebiger Menge reproduzieren lässt und die einer kommerziellen Nutzung zum Vorteil weniger ausgeliefert werden darf.

Die volle Verfügungsgewalt über die Wasserversorgung und -entsorgung muss selbstbestimmt in den Händen derer liegen, die das Wasser für ihr tägliches Leben benötigen. Dies betrifft auch Entscheidungen oder Verträge, deren Konsequenzen erst in ferner Zukunft Wirkung entfalten. Auch für nachfolgende Generationen muss das uneingeschränkte Verfügungsrecht über sauberes Trinkwasser gewahrt bleiben.

Bei allen bisherigen Kämpfen um das Wasser, bei allen Privatisierungsvorhaben weltweit war zu beobachten, dass mit dem Wasserverkauf immer auch ein Ausverkauf von Mitbestimmung und Bürgerrechten einherging, die den Profitinteressen der Konzerne geopfert wurden. Die Entwicklung einer lebendigen Demokratie, in der die Menschen über ihre Lebensbedingungen auf allen Ebenen selbst bestimmen, ist für eine Sicherung der Daseinsvorsorge unerlässlich – und für eine Zukunft ohne Kriege um das Wasser.

ANMERKUNGEN

1 Prognose der Vereinten Nationen von 2005; siehe http://esa. un.org

2 *Ideas* 9, 2006; siehe http://commerzbank.onvista.de

3 Werbetext zum DWS-Fonds «Zukunftsressourcen»; siehe http://info.dws.de, Menüpunkt «DWS Fonds».

4 Der Verkauf von Thames Water erfolgte im Dezember 2006; American Water soll 2007 abgestoßen werden.

5 Weiterführung des GAP-Projektes (Güneydoğu Anadolu Projesi).

6 Weitere Informationen auf der Website von *watch-indonesia,* der Arbeitsgruppe für Demokratie, Menschenrechte und Umweltschutz in Indonesien und Osttimor e.V.: http://home. snafu.de/watchin

7 Die übrigen Anteilseigner sind Bolivia Investment Corporation (Investment-Eliten; sie halten 22 Prozent), Inversora en Servicios S.A. (9 Prozent) und Connal S.A. (5 Prozent).

8 Weitere Forderungen bezogen sich auf die Einrichtung einer verfassungsgebenden Versammlung mit dem Ziel, die Bevölkerung stärker in die politischen Entscheidungsprozesse einzubinden, die Rückverstaatlichung der Gasreserven und die Eröffnung eines Verfahrens gegen den ehemaligen Präsidenten Sánchez de Lozada, weil dieser auf unbewaffnete Demonstranten schießen ließ. Die Bürgerproteste wurden von mehreren Organisationen getragen.

9 Siehe www.bmz.de unter «Presse/Reden und Statements/Bundesministerin Heidemarie Wieczorek-Zeul».

10 www.oeko-net.de/kommune/kommune06-03/awasseid.htm

11 Ziel der mit 12,78 Millionen Euro vom Bundesministerium für wirtschaftliche Zusammenarbeit und Entwicklung geförderten PROPAC-Kampagne: «Unternehmen der Wasserwirtschaft in kleinen und mittleren Städten in die Lage versetzen, eine hygienisch einwandfreie und nachhaltige Trinkwasserversorgung und Abwasserentsorgung zu gewährleisten»; siehe www.proapac.org

12 Offener Brief an die internationale Gemeinschaft zur Anprangerung der Deutschen Gesellschaft für Technische Zusammenarbeit (GTZ) vom Juni 2004.

13 Oberstes Gesetz Nr. 26587.

14 PADEP: Programa de Apoyo a la Gestión Pública Descentralizada y Lucha contra la Pobreza (Dezentrale Regierungsführung zur Unterstützung der nationalen Armutsbekämpfungsstrategie). Siehe unter www.german-foreign-policy.com den Beitrag *Balkanisierung in Südamerika* vom 8. Juli 2007.

15 Siehe *Frankfurter Allgemeinen Zeitung* vom 25. März 2006. Laut Geschäftsbericht von RWE handelt es sich um 15 Millionen Euro, wobei spätere Zukäufe noch nicht berücksichtigt sind.

16 RWE-Verhaltenskodex, S. 4; siehe www.rwe.com unter «Konzern/Verhaltenskodex».

17 Ebenda, Präambel und Kapitel 4, S. 17.

18 Ebenda, Kapitel 4, S. 17.

19 www.ngo-online.de am 23. Januar 2006.

20 www.rwethameswater.com unter «publications & download».

21 Siehe RWE-Verhaltenskodex, Kapitel 3: «Außenbeziehungen».

22 Der Kaufvertrag wurde am 16. Oktober 2006 unterschrieben. Nach der Zustimmung des Aufsichtsrats der RWE AG am 21. Oktober hat auch die Europäische Kommission als zuständige Kartellbehörde die Transaktion am 28. November 2006 genehmigt, womit alle Bedingungen für den Vollzug erfüllt sind. Zu den Bewerbern gehörten die britische Investmentgesellschaft Terra Firma, die staatliche Investmentbehörde des Emirats Katar, der australische Energiekonzern Alinta und das Konsortium Kemble Water Limited, das den Zuschlag bekommen und für 11,9 Milliarden Euro inklusive Schuldenübernahme Thames Water gekauft hat. Kemble Water wiederum wird dirigiert vom Macquarie European Infrastructure Fund, einem Investmentableger der australischen Macquarie-Bank. Die Macquarie Infrastructure Group (MIG) ist auch einer der weltweit größten Betreiber von gebührenpflichtigen Straßen.

23 Mit Unterstützung des Dachverbands der Kritischen Aktionäre und besonders Henry Mathew.

24 Siehe www.unser-aller-wasser.de

25 Gemeindeordnung für Baden-Württemberg vom 8. April 1976, § 1 beziehungsweise § 32,1.

26 Ebenda, § 2 beziehungsweise § 32, Absatz 3.

27 Werner Rügemer in der Zeitschrift *Freitag* vom 31. Oktober 2003; siehe www.freitag.de

28 GRDrs 15/2002 vom 17. Januar 2002 sowie Beschlussfassung im Gemeinderat am 7. Februar 2002.

29 Form der Korruption, die nicht strafbar ist – wenn beispielsweise Zuwendungen an Politiker durch sogenannte Beraterverträge, Beirats- oder Aufsichtsratsposten legitimiert werden.

30 EnBW Regional AG: Kerngesellschaft der EnBW, die für den Zugang zu den unternehmenseigenen Stromverteilungsnetzen in Baden-Württemberg verantwortlich ist. Sie pflegt Kontakte zu den Kommunen und verwaltet die Beteiligungen an den Stadtwerken.

31 Ausgabe 3/2004.

32 Beschlussempfehlungen und Berichte des Petitionsausschusses zu verschiedenen Eingaben; Drucksache 13/4903 vom 15. Dezem-

ber 2005 (Antwort des Petitionsausschusses auf eine vom Stuttgarter Wasserforum eingereichte Petition vom 8. Juni 2004).

33 Homepage der Stadt Stuttgart unter der Überschrift: «Stuttgarter Wasserversorgung auf Dauer gesichert – Gesetzliche Vorschriften und Verträge garantieren hohe Qualität und niedrigen Preis».

34 Investmentgesellschaften, die meist eine Strategie kurzfristiger Gewinnmaximierung verfolgen. Im Gegensatz zu herkömmlichen Investmentfonds sind sie an einer nachhaltigen Unternehmensentwicklung kaum interessiert; sie nutzen extreme Marktschwankungen und können mit den von ihnen verwalteten Milliardenbeträgen den Kapitalmarkt stark beeinflussen. 1992 gerieten die Praktiken eines Hedge-Fonds erstmals in die Schlagzeilen, als der vom Milliardär George Soros geführte Quantum Fund erfolgreich gegen das Britische Pfund spekulierte. Großbritannien musste daraufhin das Europäische Währungssystem verlassen.

35 *Stuttgarter Zeitung* vom 22. November 2006, S. 13.

36 1 Ws 260/06. – Vgl. Pressemitteilung der Staatsanwaltschaft Karlsruhe vom 8. Juni 2007.

37 *Amtsblatt der Landeshauptstadt Stuttgart* vom 28. Juli 2005, S. 4.

38 CBL-Geschäfte werden aber auch in anderen Ländern abgewickelt, zum Beispiel in Frankreich, Österreich, der Schweiz, Belgien oder den Niederlanden. Es gibt aber noch eine weitere Ausprägung von Leasing-Geschäften, und zwar die innerdeutschen. Aufgrund einer veränderten Gesetzeslage konnte zum Beispiel die Stiftung Moena, die zu Aldi-Süd gehört, 1997 die Müllverbrennungsanlage der Stadt Aachen kaufen (Transaktionsvolumen: 325 Millionen Euro) und sie für 30 Jahre zurückvermieten.

39 Nach meiner Überzeugung ist diese Sichtweise bezüglich solcher Geschäfte sogar schon vor 1999 bekannt gewesen, weil in den Leitlinien des Internal Revenue Service schon in den 80er-Jahren eine Abschreibungsmöglichkeit verneint wurde, wenn dem Geschäft die wirtschaftliche Substanz fehlt (Sections 162 und 163).

40 GRDrs 197/2003 vom 27. Februar 2003.

41 GRDrs 735/2002 vom 15. August 2002.

42 Schreiben des Innenministeriums Baden-Württemberg vom 7. April 2003 auf eine umfangreiche Anfrage (13/1885) der Grünen-Fraktion im Landtag.

43 *Dresdner Neuste Nachrichten* vom 28. Dezember 2005; siehe www.dnn-online.de.

44 Werner Rügemer in der *taz* vom 1. Juni 2004.

45 Die Verwaltung musste die Vorlage im letzten Moment zurückziehen, als sie bemerkte, dass sie ohne Genehmigung des US-Investors den Brückenpfeiler auf dem Klärwerksgelände nicht

errichten konnte. Konkret hatte die SPD-Fraktion in Stuttgart mit Antrag 31/2003 unter anderem die Frage an die Verwaltung gestellt: «Welche Einschränkung der Freiheit bei der Nutzung durch die Kommune gibt es?» und die Verwaltung anwortete: «Auch Modifikationen an den Anlagen können wie bisher ohne Einschränkung nach eigenem Ermessen durch die deutsche Vertragsseite als Eigentümer und Betreiber durchgeführt werden» (siehe GRDrs 197/2003 vom 27. Februar 2003). – Als aber Anfang 2006 die Trassenführung und die Brücke über den Neckar beschlossen werden sollten, schlug der Baubürgermeister Matthias Hahn Alarm: Der Stadtkämmerer warne dringend vor der Entscheidung, die Brücke könne nicht ohne Zustimmung des US-Trust gebaut werden, es sei ein Eingriff in den Vermögenswert und es könne eine Forderung in Höhe eines zweistelligen Millionenbetrags auf die Stadt zukommen (siehe *Stuttgarter Amtsblatt* vom 23. Februar 2006 sowie *Stuttgarter Zeitung* vom 22. Februar 2006.) Vertreter des Regierungspräsidiums hatten daraufhin vorgeschlagen, die Brücke einfach außerhalb des Klärwerkbereichs zu realisieren. Selbst wenn es dazu kommen sollte, zeigt sich dabei, wie teuer CBL-Abenteuer werden können, weil die alternative Neckarquerung L 1197 19,4 Millionen Euro kosten würde und nicht, wie die alte Führung, 12,3 Millionen (siehe Fachaufsichtsbeschwerde von MdB Hermann Scheer und MdL Katrin Altpeter vom 9. Oktober 2006).

46 Eine rechtliche Klärung, ob dieser Umgang mit öffentlichem Eigentum gemäß § 266 des Strafgesetzbuchs den Tatbestand der Untreue erfüllt, ist bisher nicht erfolgt. Interessant wäre auch die Frage, ob mit einer Aufsichtsbeschwerde bei der Kommunalaufsicht abstellend auf den § 77 der Gemeindeordnung geklagt werden könnte. Dieser Paragraf besagt: «Die Gemeinde hat ihre Haushaltswirtschaft so zu planen und zu führen, dass die stetige Erfüllung ihrer Aufgaben gesichert ist.» Genau diese wird aber in mehrfacher Hinsicht durch den Abschluss von CBL-Geschäften unmöglich. – In Baden-Württemberg kann auch § 75 der Landesverfassung hilfreich sein, der es dem Land erlaubt, per Gesetz der Kommune Schuldverpflichtungen, Gewährschaften oder auch die Veräußerung von Vermögen zu versagen.

Eine konkrete Klage gegen einen Abwassergebührenentscheid der Stadt Stuttgart betreibt derzeit Rechtsanwalt Roland Butteweg im Auftrag des Stuttgarter Wasserforums. Dabei vertreten wir die Ansicht, dass der Ertrag aus den CBL-Geschäften, welche die Stadt mit den Kläranlagen (1999) und mit dem Abwasserkanalnetz (2002) gemacht hat, sich gebührenmindernd auswirken müsse im Sinne des Kommunalabgabengesetzes und nicht, wie es von der Stadt praktiziert wurde, dem allgemeinen Vermögenshaushalt zuzurechnen sei (vgl. OVG Münster, NVwZ 1995, 1238). Mit großer Wahrscheinlichkeit wird es eine längere Auseinandersetzung geben. Allein schon wegen der Eigentumsfrage beharren wir darauf, den Originalvertrag einzusehen, was die von der Stadt beauftragte CBL-Berater-Kanzlei Clifford Chance mit den Argumenten verweigert: «Die Beklagte wird dieser Aufforderung nicht nachkommen, weil dafür keine Veranlassung besteht. [...] Einer Vorlage der Vertragsdokumentation der US-Lease-Transaktion und deren Übersetzung bedarf es nicht. [...] Für den Fall, dass das Gericht dies anders sieht, weisen wir – vorsorglich – auf Folgendes hin: Die gesamte Vertragsdokumentation in der Transaktion 2002 umfasst circa 2600 Seiten. Sie existiert nur in englischer Sprache. Die durchschnittlichen Übersetzungskosten je Seite liegen bei Euro 120.– bis Euro 130.– netto, sodass die Übersetzung der gesamten Vertragsdokumentation Kosten in Höhe von circa Euro 320 000.– netto zzgl. 51 000.– Mehrwertsteuer verursachen würde, die die Prozesspartei, die den Rechtsstreit verliert, zu tragen hätte. [...] Nach uns gegebenen Auskünften wäre ein Übersetzer damit 18 Monate beschäftigt!» – Kurzum, es wird alles versucht, um die Original-Dokumentation geheim zu halten.

47 *Rhein-Main-Zeitung* vom 16. Juni 2003.

48 *Stuttgarter Zeitung* vom 22. September 2003.

49 *Staatsanzeiger für Baden-Württemberg* vom 5. Mai 2003, S. 3.

50 Wolfgang Schuster in einem Brief an ein Mitglied des Stuttgarter Wasserforums vom 3. März 2003.

51 Interview-Reihe «Fragen Sie Herrn Schuster» im *Stuttgarter Wochenblatt* vom 9. Februar 2006.

52 Siehe auch *Koordination gegen Bayer-Gefahren,* www.cbgnetwork.org

53 Siehe auch www.bmz.de, Menüpunkt «Presse/Reden und Statements/Bundesministerin Heidemarie Wieczorek-Zeul».

54 Als Benchmarking («Maßstäbe setzen») bezeichnet man die Anwendung bestimmter Verfahren, um Schwächen von Unternehmensabläufen durch Vergleich mit anderen Unternehmen oder Prozessen aufzudecken und um deren Effizienz zu steigern.

55 *Die Zeit* vom 29. April 2004.

56 Als «Asienkrise» (auch «asiatische Finanzkrise» oder «asiatische Währungskrise» genannt) wird die Finanz- und Wirtschaftskrise Ostasiens in den Jahren 1997 und 1998 bezeichnet. Sie begann im Juli 1997 in Thailand und griff auf mehrere asiatische Staaten über, insbesondere auf viele der sogenannten Tigerstaaten. Die am stärksten betroffenen Länder waren Indonesien, Südkorea und Thailand. Auch in Malaysia, den Philippinen und Hongkong machte sich die Krise bemerkbar, während die Volksrepublik China und Taiwan größtenteils unberührt blieben. Die zeitgleiche Krise in Japan hatte ihre eigenen Ursachen, wurde durch die Asienkrise aber noch verstärkt.

57 International Bank for Reconstruction and Development (Internationale Bank für Wiederaufbau und Entwicklung, IBRD), International Development Association (Internationale Entwicklungsorganisation, IDA), International Finance Corporation (IFC), Multilateral Investment Guarantee Agency (Multilaterale Investitions-Garantie-Agentur, MIGA) und International Center for Settlement of Investment Disputes (Internationales Zentrum für die Beilegung von Investitionsstreitigkeiten, ICSID). Die Weltbank hat – ähnlich der WTO – ihre eigene internationale «Gerichtsbarkeit» mit einem Streitbeilegungsgremium, dem Dispute Settlement Body (DSB).

58 International Finance Corporation (IFC): Gesellschaft der Weltbankgruppe mit Sitz in Washington D.C. Sie fördert Privatinvestitionen durch eigene Darlehen und Beteiligungen und ist beratend und mit technischer Hilfe tätig.

59 Keynesianismus: Wirtschaftstheoretische Richtung, die auf die Lehren des englischen Ökonomen und Mathematikers John Maynard Keynes zurückgeht. Keynes postulierte die Unberechenbarkeit und Ineffizienz der Märkte und befürwortete fiskalpolitische Interventionen des Staates. Auf der Konferenz von Bretton Woods 1944 konnte sich Keynes mit seinen Vorschlägen zu einem internationalen Währungssystem, das unabhängig vom Dollar als Leitwährung stabile Wechselkurse garantiert, nicht gegen amerikanische Interessen durchsetzen.

60 Hervorhebung durch den Autor.

61 Siehe Artikel 146 des deutschen Grundgesetzes. – Zwar argumentieren die EU-Verfechter, dass der Artikel 24.1 des Grundgesetzes dies gestatte. Dass aber eine so umfassende Übertragung von Hoheitsrechten nicht der Intention des Grundgesetzes entspricht, ergibt sich auch aus den Artikeln 19.2 und 79, der sogenannten «Ewigkeitsklausel». Danach sind die Grundelemente des Staates sowie auch der Staat selbst nicht veräußerbar und nicht antastbar.

62 Siehe *Der Spiegel*, 45, 1998.

63 Zur Umsetzung von Wirtschaftsinteressen existieren im Dunstkreis der EU zahlreiche Institutionen: der «133er-Ausschuss», besetzt mit EU-Bürokraten und Konzernvertretern, der unter Ausschluss der Öffentlichkeit entscheidende Beschlüsse vorbereitet; ERT (European Round Table of Industrialists), eine Lobbygruppe von circa 45 Wirtschaftsführern und damit eine der mächtigsten Institutionen, die direkt Einfluss auf EU-Verträge und die Ausrichtung der EU-Politik nimmt; ähnlich ausgerichtet ist der europäische Arbeitgeber- und Industrieverband UNICE (Union of Industrials and Employers Confederation of Europe); der TABD (Transatlantic Business Dialogue) bildet die transatlantische Brücke und verbindet die Machtinteressen auf beiden Seiten des Atlantiks; das European Service Forum ESF

mit Sitz in Brüssel, ein Netzwerk von Dienstleistungskonzernen, das sich für die Liberalisierung und Privatisierung im Dienstleistungssektor einsetzt und 1999 mit der Absicht gegründet wurde, auch im Rahmen der GATS-Verhandlungen unter anderem die Interessen der Wassermultis durchzusetzen. Die Konzerne Suez und Veolia zählen beispielsweise zu den Mitgliedern.

64 Rechtssache Halle, C-26/03. Daraus auszugsweise: «Beabsichtigt ein öffentlicher Auftraggeber, mit einer Gesellschaft, die sich rechtlich von ihm unterscheidet und an deren Kapital er mit einem oder mehreren privaten Unternehmen beteiligt ist, einen entgeltlichen Vertrag über Dienstleistungen zu schließen, die in den sachlichen Anwendungsbereich der Richtlinie 92/50 in der Fassung der Richtlinie 97/52 fallen, so sind die in dieser Richtlinie vorgesehenen Verfahren zur Vergabe öffentlicher Aufträge stets anzuwenden.»

65 *Handelsblatt* vom 19. Juli 2007.

66 Aus einer Rede von Dr. Uschi Eid auf dem Dialogforum *Wasserwirtschaft und Entwicklungszusammenarbeit* am 29. Februar 2000 im Crown Plaza Hotel, Bonn.

67 Drucksache 14/7177.

68 Drucksache 16/1094.

69 Siehe *Berliner Zeitung* vom 21. Januar 2006.

70 Siehe *Handelsblatt* vom 3. und 4. Juli 2006.

71 So arbeitete der Jurist John Roberts, seit Ende 2005 Vorsitzender Richter am US Supreme Court, lange als Partner bei Hogan & Hartson, ebenso Sandy Berger, ehemaliger Sicherheitsberater von Bill Clinton.

72 Siehe www.umweltjournal.de

73 Dokumentation Nr. 547; siehe Veröffentlichung vom 29. August 2005 auf der Website des Bundeswirtschaftsministeriums (www.bmwi.de).

74 «Die Weltbank hat errechnet, dass jährlich 180 Milliarden US-Dollar investiert werden müssen, um das Millenniumsziel im Wassersektor zu erreichen. Tatsächlich werden jährlich etwa 80 Milliarden US-Dollar dafür aufgewendet. Das heißt, es existiert eine Investitionslücke von 100 Milliarden. [...] Ohne Einbeziehung privater Unternehmen und privaten Kapitals ist es nicht möglich, die nötigen Investitionen zu finanzieren.» Siehe *Zugang zu sauberem Trinkwasser ist ein Menschenrecht,* in *Frankfurter Rundschau* vom 2. Juni 2003 sowie auf der Website des Bundesministeriums für wirtschaftliche Zusammenarbeit und Entwicklung (BMZ).

75 Trinkwasser wird steuerlich als Lebensmittel behandelt und mit 7 Prozent Mehrwertsteuer belastet. Die Abwasserentsorgung wird hingegen bei einem kommunalen Versorger ohne Mehrwertsteuer berechnet, bei einem privaten Unternehmen mit 19 Prozent.

76 Siehe netzzeitung.de vom 13. September 2005.

77 Antrag an den Bundesvorstand der CDU für den 21. Parteitag am 3./4. Dezember 2007 in Hannover.

78 Siehe dazu OLG Karlsruhe, Urteil vom 2. Dezember 2005, 14 U 35/04, oder auch das Urteil des BGH vom 31. Mai 2007, III ZR 3/06.

79 Aus dem Urteil der dritten Kammer des VG Regensburg, Aktenzeichen RN 3 K 04.01408 vom 2. Februar 2005.

80 Die Aarhus-Konvention, benannt nach der dänischen Stadt Aarhus, in der ihre Unterzeichnung im Juni 1998 stattfand, ist der erste völkerrechtliche Vertrag, der jeder Person Rechte im Umweltschutz zubilligt. Diese Rechte bestehen in der Information über Umweltfragen, in der Beteiligung an Verwaltungsverfahren zu Projekten mit Umweltauswirkungen sowie in der Möglichkeit, Klage gegen Umweltbeeinträchtigungen zu führen. Siehe www.aarhus-konvention.de

81 Urteilsbegründung des Verwaltungsgerichts Regensburg vom 2. Februar 2005, Aktenzeichen RN 3 K 04.1408.

82 Aktenzeichen 14 K 2003/04.

83 2002 boten die Hertener Stadtwerke ihren Kunden «hertenfonds»-Anteile mit einer festen Verzinsung von 5 Prozent bei jährlicher Kündigung an. Das Gesamtvolumen betrug 10 Millionen Euro, die Stückelung der Anteile reicht von 1000 bis 20 000 Euro, dies ist zugleich die Obergrenze. Das Kapital wird für Investitionen im Aufgabenfeld der Stadtwerke eingesetzt

84 Siehe auch die jeweilige Website des Anbieters sowie www.verivox.de und www.stromletter.de

85 Eine Spezialistin auf diesem Gebiet ist die indische Öko-Aktivistin Vandana Shiva, die zu diesen Themen wichtige Beiträge publiziert hat: ... *schließlich ist es unser Leben,* Göttingen 1995; *Ökofeminismus,* Zürich 1995 (mit Maria Mies); *Biodiversität. Plädoyer für eine nachhaltige Entwicklung,* Bern 2001; *Biopiraterie. Kolonialismus des 21. Jahrhunderts,* Münster 2002; *Geraubte Ernte. Biodiversität und Ernährungspolitik,* Zürich 2004; *Erd-Demokratie. Alternativen zur neoliberalen Globalisierung,* Zürich 2006.

86 Wolfgang Weitlaner am 20. Juli 2007 in www.pressetext.at, siehe auch: www.noaa.gov, www.lsu.edu, www.univie.ac.at/marine-biology

87 Thomas Stechert in www.newsclick.de vom 15. Dezember 2006.

88 Reimar Paul in *Junge Welt* vom 7. Juli 2007.

89 Siehe *Volksstimme* vom 13. Mai 2006.

90 Siehe dazu die Veröffentlichungen der deutschen Öko-Feministin Maria Mies, unter anderem *Eine Kuh für Hillary. Die Subsistenzperspektive,* München 1997; *Lizenz zum Plündern. Das multilaterale Abkommen über Investitionen MAI,* Hamburg 1998;

Globalisierung von unten. Der Kampf gegen die Herrschaft der Konzerne, Hamburg 2001; *Krieg ohne Grenzen. Die neue Kolonisierung der Welt,* Köln 2004.

91 «Multistakeholder Review»: ein bei der Internationalen Süßwasserkonferenz im Dezember 2001 in Deutschland beschlossenes Aktions-Programm zur angeblichen Auswertung von Privatisierungserfahrungen; siehe dazu auch S. 129ff.

HÄUFIGE ABKÜRZUNGEN

im Zusammenhang mit Wirtschafts- und Globalisierungsfragen:

ACP African, Caribbean and Pacific Group of States (siehe AKP-Staaten).

ADB Asian Development Bank (Asiatische Entwicklungsbank).

AfDB African Development Bank (Afrikanische Entwicklungsbank).

AKP-Staaten Staatenbund von 77 Ländern aus Afrika, der Karibik und dem pazifischen Raum; wirtschaftliche Zusammenarbeit; Abkommen mit der EU, das auf einseitigen Zollpräferenzen basiert (Lomé-Abkommen, später Cotonou-Abkommen).

ALBA Alternativa Bolivariana para las Américas (Bolivianische Alternative für die amerikanischen Staaten). Gegenentwurf zur ALCA.

ALCA Área de Libre Comercio de las Américas (siehe auch FTAA). Amerikanische Freihandelszone, die alle 34 nord-, süd- und mittelamerikanischen Staaten sowie die Staaten der Karibik mit Ausnahme Kubas umfassen soll; 1991 initiiert vom ehemaligen US-Präsidenten George H.W. Bush, wegen Unstimmigkeiten bis heute nicht verwirklicht.

AoA Agreement on Agriculture. Agrarabkommen im Rahmen der WTO.

AtG Atomgesetz der Bundesrepublik Deutschland.

BBA Biologische Bundesanstalt für Land- und Forstwirtschaft.

BBU Bundesverband Bürgerinitiativen Umweltschutz, Dachverband von Bürgerinitiativen im Umweltschutzbereich, 1972 gegründet, wichtige Arbeit im Kampf gegen Wasserprivatisierung, unter anderem durch den BBU-Wasser-Rundbrief.

BDI Bundesverband der Deutschen Industrie.

BfR Bundesinstitut für Risikobewertung.

BGB Bürgerliches Gesetzbuch für die Bundesrepublik Deutschland.

BGW Bundesverband der deutschen Gas- und Wasserwirtschaft.

BIP Bruttoinlandsprodukt.

BITs Bilateral Investment Treaties (Bilaterale Investitionsschutzabkommen).

BMWI Bundesministerium für Wirtschaft und Technologie, vormals BMWA (Bundesministerium für Wirtschaft und Arbeit).

BMZ Bundesministerium für wirtschaftliche Zusammenarbeit und Entwicklung.

BNA Bundesnetzagentur.

BOT   Build-Operate-Transfer (Bauen-Betreiben-Eigentums-übertragung). Ein Verfahren, bei dem der private Investor eine Anlage baut, über einen langen Zeitraum betreibt, Gewinn abschöpft und sie danach an die öffentliche Hand übergibt.

BSP   Bruttosozialprodukt.

BT   Bacterium thuringiensis. Bakterium, das durch Genmanipulation ins Erbgut der Pflanze eingeschleust wird, die dadurch selbst Gifte gegen Insekten erzeugt.

BT-Drs. Bundestagsdrucksache.

BUND Bund für Umwelt und Naturschutz Deutschland.

BVL   Bundesinstitut für Verbraucherschutz und Lebensmittelsicherheit.

BWB   Berliner Wasserbetriebe, Teil der Berlin Holding AG

BWH   Berlinwasser Holding AG. Internationaler Wasserkonzern; Gesellschafter: Land Berlin (50,1%), RWE und Veolia (49,9%).

CBL   Cross-Border-Leasing (grenzüberschreitendes Leasing, transatlantische Scheinkäufe städtischer Infrastruktur mit dem Ziel, durch Steuerumgehung Einnahmen zu erzielen. Seit 2005 in den USA von der obersten Steuerbehörde (IRS) als missbräuchliche Steuerumgehung verboten.

CEO   Corporate Europe Observatory. Wichtige NGO gegen Neoliberalismus und EU-Imperialismus; Sitz: Niederlande.

CEO   Chief Executive Officer. Leitender Direktor eines Unternehmens.

CFR   Council on Foreign Relations (Rat für auswärtige Beziehungen). 1921 von David Rockefeller gegründete Organisation mit entscheidendem Einfluss auf außenpolitische Strategien der USA sowie auf die Weltpolitik.

COB   Central Obrera Boliviana. Dachverband der Gewerkschaften in Bolivien.

COMDA   Coalición de Organizaciones Mexicanas por el Derecho al Agua (Koalition mexikanischer Organisationen für ein Recht auf Wasser).

COPASA   Companhia de Saneamento de Minas Gerais. Öffentliches Wasserversorgungsunternehmen im Bundesland Minas Gerais/Brasilien.

CPA   Coalition Provisional Authority. Provisorische Übergangsregierung im Irak nach der Invasion durch die USA.

CPI   Corruption Perceptions Index (Internationaler Korruptionsindex). Seit 1995 von der NGO Transparency International für 146 Länder erstellt.

DED   Deutscher Entwicklungsdienst. Einer der größten europäischen «Entsendedienste» von Entwicklungshelfern, kooperiert mit der GTZ und InWent (Internationale Wei-

terbildung und Entwicklung gGmbH) und ist damit indirekt an der Realisierung deutscher Wirtschaftsinteressen im Ausland beteiligt.

DEG Deutsche Investitions- und Entwicklungsgesellschaft. Als GmbH organisiert, 1962 gegründet als Tochter der KFW-Bankengruppe; Schwerpunkt: Durchsetzung, Strukturierung und Finanzierung privatwirtschaftlicher Interessen in Entwicklungs- und Schwellenländern.

DG Generaldirektion der Europäischen Kommission.

DIHT Deutscher Industrie- und Handelstag. Spitzenorganisation der 82 Industrie- und Handelskammern.

DSB Dispute Settlement Body of the World Trade Organization. Streitschlichtungsorgan beziehungsweise Schiedsgericht der WTO zur Durchsetzung der WTO-Abkommen.

DStGB Deutscher Städte- und Gemeindebund.

ECOSOC Economic and Social Council. Wirtschafts- und Sozialrat der Vereinten Nationen.

EESC European Economic and Social Committee. Europäischer Wirtschafts- und Sozialausschuss (auch EWSA oder nur WSA).

EFTA Europäische Freihandelsassoziation. 1960 gegründet, umfasst heute nur noch Island, Norwegen, Schweiz und Liechtenstein.

EG Europäische Gemeinschaft.

EGV Europäischer Gemeinschaftsvertrag.

EIB Europäische Investitionsbank.

EnBW Energie Baden-Württemberg AG. International und aggressiv agierender Energiekonzern, Netzbetreiber für Strom, Wasser und Gas in weiten Teilen Baden-Württembergs.

E.ON Einer der vier größten deutschen Energiekonzerne.

EP Europäisches Parlament.

ER Europarat.

ERT European Round Table of Industrialists. Machtvolle Lobbyorganisation führender europäischer Konzerne.

ESF European Services Forum. Europäischer Lobbyverband der Dienstleistungsindustrie mit neoliberaler Ausrichtung.

ESF Europäisches Sozialforum. Regelmäßige Veranstaltung europäischer Globalisierungskritiker.

ESVP Europäische Sicherheits- und Verteidigungspolitik.

EU Europäische Union.

EuGH Europäischer Gerichtshof.

EuRH Europäischer Rechnungshof.

EU-Verf. Verfassung für die Europäische Union, die am 1. November 2006 in Kraft treten sollte, von Frankreich und den Niederlanden nach einem ablehnenden Volksentscheid jedoch nicht ratifiziert wurde.

EvB	Erklärung von Bern. Wichtige globalisierungskritische NGO in der Schweiz.
EWG	Europäische Wirtschaftsgemeinschaft.
EZB	Europäische Zentralbank.
FAO	Food and Agriculture Organization of the United Nations. Ernährungs- und Landwirtschaftsorganisation der Vereinten Nationen.
FEJUVE	Federación de Juntas Vecinales. Nachbarschaftskomitees in Bolivien, die an der Organisation des Protestes gegen das Vorgehen der Wasserkonzerne beteiligt waren.
FES	Friedrich-Ebert-Stiftung. Politische Stiftung der SPD.
FoEI	Friends of the Earth International. Weltweit größtes Netzwerk von Umweltverbänden, durch nationale Gruppen und circa 1,5 Millionen Mitglieder und Unterstützer in 71 Ländern vertreten; wichtige Funktion in den sozialen Bewegungen.
FTAA	Free Trade Area of the Americas (siehe auch ALCA).
FTAs	Bilateral Free Trade Agreements. Bilaterale Freihandelsabkommen.
G8	Gruppe von acht führenden Industrienationen: USA, Japan, Deutschland, Frankreich, Großbritannien, Italien, Kanada und Russland.
GAP	Güneydogu Anadolu Projesi (Südost-Anatolien-Projekt). Großstaudammprojekt in der Osttürkei.
GATS	General Agreement on Trade in Services (Allgemeines Abkommen über den Handel mit Dienstleistungen). Multilaterales internationales Abkommen der WTO, seit 1995 in Kraft, strebt unter anderem die Liberalisierung und Privatisierung der Wasserversorgung an.
GATT	General Agreement on Tariffs and Trade (Allgemeines Zoll- und Handelsabkommen). 1948 in Kraft getreten, Vorläufer des GATS-Abkommens und der WTO.
GG	Grundgesetz der Bundesrepublik Deutschland.
GO	Gemeindeordnung.
GRDrs	Gemeinderatsdrucksache.
GRS	Gesellschaft für Anlagen- und Reaktorsicherheit mbH, Köln.
GSF	Forschungszentrum für Umwelt und Gesundheit, ehemals Gesellschaft für Strahlenforschung.
GTZ	Deutsche Gesellschaft für Technische Zusammenarbeit GmbH. Ausführungsorganisation des Bundesministeriums für wirtschaftliche Zusammenarbeit und Entwicklung, involviert in Entwicklungshilfeprojekte und Wirtschaftsförderung.
GTZ IS	GTZ International Services. Privatrechtliches Tochterunternehmen der GTZ; kann Aufträge Dritter annehmen und selbst wirtschaftlich tätig werden.

GWP   Global Water Partnership. Internationales Forum neolibe-
        raler Prägung für Wasserfragen, 1996 gegründet; forciert
        Privatisierung von Wasserressourcen und Infrastruktur,
        Liberalisierung, PPP-Projekte sowie den Abbau von Han-
        delshemmnissen.

HBS   Heinrich-Böll-Stiftung. Politische Stiftung von Bündnis
        90/Die Grünen.

IADB   Inter-American Development Bank (Interamerikanische
        Entwicklungsbank).

IAEA   International Atomic Energy Agency (Internationale
        Atomenergieorganisation), siehe IAEO.

IAEO   Internationale Atomenergieorganisation. Wissenschaft-
        lich-technische Einrichtung, mit den Vereinten Nationen
        durch ein Sonderabkommen verbunden; sie soll die
        friedliche Nutzung der Kernenergie und der Anwendung
        radioaktiver Stoffe sowie die diesbezügliche internationale
        Zusammenarbeit fördern und die militärische Nutzung
        dieser Technologie verhindern.

IBRD   International Bank for Reconstruction and Development
        (Internationale Bank für Wiederaufbau und Entwicklung).
        Gleichbedeutend mit Weltbank beziehungsweise World
        Bank; siehe auch WB.

ICC   International Chamber of Commerce (Internationale Han-
        delskammer). 7500 Mitglieder – Firmen, Verbände, Kanz-
        leien – aus 130 Staaten; eigenes Schiedsgericht.

ICSID   International Center for Settlement of Investment Disputes
        (Internationales Zentrum für die Beilegung von Investi-
        tionsstreitigkeiten); Teil der Weltbankgruppe.

IDA   Interessengemeinschaft Dezentrale Abwasserbehandlung
        in Deutschland.

IDA   International Development Association (Internationale
        Entwicklungsorganisation). Kreditvergabe im Zusammen-
        hang mit Programmen und Strategien der Weltbank; Teil
        der Weltbankgruppe.

IFC   International Finance Corporation (Internationale Finanz-
        Gesellschaft). Wirtschaftlich beteiligt an Entwicklungs-
        hilfeprojekten; Teil der Weltbankgruppe.

IFG   International Forum on Globalization. Internationales
        globalisierungskritisches Netzwerk bekannter Aktivisten,
        Autoren, Wissenschaftler und 60 NGOs aus 25 Ländern;
        wichtige Beiträge bei der Entwicklung von Alternativen.

IHK   Industrie- und Handelskammer in Deutschland.

IMF   International Monetary Fund (Internationaler Währungs-
        fonds, IWF).

IRN   International Rivers Network. Netzwerk gegen Staudamm-
        und River-linking-Projekte.

ITO   International Trade Organization. Internationale Handels-
        organisation, deren geplante Gründung nach dem Zweiten
        Weltkrieg an Unstimmigkeiten unter den beteiligten Län-
        dern scheiterte.

IWF   Internationaler Währungsfonds (International Monetary
        Fund, IMF).

JWSRB   Jakarta Water Supply Regulatory Body. Regulierungs-
        behörde für die Wasserversorgung in Jakarta, Indonesien.

KfW   KfW Bankengruppe, ehemals Kreditanstalt für Wieder-
        aufbau. Förderbank, Anstalt öffentlichen Rechts, über die
        DEG (Deutsche Investitions- und Entwicklungsgesell-
        schaft) an Privatisierungsprojekten in der Dritten Welt
        beteiligt.

KKR   Kohlberg Kravis Roberts & Co. US-Investment-Fonds,
        hat den «Grünen Punkt – Duales System Deutschland»
        gekauft.

LDC   Less Developed Country (weniger entwickeltes Land), auch
        als «developing country» bezeichnet.

LDCs   Least Developed Countries. Die 50 ärmsten, «am wenigs-
        ten entwickelten» Länder.

LLDC   Landlocked Developing Countries. Entwicklungsländer
        ohne Zugang zum Meer.

MAI   Multilateral Agreement on Investment (Multilaterales
        Abkommen über Investitionen. 1999 am Widerstand der
        Zivilgesellschaft gescheitert.

MAS   Movimento al Socialismo. Sozialistische Bewegung in Boli-
        vien, der der gegenwärtige indigene Präsident, Evo Mora-
        les, angehört.

MD   Mehr Demokratie e.V. Bürgeraktion in Deutschland für
        direkte Demokratie und Volksentscheid.

MDGs   Millennium Development Goals. Millennium-Entwick-
        lungsziele der Vereinten Nationen; Kampagne zur Armuts-
        bekämpfung unter Einbeziehung von Privatisierungsmaß-
        nahmen.

Mercosur Mercado Común del Sur (Gemeinsamer Markt des
        Südens). Lateinamerikanischer Binnenmarkt, von dem
        mehr als 260 Millionen Menschen betroffen sind; 1991
        gegründet.

MIG   Macquarie Infrastructure Group. Tochter der australischen
        Macquarie Bank.

MIGA   Multilateral Investment Guarantee Agency (Multilaterale
        Investitions-Garantie-Agentur). Fördert ausländische
        Direktinvestitionen in Entwicklungsländern; Teil der
        Weltbankgruppe.

MIP   Movimento Indigena Pachacuti. Soziale Bewegung in
        Bolivien.

MSR	Multistakeholder Review. Untersuchung, die internationale Erfahrungen mit der Privatisierung von Wasser auswerten soll, initiiert vom BMZ unter Beteiligung von *stakeholder* wie dem RWE-Konzern.
MST	Movimento dos Trabalhadores Rurais sem Terra. Landlosenbewegung in Brasilien. Eine der größten NGOs weltweit, kämpft für die Nutzung brachliegender Flächen.
MWSS	Metropolitan Waterworks and Sewerage Systems. Aufsichtsbehörde über die Wasserversorgung in Manila (Philippinen).
NABU	Naturschutzbund Deutschland e.V.
NAFTA	North American Free Trade Agreement. Nordamerikanisches Freihandelsabkommen, 1994 zwischen den USA, Kanada und Mexiko abgeschlossen.
NAM	Non Aligned Movement. Bewegung der blockfreien Staaten, 1955 gegründet.
NATO	North Atlantic Treaty Organisation (Nordatlantikvertrag-Organisation). Militärisches Bündnis europäischer und nordamerikanischer Staaten, 1949 gegründet.
NBA	Narmada Bachao Andolan. Bürgerbewegung gegen Großstaudämme in Indien.
NGO	Non-Governmental Organisation (Nicht-Regierungs-Organisation).
NRO	Nicht-Regierungs-Organisation.
OECD	Organization for Economic Co-operation and Development (Organisation für wirtschaftliche Zusammenarbeit und Entwicklung). Nachfolgeorganisation der OEEC (Organization for European Economic Co-operation), 1960 gegründet, inzwischen 29 Mitglieder, darunter die wichtigen westlichen Industrienationen, alle EU- und NAFTA-Länder.
OFWAT	Office of Water Services. Britische Regulierungsbehörde für den Wassermarkt.
OP	Orçamento Participativo (Beteiligungshaushalt). Bürgerhaushalt von Porto Alegre (Brasilien), bei dem die Bürgerschaft auch über die Verwendung öffentlicher Gelder entscheidet.
OPEC	Organization of the Petroleum Exporting Countries (Organisation erdölexportierender Länder). Gegründet 1960 im Irak, verfügt über circa drei Viertel der weltweiten Erdölreserven.
ÖPP	Öffentlich-Private Partnerschaften.
OSZE	Organisation für Sicherheit und Zusammenarbeit in Europa.
OWINFS	Our World Is Not For Sale. Internationales Netzwerk gegen WTO, Weltbank und Freihandelsabkommen.

PPP	Public Private Partnership (Öffentlich-private Partner-schaft). Modell zur Teilprivatisierung öffentlicher Einrich-tungen.
PSD	Private Sector Development. Privatisierungsstrategie der Weltbankgruppe.
PSP	Private Sector Participation. Privatwirtschaftliche Beteili-gung.
PWC	PricewaterhouseCoopers. Düsseldorfer Wirtschafts-prüfungsgesellschaft mit neoliberaler Ausrichtung.
Quad	Die vier großen Wirtschaftsmächte EU, Japan, Kanada und USA werden als «The Quad» oder «Quadrilaterals» bezeichnet und haben eine dominierende Stellung inner-halb der WTO.
RSK	Reaktorsicherheitskommission.
RWE	Rheinisch-Westfälische Elektrizitätswerk AG. Internatio-nal agierender Energiekonzern.
S2B	Seattle to Brussels. Wichtiges pan-europäisches Netzwerk gegen Konzernherrschaft und Handelsliberalisierung, kooperiert mit zivilgesellschaftlichen Gruppen des Südens und mit dem OWINFS-Netzwerk.
SAM	Sociedad Anónima Mixta. Gesellschaft mit gemischter Rechtsform (private und öffentliche Eigner).
SAMAPA	Öffentlicher Trinkwasserversorger in La Paz (Bolivien).
SAP	Structural Adjustment Programs. Strukturanpassungspro-gramme von IWF und Weltbank; Vergabe von Krediten an Entwicklungsländer mit Auflagen wie Liberalisierung und Privatisierung von Ressourcen und Infrastruktur.
SECO	Staatssekretariat für Wirtschaft. «Kompetenzzentrum» der Schweiz für alle Kernfragen der Wirtschaftspolitik; soll Schweizer Gütern, Dienstleistungen und Investitionen den Zugang zu allen Märkten öffnen; ähnlich wie die GTZ in Deutschland entwicklungspolitisch tätig.
SISAB	Bolivianische Regulierungsbehörde.
SRU	Sachverständigenrat für Umweltfragen. Beratungsgremi-um der deutschen Bundesregierung.
StGB	Strafgesetzbuch der Bundesrepublik Deutschland.
TABD	Trans Atlantic Business Dialogue. Einflussreicher runder Tisch zur Abstimmung von Wirtschaftsinteressen zwi-schen den USA und der Europäischen Union.
TI	Transparency International. NGO, die sich in der Korrupti-onsbekämpfung engagiert.
TJM	Trade Justice Movement. NGO für fairen Handel.
TRIPS	Trade-Related Aspects of Intellectual Property Rights. Übereinkommen über handelsbezogene Aspekte der Rech-te des geistigen Eigentums wie zum Beispiel internationa-les Patentwesen, Copyright, Handelsmarken et cetera.

TWN	Third World Network. Dritte-Welt-Netzwerk für gerechte Verteilung von Ressourcen, Nachhaltigkeit, Daseinsvorsorge, Verteidigung von Menschenrechten; Engagement gegen MAI, GATS, TRIPS, WTO und andere.
UBA	Umweltbundesamt.
UN	United Nations (Vereinte Nationen).
UNCTAD	United Nations Conference on Trade and Development. UN-Konferenz für Handel und Entwicklung.
UNDP	United Nations Development Programme (Entwicklungsprogramm der Vereinten Nationen).
UNEP	United Nations Environment Programme (Umweltprogramm der Vereinten Nationen).
UNESCO	United Nations Educational, Scientific and Cultural Organization. Organisation der Vereinten Nationen für Erziehung, Wissenschaft und Kultur.
UNICE	Union der europäischen Industrie- und Arbeitgeberverbände.
UNO	United Nations Organization (Vereinte Nationen).
UWKW	Unsere Welt ist keine Ware. Netzwerk gegen Neoliberalismus und Ausverkauf öffentlichen Eigentums.
VKU	Verband kommunaler Unternehmen e.V. in Deutschland.
WB	World Bank. Die Weltbankgruppe umfasst die Unterorganisationen IBRD, IDA, IFC, MIGA, ICSID.
W!B	Wasser In Bürgerhand. Bundesweites Netzwerk gegen Wasserprivatisierung und für Rekommunalisierung der Wasserversorgung.
WCD	World Commission on Dams. Weltkommission für Staudämme, erstellte Regelwerk und Empfehlungen für Großstaudämme.
WDM	World Development Movement. Wichtige entwicklungspolitische NGO.
WEF	World Economic Forum. Weltwirtschaftsforum in Davos (Schweiz); private Stiftung; jährliches Treffen der Eliten aus Politik und Wirtschaft.
WHG	Wasserhaushaltsgesetz der Bundesrepublik Deutschland.
WHO	World Health Organization (Weltgesundheitsorganisation).
WRRL	Wasserrahmenrichtlinie der Bundesrepublik Deutschland, heißt jetzt offiziell EG Wasserrahmenrichtlinie.
WRSS	Water Resources Sector Strategy. Wasser-Strategie-Papier der Weltbank zum Management von Wasserressourcen, mit dem die angebliche Notwendigkeit von privatwirtschaftlichen Beteiligungen und Großstaudämmen begründet wird (Water Resources Management Policy Paper).
WSF	World Social Forum (Weltsozialforum). Gegenbewegung zum Weltwirtschaftsforum.

WSSD	World Summit on Sustainable Development (Weltgipfel für nachhaltige Entwicklung).
WTO	World Trade Organization (Welthandelsorganisation).
WWC	World Water Council (Weltwasserrat). *Think tank* von Weltbank, Vereinten Nationen und Wassermultis, forciert die Wasserprivatisierung.
WWF	Weltwirtschaftsforum (World Economic Forum, WEF).
WWF	World Water Forum. Internationales Wasserforum neoliberaler Prägung, forciert Wasserprivatisierung, findet alle drei Jahre statt.
WWF	World Wide Fund for Nature, auch World Wildlife Fund. Naturschutzorganisation für die Bewahrung der biologischen Vielfalt, in mehr als 100 Ländern aktiv.
YPBF	Yacimientos Petroliferos Fiscales Bolivianos. Staatliche Behörde für die Kontrolle über die bolivianischen Ressourcen.

LITERATURHINWEISE

Aktuelle Entwicklungen in der Wasserversorgung. 16. Trinkwasser-kolloquium am 21. Februar 2002, Stuttgarter Berichte zur Siedlungswasserwirtschaft 167, bearbeitet von Ulrich Rott und R. Oldenbourg, München 2002.

Alexandersson, Olof: *Lebendes Wasser. Über Viktor Schauberger und eine neue Technik, um unsere Umwelt zu retten,* Steyr [10]2003.

Arnim, Hans Herbert von: *Das Europa-Komplott. Wie EU-Funktionäre unsere Demokratie verscherbeln,* München 2006.

Barlow, Maude, und Tony Clarke: *Blaues Gold. Das globale Geschäft mit dem Wasser,* München 2004.

Balanyá, Belén: *Konzern Europa. Die unkontrollierte Macht der Unternehmen,* Zürich 2001.

Bergstedt, Jörg: *Mythos Attac. Hintergründe, Hoffnungen, Handlungsmöglichkeiten,* Frankfurt (Main) 2004.

Biegert, Klaus, und Georg Gaupp-Berghausen: *Vom Wesen des Wassers. Bilder und Erkenntnisse internationaler Wasserforscher,* München 2006.

Clarke, Tony: *Inside the Bottle. An Exposé of the Bottled Water Industry,* Ottawa 2005.

Egerer, Matthias: *Marktstrukturveränderungen in der Trinkwasserversorgung. Eine Analyse ökonomischer, ökologischer und sozialer Auswirkungen am Beispiel Deutschlands,* München 2005.

Emoto, Masaru: *Die Botschaft des Wassers,* Burgrain [2]2002.

Eppler, Erhard: *Auslaufmodell Staat?,* Frankfurt 2005.

Geiler, Nikolaus: *Das 20-Milliarden-Euro-Spiel. Die Liberalisierung des Wasser- und Abwassermarktes,* Stuttgart 2004.

Gemeindeordnung für Baden-Württemberg, hrsg. von Konrad Freiherr von Rotberg, Stuttgart 2006 (Textausgabe).

Grundgesetz für die Bundesrepublik Deutschland (GG). Menschenrechtskonvention, Europäischer Gerichtshof, Bundesverfassungsgerichtsgesetz, Parteiengesetz, Untersuchungsausschussgesetz, München [40]2005.

Hinz-Karadeniz, Heidi, und Rainer Stoodt: *Die Wasserfalle. Vom Krieg um Öl zum Krieg um Wasser,* Gießen 1993.

Hutter, Claus-Peter, und Fritz-Gerhard Link: *Warnsignal Klimawandel: Wird Wasser knapper? Lange Trockenperioden und die Auswirkungen auf Natur, Land- und Forstwirtschaft, Wasserversorgung, Gewässer und Wirtschaft,* Beiträge der Akademie für Natur- und Umweltschutz Baden-Württemberg, 42, Stuttgart 2006.

Khor, Martin: *Globalisierung gerechter gestalten. Ökonomische Alternativen und politische Optionen,* hrsg. von Jens Loewe, Stuttgart 2001.

Lange, Joachim: *Loccumer Protokolle 64/03. Füllhorn oder Büchse der Pandora?*, Bertelsmann Media on Demand, Pößneck 2004.

Loewe Nunes, Suely: *No Money No Water, and Now? Cartoon für Schüler, Jugendliche und Erwachsene zur Einführung in die Wasserproblematik*, Stuttgart 2004.

Mander, Jerry, und John Cavanough (Hrsg.): *Eine andere Welt ist möglich. Alternativen zur Globalisierung*, München 2003.

Mies, Maria: *Krieg ohne Grenzen. Die neue Kolonisierung der Welt*, mit einem Beitrag von Claudia von Werlhof, Köln 2004.

Mies, Maria (Hrsg.): *Lizenz zum Plündern. Das multilaterale Abkommen über Investitionen «MAI», Globalisierung der Konzernherrschaft – und was wir dagegen tun können*, Hamburg ³1999.

Müller-Heidelberg, Till: *Grundrechte-Report 2006. Zur Lage der Bürger- und Menschenrechte in Deutschland*, Frankfurt (Main) 2006.

Perkins, John: *Bekenntnisse eines Economic Hit Man. Unterwegs im Dienste der Wirtschaftsmafia*, München 2005.

Postel, Sandra: *Der Kampf ums Wasser. Die Chancen einer bedarfsorientierten Verteilungspolitik*, Worldwatch Papers, 21, Schwalbach 1999.

Rehberg, Jörg: *Wasserrahmenrichtlinie und Privatisierungsfolgenrecht. Auswirkungen der Wasserrahmenrichtlinie der EU vom 23.10.2000 auf Privatisierungsfolgenrecht in der Wasserwirtschaft*, Herbolzheim 2005.

Reimon, Michel, und Christian Felber: *Schwarzbuch Privatisierung. Was opfern wir dem freien Markt*, Wien 2003.

Roth, Jürgen: *Der Deutschland-Clan. Das skrupellose Netzwerk aus Politikern, Top-Managern und Justiz*, Frankfurt (Main) 2006.

Rügemer, Werner: *Cross-Border-Leasing. Ein Lehrstück zur globalen Enteignung der Städte*, Münster 2004.

Rügemer, Werner: *Privatisierung in Deutschland. Eine Bilanz. Von der Treuhand zu Public Private Partnership*, Münster ³2006.

Schneider, Volker, und Marc Tenbücken: *Der Staat auf dem Rückzug. Die Privatisierung öffentlicher Infrastrukturen*, Frankfurt (Main) 2004.

Schorlau, Wolfgang: *Fremde Wasser. Georg Denglers ditter Fall*, Köln 2006 (Kriminalroman über die Methoden der Wasserkonzerne mit keineswegs zufälligen Parallelen zu den Vorgängen in Stuttgart).

Shiva, Vandana: *Der Kampf um das blaue Gold. Ursachen und Folgen der Wasserverknappung*, Zürich 2003.

Strafgesetzbuch (StGB), Textausgabe mit Sachregister und einer Einführung von Thomas Weigend, München ⁴²2006.

Vertrag über eine Verfassung für Europa, Luxemburg 2005.

Young, Oran R., und Matthias Finger (Hrsg): *Grenzen der Privatisierung. Wann ist des Guten zuviel?*, Bericht an den Club of Rome von Ernst U. von Weizsäcker, Stuttgart 2006.

Waage, Peter Normann: *Mensch, Markt, Macht. Rudolf Steiners Sozialimpuls im Spannungsfeld der Globalisierung,* Dornach 2003.

Weiss, Hans, und Ernst Schmiederer: *Asoziale Marktwirtschaft. Insider aus Politik und Wirtschaft enthüllen, wie die Konzerne den Staat ausplündern,* Köln ⁵2006.

Wehr, Andreas: *Europa ohne Demokratie? Die europäische Verfassungsdebatte. Bilanz, Kritik und Alternativen,* Köln 2004.

Wem gehört das Wasser?, hrsg. von Klaus Lanz, Lars Müller und Christian Rentsch mit Unterstützung der EAWAG – Eidgenössische Anstalt für Wasserversorgung, Abwasserreinigung und Gewässerschutz, Baden 2005.

Wettstein, Florian: *Die «unsichtbare Hand» des Wassermarktes? Zur Privatisierungs- und Wettbewerbslogik im Wasserversorgungssektor,* St. Gallen 2004.

Wilkinson, Philip: *Deep Blue. Entdecke das Geheimnis der Ozeane,* Hildesheim 2004.

EMPFOHLENE ADRESSEN

Stuttgarter Wasserforum
Bürgerinitiative zur Rekommunalisierung der Stuttgarter Wasserversorgung. Kontakt: Doris Henrichsen, Tel.: 0711 – 889 46 44
www.unser-aller-wasser.de

WasserInBürgerhand (W!B)
Städtebündnis zur Verhinderung der Privatisierung und der
Rekommunalisierung bereits privatisierter Versorgungsunternehmen. Kontakt: carolin.franta@wasser-in-buergerhand.de
www.wasser-in-buergerhand.de

Arbeitskreis Wasser
im Bundesverband Bürgerinitiativen Umweltschutz (BBU)
www.akwasser.de

Wasserkarawane
Wasseraktivisten rund um den Bodensee.
www.wasserkarawane.de

UnserWasserHamburg
Hamburger Wasser-Aktions-Bündnis.
www.unser-wasser-hamburg.de

Werner Rügemer
Publizist, Dozent und Aktivist. Themen: Korruption, CBL-
Geschäfte und Privatisierung öffentlichen Eigentums.
www.werner-ruegemer.de

Netzwerk gegen Konzernherrschaft
NGO gegen Deregulierung, neoliberale Politik und Privatisierung; Veranstaltungen, Arbeitskreis, Infobrief, Informationen.
Kontakt: Maria Mies, mail@netzwerk-neoliberalismus.net
www.netzwerk-neoliberalismus.net

Business Crime Control e.V.
Unabhängige NGO, Bekämpfung von Wirtschaftskriminalität
und Korruption; Forschung, Publikationen, Kampagnen.
www.wirtschaftsverbrechen.de (deutsch | englisch)

Sozialimpulse – Institut für soziale Gegenwartsfragen
Initiative Netzwerk Dreigliederung; Analysen zur neoliberalen
Globalisierung, zu GATS, WTO, TRIPS et cetera.
www.sozialimpulse.de (deutsch | englisch)

Mehr Demokratie e.V.
Netzwerk für direkte Demokratie, Volks- und Bürgerentscheid.
www.mehr-demokratie.de

Omnibus für direkte Demokratie

Initiative zur Förderung von direkter Demokratie und zur Einführung des Volksentscheids; angeregt 1971 durch Joseph Beuys.
www.omnibus.org

Zeitfragen

Informationen aus unabhängigen Quellen zu Globalisierungsthemen, Menschenrechte, Völkerrecht. Kontakt:
redaktion@zeit-fragen.ch
www.zeit-fragen.ch (deutsch)
www.currentconcerns.ch (englisch)
www.horizons-et-debats.ch (französisch)

Aktionsgemeinschaft Solidarische Welt (ASW)

Kritische Internetseite mit Themen aus Dritte-Welt- und Schwellenländern.
www.aswnet.de

Nadir

Informationsplattform mit umfangreicher Datenbank mit Projekten, Organisationen, NGOs; Suchmaschine, Übersichtskategorien, Archiv.
www.nadir.org

Sonnenseite

Internetmagazin zu Umweltfragen von Franz Alt.
www.sonnenseite.com

Umweltbrief

Internetarchiv zu Umweltthemen.
www.umweltbrief.de

Indymedia

Internationaler Verbund von Medieninitiativen und AktivistInnen; Themenschwerpunkt: Globalisierung; Berichte der nationalen Büros meist in Landessprache.
www.de.indymedia.org (deutsch)
www.indymedia.org (mehrsprachig)

International:

German Foreign Policy (GFP)

Sehr gute Internetseite zur deutschen Außenpolitik.
www.german-foreign-policy.com

CADI (Center for Alternative Development Initiatives)

Zivilgesellschaftlich organisiertes Netzwerk von Nicanor Perlas für nachhaltige Entwicklung durch Dreigliederung; Forschung, Beratung, Bildung, Training, Vernetzung.
www.cadi.ph (englisch)

CEO (Corporate Europe Observatory)
Niederländische Forschungs- und Aktionsgruppe, die den
Einfluss der Wirtschaft auf die Politik thematisiert.
www.corporateeurope.org (englisch)

Friends of the Earth
Internationales Netzwerk autonomer Umweltorganisationen,
circa 5000 Einzelgruppen in 66 Ländern, Kampagnen zu
Umwelt- und sozialpolitischen Problemen.
www.foei.org (englisch, französisch, spanisch)
www.foeeurope.org

food and waterwatch
US-amerikanische NGO, engagiert bei den Auseinandersetzungen mit RWE beziehungsweise American Water.
www.foodandwaterwatch.org (englisch)

IFG (International Forum on Globalization)
Zusammenschluss von Wissenschaftlern, Aktivisten und
Autoren von Bedeutung in der globalisierungskritischen
Bewegung; die Mitglieder repräsentieren 60 Organisationen
in 25 Ländern; Entwicklung von Alternativen zur neoliberalen
Globalisierung.
www.ifg.org (englisch)

Polaris Institute
Forscht, informiert und unterstützt die Bürgerbewegung im
Kampf gegen konzerndominierte Globalisierung, Schwer-
punktthema: Wasser.
www.polarisinstitute.org (englisch)

Public Citizen
US-Verbraucherschutzorganisation, Schwerpunkte: Gesund-
heit, Umwelt, Daseinsvorsorge, «Wachhundfunktion» im politischen Alltag und bei Abkommen wie GATS et cetera; seit
1995 Initiative «Global Trade Watch».
www.citizen.org
www.tradewatch.org (englisch)

Waterjustice
Informationen über globale Wasserpolitik (nach Kontinenten
geordnet); fördert Austausch von Wasseraktiven weltweit.
www.waterjustice.org (englisch)

World Development Movement (WDM)
Kampagnen zur Armutsbekämpfung, gegen WTO- und
GATS-Abkommen und für Schuldenerlass.
www.wdm.org.uk (englisch)

Widmung und Dank

Weil alle Menschen ohne Wasser nicht leben können, möchte ich dieses Buch allen Menschen widmen.

Der zu entrichtende Dank gestaltet sich umfangreicher, weil ein solches Buch mit sehr viel Arbeit verbunden ist, mit Recherchen, dem Austausch von Dokumenten und mit unzähligen Gesprächen. Mein besonderer Dank gilt deshalb den folgenden Freunden und Kollegen: Barbara Kern, Werner Weber, Doris Henrichsen, Thomas Henrichsen, Gerald Rollet, Sabine Kumkar, Rose und allen anderen vom Stuttgarter Wasserforum; Gerlinde Schermer, Nik Geiler, Veronika Baier, Carolin Franta, Christiane Hansen und allen anderen von unserem Netzwerk «Wasser in Bürgerhand»; den bolivianischen Wasserkämpfern Oscar Olivera und seiner Schwester Marcela Olivera; Sarah Grusky und Victoria Kaplan von «food and waterwatch» aus den USA; den unermüdlichen Wassersternen aus Kanada, Maude Barlow und Tony Clarke; allen Freunden von der Wasserkarawane am Bodensee, Dorle Ferber und Heike Pfreundtner; Dave, Esther, Mamay, Yunas, Wira, Nila, und allen anderen aus Indonesien; Werner Küppers, Johannes Stüttgen, und Kurt Wilhelmi vom «Omnibus für Demokratie»; Familie Völlmer sowie allen anderen Freunden von der Zeitschrift «Zeitfragen» und dem Kongress «Mut zur Ethik» in Feldkirch sowie Werner Rügemer, Maria Mies, Nicanor Perlas, Carol Bergin, Jörg Bergstedt, Rainer Vogel, Thimo Bartholl, Traute Kirsch, Maria Rosemeyer, Rechtsanwalt Christian Möller, Ernst Ulrich von Weizsäcker, Martin Khor, Edith Pfeiffer und Rechtsanwalt Roland Butteweg; meiner Familie, die mich durch das Arbeiten am Buch teilweise sehr selten gesehen hat, und nicht zuletzt meinem Lektor Manfred Christ, der unter meinen nicht enden wollenden Änderungen und Ergänzungen sicher mehr gelitten hat als ich unter der Arbeit am Text, der es aber dennoch verstanden hat, in klärenden Gesprächen und mit Geduld aus meinem Elaborat der Betroffenheit ein lesbares Buch zu machen.

Der Autor

Jens Loewe, 1958 in Bochum geboren, ist Mitbe-
gründer des «Stuttgarter Wasserforums» sowie
des Städtebündnisses «Wasser in Bürgerhand» und
unterstützt weltweit zahlreiche Initiativen zur Ver-
hinderung- und Rückabwicklung der Trinkwasser-
privatisierung. Daneben arbeitet er als freier Künst-
ler und betreibt seit 1986 das Atelier Bormann &
Loewe in Stuttgart. Vortragstätigkeit und Seminar-
veranstaltungen zu Demokratisierungs- und Globalisierungsfragen, insbesondere zu den Themen
Wasserprivatisierung, Ausverkauf von öffentlichem
Eigentum und Volksentscheid bilden einen weiteren
Arbeitsschwerpunkt.

Kontakt:
info@nwwp.de
www.unser-aller-wasser.de